中国的历史

柒

斜阳和黎明
中华的飞跃

陈舜臣 著
郑民钦 译

海峡出版发行集团
THE STRAITS PUBLISHING & DISTRIBUTING GROUP
福建人民出版社

图书在版编目（CIP）数据

中国的历史．第7卷／（日）陈舜臣著；郑民钦译．—福州：福建人民出版社，2013.12（2019.3重印）

（陈舜臣作品系列）

ISBN 978-7-211-06507-3

Ⅰ．①中…　Ⅱ．①陈…　②郑…　Ⅲ．①中国历史－普及读物　Ⅳ．①K209

中国版本图书馆CIP数据核字（2012）第107402号

著作权合同登记图字：13-2010-021号

中国的历史（第7卷）

作　　者：（日）陈舜臣

译　　者：郑民钦

责任编辑：潘静超

出版发行：福建人民出版社

地　　址：福州市东水路76号　　邮政编码：350001

网　　址：http://www.fjpph.com

电子邮箱：fjpph7211@126.com

经　　销：福建新华发行（集团）有限责任公司

印　　刷：河北华商印刷有限公司

开　　本：787×1092　　1/16

印　　张：20

字　　数：264千字

版　　次：2013年12月第1版

印　　次：2019年3月第2次印刷

书　　号：ISBN 978-7-211-06507-3

定　　价：49.00元

目录

斜阳和黎明

目录

斜阳和黎明

海陆的裂痕

清政权对结社自然异常敏感。统治层里的满族人口少，只要占人口绝大多数的汉族团结反抗，满族政权应该会迅速土崩瓦解，所以清政府严禁结社。

清代出现各种各样的秘密结社。连不是反体制的、非政治性结社也受到政府的禁止，所以全部都成为秘密结社。虽然不允许结社，但有的职业离不开结社。

例如水夫。隋唐以来，南方的粮食、物资运往北方，这是为南北格局取得平衡所必需的，是中国地政学的必然。连接南北的大运河是中国的大动脉，在这条漫长的运河上行船的水夫们就需要成立互助性的组织，否则无法安心工作。马戛尔尼等使节团来到中国的时候，当时还没有发明照相机，但留下了精致细密的铜版画。从中可以看出当时的运河河面并不宽敞，船只很容易遭受来自陆地的攻击。运载重要物资的船只必须做好防范匪盗抢劫的准备。

乾隆中期以后——18 世纪末之前，清朝的“盛世”已过，国势开始倾颓。人口的急剧膨胀也是造成生活窘困的一个原因。农村无法养活这么多人口。乾隆时期，据说人口比一个世纪前增加了一倍，具体说，从两亿增长到四亿，而同期的耕地面积只增加百分之十几。农业技术几乎没有改良，按简单计算，人均收入减半。

生活贫困，流民自然随之增加，他们偷盗抢劫，为非作歹，为了生存采取违法手段。在政府眼里，他们是“匪”，所以必须彻底镇压，严加惩处。匪贼当然也不会轻而易举地就范，生死攸关之事，竭尽全力反抗。如果出现富有统率力的领导，把他们组织起来，可以成立力量相当强大的集团。他们甚至袭击抢劫运河上的船只。船队自然也采取防御的手段，例如与沿岸的权势者联合实行保护，有的还雇用保镖。其实保镖也与匪贼的出身阶层差不多。

治安混乱，人们为了自卫，便团结起来。尤其强烈感觉团结深有必要的是水夫、搬运工、行商、在举办庙会时的肩挑小贩等这样的出外干活的人们。这些人成立的自卫性组织当然是非法的。因为禁止结社是政府的原则方针。

说得极端一点，在那个时代，只要是结社，就只能是秘密结社。即使不是反体制的结社，也不会得到政府的承认，所以只好采取秘密结社的形式。虽然禁止组织社团，但政府起初对宗教信仰的社团也是睁一只眼，闭一只眼。后来，白莲教及其同一系统的混元教、天理教、清水教等进行反政府活动，连宗教信仰的结社也遭到镇压。

第六卷说过，嘉庆十八年（1813 年），天理教徒冲进紫禁城，当时发射的箭矢至今还留在隆宗门的门额上。这是一种宗教的暴动，各地都有发生。组织结社最合适的条件就是以宗教信仰为核心。只要宣传信仰的功德，就可以聚集众多人，以信仰作为加强团结的精神纽带。

清中期以后，时常发生利用宗教结社的反乱。一说到反乱，可以说必定都与宗教牵连在一起，而且似乎反乱的次数有点过多。

虽然也有与宗教信仰无关的民众反乱，但政府方面全部统归为宗教暴乱。如果是纯粹的民乱，说明地方官的执政不得民心，会被问责处刑。一旦城市在民乱中失陷，地方官会被判处死刑。如果是宗教暴乱占领城市，地方官只是被撤职，不会被杀。因为宗教暴乱一律被认定为邪教，被视为超越政治的异常现象。邪教产生于与政治不同的世界观，所以不是政治家的责任。基于这样的想法，也就把民乱说成是邪教的暴乱。

在需要组织社团的职业人中，最热心组织社团的是水夫。因为只要上船，大家都是风雨同舟，生死与共，所以他们从一开始就具有团结的力量。他们在成立自卫、互助的团体时也采取宗教信仰的形式，称为“设教”。

“水夫设教”成为清代的一大政治问题。水夫的组织必须是大规模的团体，像大运河这样，这么漫长的河岸线，需要地区广泛的组织才能覆盖运河沿线地区。如此庞大的组织不仅对清代，甚至对近代都产生巨大的影响。

大运河的水夫，据说起初多是北方人。首都北京居住着皇室以及众多的贵族（满洲旗人）、高官，他们的俸禄都是用大米支给。北方不产大米，只能通过大运河源源不断地运来。大运河的起点是鱼米之乡的江南。北方的水夫来到江南运米，肯定不太习惯南方的生活习惯和气候水土。于是，居住在杭州的有权势的北方人为他们提供食宿。中国人原本具有浓厚的同乡意识。这可以说是定居的农耕民的习性吧。

为北方水夫提供生活方便的主要是钱氏、翁氏、潘氏，他们修造庵，分别称为钱庵、翁庵、潘庵。这些庵不仅提供食宿，也附设有医疗设施，甚至还为死者准备好墓地。这虽然是一种侠义的行为，但据说三个庵的主人都是禅宗的一派罗教的信徒。于是罗教自然而然地在水夫中传播开来，蔓延扩大，成为他们维系这个团体的纽带。

罗教是明代一个名叫罗祖的人开创的禅宗的一个派别，主张“无为解脱”，所以又称为无为教。罗祖原先是运粮的军人，也许运粮的水夫对他有一种亲近感。

往北京运粮的水夫还有一个必须团结起来的理由：船只北上是运粮，南下则因无物可运，多为空船。但如果利用空船运送违禁品，可获暴利。起初是运盐。盐是政府的专卖品，其利润为成本的十几倍。民间销售私盐，即使价格比官价便宜很多，依然大有赚头。但如果被政府发现，必遭严惩。只要挂着御用商人的旗帜，向各地官员贿赂，运送私盐应该不会困难。不过，只要同船的水夫出现一个叛徒，那就非同小可。因此，水夫的团结更加坚强。

贩运私盐以后，随着时代的变化，加上鸦片，买卖越干越欢。不言而喻，这是极其危险的营生，需要牢不可破的团结，因此有的开始举行可怕神秘的仪式。

虽然是秘密仪式，水夫组织的覆盖地区十分辽阔，根本无法隐瞒。于是他们就将已经公开化的组织起名为“安清帮”。“帮”是帮派的意思。这个名称的含义是“安定清王朝的集团”，标榜爱国，为政府出力。

这个组织后来称为“青帮”，成为中国黑社会的标志。其母体是杭州的三庵，所以根据地是江南地区。

起初使用对政府迎合性的名称“安清帮”，但是清朝政府本来就是对结社神经过敏，经常颁布“水夫设教之禁”。

安清帮——青帮从职业行会变成黑道组织，所以在成立当初并没有什么政治意图。同样都是秘密结社，“天地会”从一开始就具有极为浓厚的政治性。

满族统治中国以后，汉族的反抗不得不潜入地下。最后的公开的反抗是占据台湾的郑成功。潜入地下的反清运动组织是天地会，这是一个政治性的秘密结社，从一开始就具有强烈的民族主义倾向。天地会的秘密远比青帮多，而且必须严守。青帮的罪行是私贩违禁品，天地会的罪行是谋反，一旦被抓住，就要掉脑袋。所以加入天地会比加入青帮的审查更加严格。

有关天地会的资料十分杂，然而连它的源起都无法知道。既然是绝密的组织，也是可以理解的。虽说有关天地会的资料非常多，但不是天地会方面的资料，大部分是被政府抓获的天地会会员（被抓的是否真的是天地会会员，多有疑问）的供述。有的不是天地会的会员，被抓进去，经不住严刑拷打，就胡编乱造供词。当然也有的会员把自己所知道都一五一十全盘招供；也有的会员为保守组织秘密而故意供述假情况。由于这些缘故，庞大的资料究竟有多少可信度值得怀疑。

清末，不少组织自称天地会，南方尤其多。然而，它们是否是真正的天地会，不少令人怀疑。也有的人本打算加入天地会，可是加入以后，发现不是真正的天地会。

关于天地会的源起，有人认为是江西少林寺的余党，也有的认为是台湾郑成功的系列。这个组织在华南以及清王朝统治鞭长莫及的东南亚尤其根深蒂固，看来源起台湾的观点比较具有说服力。

经过森严肃穆的宣誓仪式后入会，叫作“入洪门”。他们称为“洪门兄弟”，为什么这么称呼，甚至说不明白确切的原因。各种各样的说法，比较靠谱的是明代皇族后裔朱洪英受到天地会的拥立，或许因为天地会创建初期有一个姓洪的人是领导。

天地会还有三合会、三点会、三星会、哥老会等别名，但有人认为这些不是别名，而是天地会中其他派别的名称。三点就是三点水，也许暗指“洪”字。有人认为“洪”字具有正如东江、西江、北江三条河流在广东汇合一样，各色各样的人为了民族革命这个目的共同走到一起的含义。如此诸说纷纭，正好说明至少天地会在创建初期严守秘密。

由于入会者皆互相称兄道弟，所以该组织又叫作哥弟会或哥老会，不过这似乎是在四川，也许起先是与天地会没有关系的其他组织。汉人中普遍存在反对满族、恢复汉族国家的愿望，要宣传这种思想，并付诸实行，自然必须是秘密团体。各地产生的秘密组织大概有不少悄然合并。

孙中山开始反清革命的时候，曾经打算与天地会系统联合。对此各家评价不一。只是到清末的时候，天地会与青帮系统的秘密结社往往被混为一谈，但实际上它们也进行过联合行动。

从嘉庆年间（1796—1820 年）白莲教起义频仍的时候开始，潜入地下的秘密组织逐渐浮出水面。这暴露出清朝维持治安能力的急剧下降。

嘉庆帝是在清入关迁都北京大约一百五十年之后即位的，在这一百五十年间，身居统治阶层的满族养尊处优，逐渐流于文弱。满人全部是军人，这是太祖努尔哈赤以来的传统，八旗制度的精神支柱。旗就是军营，满族不分男女老少，全部都有军籍。满族原则上不接受高等文官考试的科举，就是说，不许满人成为文官。

少数民族满族统治人口绝大多数的汉族，所依靠的就是武力。人口本来就很少，所以必须全族皆兵以维持统治汉族的武力。但满族作为统治地位的民族，享受各种各样的特殊待遇，必然逐渐丧失勇武的活力，出现与军人背道而驰的现象。曾经在辽东、黑龙江的深山老林中追逐狩猎野兽的满族似乎在北京荣华富贵的生活享受中磨灭了它的野性。

这在三藩之乱中就已经显露出来，驰骋沙场立功的主要是汉族部队，满族将军尽量不让自己的军队参加作战。据说与吴三桂对峙的岳州城下的满族将军整整八年关闭军营，不思打仗。

清初的满族之所以能够扫荡中国，是在明朝内讧和人民疲惫的时候乘虚而入，未必说明满族军队的强盛善战。消灭明朝残存势力的主要是吴三桂等汉族将军。有人认为满族军队自入关以后，没有参加过一次大规模的作战。

嘉庆四年（1799 年），退位的太上皇乾隆帝正月八十九岁死去，其宠臣和珅被赐死。开始平定四川的白莲教起义也是在这一年，但这是在改变以往的做法后才出现的成效。四川总督兼经略大臣勒保在奏文中说道：健锐营、火器营（都是满族军队）不惯劳苦，不守纪律，行军迟缓，为绿营（汉族军队）所轻蔑，所以全部返回北京，也不必派遣满族的其他部队来补充。勒保是满人，他对本民族的部队已经失去信心。

嘉庆帝更换勒保，试图对军队进行整顿。勒保一方面在奏文中表示不必派兵增援，一方面却要求拨给五百万两军费。另外，他虽然抓俘起义首领王三槐，却没有剿灭其残余势力，这也是他被撤职的原因之一。能够活捉王三槐，其实也是当地深孚人望的南充县知县刘清劝降的结果。勒保还任人唯亲，重用亲戚以及自己派系的亲信，克扣军饷，不按时将粮食发放给士兵。弹劾勒保的是四川将军福宁。

这个福宁也是满人，其实他也有自身的问题。他在湖北旗鼓寨包围白莲教，将投降的两千多人斩尽杀绝。这样做当然是为了夸大战功。他这样做导致当地的造反集团不信任政府的“招抚”政策，下决心顽抗到底。清朝对各地造反的镇压越发棘手。这件事情被揭露以后，福宁被捕，交给刑部，以杀降律问罪论处。

总兵马瑜等杀害夹河州的难民两百多人，谎报是匪贼。此事被揭发以后，马瑜被处死。

这不过是冰山的一角。军队，尤其是满洲八旗的腐败登峰造极。驻守北京的八旗军官每天只是游玩享乐。军队每年秋季举行一次“秋阅”，据说他们多半只是在秋季检阅军队的时候身穿军服。所谓军服，就是头盔铠甲，相当沉重。据资料记载，一般都是随从拿着军服到检阅地点，军官临时换上，完全是走过场的检阅军队。

讨伐教匪的时候，也是当地招募的义勇兵打头阵，汉族的绿营紧随其后，满洲军队则殿后，最为安全。

在当地招募的义勇兵称为“乡勇”，也分为两种：一种是作战结束后依然回家种地，另一种是作战结束解散后变成匪贼。嘉庆年间讨伐教匪，都是乡勇在第一线冲锋陷阵。为下一次发生反乱时方便使用，打完仗后，乡勇可以把武器带回家。这就造成武器散落民间，民间也具有潜在的武装战斗力。清朝改变了原先的满族为军队骨干、原则上不许民间存在武装力量的基本方针。

这样做对清政府是危险的，但不依靠乡勇，地方的叛乱就无法镇压下去，所以改变基本方针实属无奈，不得不依靠乡勇。这也说明满族军队变成了一群废物。

由于嘉庆帝采取整顿军队和依靠乡勇的走钢丝的政策，终于平定了教匪之乱。从白莲教系统的反体制派来说，暴露出不能团结一致的弱点。由于横向联系不够，清政府以各个击破的方法镇压教匪之乱。

在同一时期，海上也发生叛乱，刚刚即位的嘉庆帝不得不在海陆两条战线上与叛乱势力作战。陆地上的反乱势力之间都无法互相配合，海陆之间更谈不上联合作战。

这个时期海上出现反乱势力与越南的政治形势深有关系。当时越南称为安南国，是受到中国册封的国家。

从名义上说，安南在乾隆末期之前一直是黎氏王朝，但实权早已旁落到将军手里，尤其是郑氏和阮氏。阮氏又称为广南王，但在西山党之乱时政权被消灭。此后越南陷于混战状态。消灭广南阮氏的也是姓阮的三兄弟，幼弟阮文惠实力最强，称光中帝。长兄阮文岳是亲清派，来到北京拜谒乾隆帝。乾隆五十四年（1789 年），清军南下，叫喊着要复兴旧黎氏王朝，但大败于阮文惠。这样，阮文惠政权与清朝交恶，乾隆五十七年(1792 年)，阮文惠死后，其子阮光缵继位，双方关系未见好转。

阮文惠、阮光缵政权为维持国家财政，招募海盗，打算“海盗立国”。一到夏天，越南的海盗集团就进入广东海面骚扰抢掠，秋天返回。他们进入清国海域是海盗，回到越南就是将军。越南海盗不仅出现在广东海域，还扩大到福建、浙江海面，与当地的悍民勾结在一起肆无忌惮地抢劫掠夺。

清国称他们为“艇盗”。夷艇不仅吨位大，配备的大炮数量也多，清朝当局束手无措。一旦抓获扣押夷艇，有时搜查出阮氏的敕印，便向越南政权提出严重抗议，但对方装聋作哑，一口咬定不知此事，推诿耍赖。

艇盗之乱的核心人物是一个名叫蔡牵的福建省同安县人，他在海上征收通行税，简直就是海上霸王。通行税的数额是每艘商船出港四百元，进港八百元。

浙江巡抚阮元命令定海总兵李长庚采取对策，李长庚也是福建同安人，与蔡牵是同乡。这是一对宿敌，他们的海上决战极其波澜壮阔，但无法在这里详述。

清朝史料记载，蔡牵是“奸猾”的海贼，李长庚则是击败海贼的名将。不过，能够统率众多海贼征收海上通行税的蔡牵绝非等闲鼠辈，应该具有相当出色的本领。他与天地会的关系不得而知，但他活动的区域正是天地会势力强盛的地方，二者应该有某种关系。蔡牵葬身海底，他被定性为叛徒，很少人为他辩护。即使有人提出辩护的观点，大概也已经被清朝抹得一干二净。他也有可能是一个激进的民族主义者。

同样是艇盗的主要人物，蔡牵属于后期，关于前期的艇盗，前面说过，以越南的阮氏政权作为后盾。岂止是后盾，完全可以说是越南政权直接指挥。但是，这个政权很快灭亡。阮氏三兄弟在西山党之乱中摧毁旧阮氏的时候，旧阮氏王族中只有一人阮福映幸存下来。后来阮福映势力逐渐强大起来，于嘉庆七年（1802 年）杀死阮光缵，灭亡这个海盗立国的政权。

阮福映的复兴具有法国势力的背景。当时西风开始强劲吹来。越南的新政权阮福映请求清朝对他册封，这意味着恢复以前的友好关系。因此，他必定严厉取缔在中国领海上出没的海贼船。失去越南政权保护的海贼称为后期艇盗。

浙江巡抚阮元命令李长庚制造比夷艇更大的船只。以前夷艇比清国水军的船只体积大，这样一来，蔡牵命令部下也加速建造比清军新船——称为霆船——更大的船只，双方军备竞赛，船只越造越大，当然也包含着激烈的技术竞争。

嘉庆八年（1803 年），李长庚在定海大破蔡牵。这个时期，艇盗方面由蔡牵和朱濆共同指挥，但在定海战败以后，两人分道扬镳。据说副司令朱濆违反蔡牵的命令是战败的原因。蔡牵向闽浙总督玉德行贿才逃过这次危机，他为了重整旗鼓，收买福建的造船业界，重建船队，建造出比霆船更大的船只。他利用这支新建的船队攻打台湾和福建，以台湾为根据地，自称镇海王。

李长庚进攻台湾，这一对宿敌的激战在陆地在海上打得难解难分。李长庚在福建、广东的海战中几乎将蔡牵逼到绝境，但在潮州的黑水洋作战中被蔡牵的部下射死。据说当时蔡牵的船队只剩下三艘船。这是嘉庆十二年（1807 年）十二月。顺便提一下，这一年的七月，琉球国中山王尚温死去，其孙尚灏即王位，照例派遣册封使从福州前往琉球。当时李长庚与蔡牵正在福建的海面上殊死拼搏，可以想象册封使的航行相当危险。

李长庚葬身大海，蔡牵的日子也不好过。他与分道扬镳的朱渍再次联合起来，船队的实力一度有所起色，但由于不断遭到李长庚的挑战，船队被打得满身疮痍，只好逃到越南躲藏起来，恢复元气，以待时机。清朝政府通过整顿军队，基本上平定了白莲教系统的叛乱，可以腾出手来对付南海的反体制势力。清朝加强沿海的警戒力量，使得蔡牵不能像以前那样可以与陆地的反体制力量联络呼应。他的船队在粮食与淡水的补给上相当困难，买卖也难以维持下去。所谓买卖，就是袭击商船，商船的航行受到前所未有的严密护卫。

同时，清朝政府的劝降工作大有成效。蔡牵的手下接连投降，由于买卖搞不下去，部下不得已只好改换门庭。水夫有一定的技术，清朝政府也需要他们。

清朝政府为继续讨伐艇盗，提拔阵亡的李长庚的部下王德禄和邱德功分别为福建提督和浙江提督。恢复担任浙江巡抚的阮元挑拨离间蔡牵与朱渍的关系，收到成效。朱渍死于官军的炮火，其弟朱渥率领部下三千、船四十二艘、炮八百门在福建投降。

蔡牵孤立无援，最后在定海的渔山外洋与邱德功率领的政府军抵死血战，兵败自沉。

艇盗之乱终于得以平定。蔡牵的自沉是在嘉庆十四年（1809 年）八月。第二年，广东海贼张保投降，南海重新风平浪静。这样，陆地与海上的叛乱都被镇压下去，但累累伤痕，无法平复，无论是陆地还是海上，都留下深深的裂痕。

问题繁多，蔡牵第一次在定海失败的时候，曾贿赂闽浙总督玉德得以逃脱危机，果真是这样的吗？

李长庚是一个优秀出色的海军将领，但也许由于不善于协调的缘故，与总督玉德关系不和。如果蔡牵彻底失败，李长庚便立下头等大功，大概玉德就打算从中作梗。清朝政府得不到“人和”。

蔡牵以台湾作为根据地，聚集两万多人，说明这个岛屿上有这么多人对清朝心怀不满，而且只要出钱，福建的造船业界就会为艇盗建造比官军的霆船性能更强的船只。这是因为福建的造船业界对政府的命令熟视无睹呢？或许是玉德试图利用蔡牵的重整旗鼓抵消李长庚的功绩。据说玉德的继任者阿林保与李长庚的关系也很紧张。

李长庚的得力干将印得方在李长庚阵亡后消失得无影无踪，据说是因为非常愤慨玉德、阿林保对待李长庚的态度。最后征讨蔡牵的时候，清朝政府打算起用印得方，派人寻找，终不知去向。

在蔡牵陷于绝境的时候，官军中还有人将粮食、武器偷卖给他。这只是为了金钱吗？清朝军人中堕落的似乎不仅仅只是满洲八旗。谁都明白，嫉妒、利益的作祟对军队极其不利，他们缺少的是忠诚。

陆地海上的叛乱虽然被平息下去，但军费支出极其庞大。乾隆帝的宠臣和珅每年搜刮的财富相当于国家收入的一半，令世人惊愕万分，紧接着又是如此巨额军费开支。清政府的财政也已经陷入困境。

本来就内外交困，再加上鸦片进口造成的漏银问题，开始对国民生活和政府财政产生巨大的压力。鸦片进口的增加与陆海叛乱的频仍发生在同一时期。可以想象，接连不断的反乱笼罩着鸦片的阴影。

人口的增加的确是造成流民增加的重要原因，但善于忍受、恋土思乡的农民背井离乡成为流民，固然因为收入减少，重税的征收也是一个重要的原因。但是，政府并没有宣布增税。由于银本位制的纳税体系实际上使用铜钱缴纳，鸦片贸易导致银元的暴涨，从而造成实质上的增税。官府对无力纳税者的处罚十分严厉，所以他们只好四处逃亡，有的是集体逃亡。收留他们的主要是白莲教系统的反体制教团，或者是强盗、私盐等非法组织，还有就是私卖鸦片的组织。这些团体扩充势力以后，就会起事造反。

逃跑后，造反军的老家自然会遭受搜查，这正是官员大发横财的大好时机，为了防止抄家被折腾得鸡犬不宁，还要受到刁难欺辱，百姓只好给官员行贿，让他们在搜查的时候手下留情。人民对官员乃至政府不仅完全丧失信任，甚至产生憎恶的情绪。

人们切身体会到康、雍、乾三代的盛世已经一去不复返。乾隆时代也有战争，但远征西域、缅甸的对外征战的动静过于突出，掩盖了对山东白莲教、台湾林爽文等内乱的平定，给人一种偶尔发生的感觉。至嘉庆时期，偶然性的内乱变成了经常性，军队的出动肯定就是为了镇压内乱。

时代的风格似乎也发生变化。乾隆五十七年（1792年），英国使节马戛尔尼拒绝行三叩九拜之礼，虽然也发生一点纠纷，但乾隆帝还是会见他。嘉庆二十一年（1816年），同样是英国的使节阿默斯特来到北京，因为拒绝行三叩九拜之礼，当天就勒令他离境，当然没有见到嘉庆帝。

两个使节之间只相隔二十三年，有人认为这表现出乾隆时期的宽容大度，嘉庆时期的度量狭小。其实前者是祝贺乾隆帝八十寿辰的使节，其重要任务带有喜庆的气氛，清朝方面也想尽量友好接待，而后者并非祝贺使节。由于三年前东印度公司失去对印贸易的垄断权，便将目光转向对清贸易，所以这个阿默斯特是前来试探通商问题的使节。

乾隆与嘉庆的时代风格不同，对祝贺使节马戛尔尼与对通商使节阿默斯特的应对方法自然也会有差异。然而，不要忘记在这二十三年间，鸦片问题变得极为严重。通商，尤其一谈到英国的通商，就会立即想到鸦片。鸦片已经成为内地不逞之徒、南海艇盗发动内乱的重要因素。如果阿默斯特还期待会得到清政府的热情接待，那他的想法就太天真了。

此时的英国正在推行产业革命，增加产品的出口成为国家的重大任务，积极发展贸易是英国最优先的国策。这与交易是赐予别国恩惠的清国思想从根本上格格不入，何况期间还存在鸦片这个恶魔般的商品，双方的思想差距可谓天壤之别。

虽说是时代的风格，但由于乾隆时期不存在鸦片问题，所以嘉庆时期的人们大概认为乾隆时期才是幸福的时代吧。

宣南诗社的人们

生丝、丝织品、陶瓷、茶叶是中国的主要出口商品。中国不太需要外国的物品，但也有例外，例如中国国内的铜矿已经被挖掘一空，铸造铜钱的原料不足，只好从日本进口铜。这是长崎的日清贸易的主干商品。

同样是通货，银至少在乾隆时期之前还是丰富的，不仅国内银的产量不少，而且银币作为“商品”从外国源源不断地流进来。清国出口上述商品，但几乎不进口外国的东西，所谓的进出口实际上成为单边贸易，因此是对方的银币单方面地流入清国。中国把外国的银币称为洋银或洋元，“元”与“圆”一样，都是圆形。中国以银作为通用的价值单位，却没有铸造圆形的银币，一般以银几两表示价格。

人们的日常流通是先检验银元的纯度，再称重量，不讲究形状，既有碎银，也有小石头一样的块银。市面上经常流通一种俗称马蹄银的银元，但如果不是相当大宗的买卖，一般不使用银元，而是使用铜钱。由于主要是茶叶出口的增长，外国的银元进来，感觉使用起来很方便。这主要是墨西哥银元，纯度和重量基本固定。虽然使用方便，但中国似乎不想自己也模仿铸造，还是老样子使用墨西哥银元，直至清末的鸦片战争以后，中国才开始自己铸造银币。

有人认为，由于银币的大量流入，中国在这个时期确立了银本位制的基础。经营包含通货在内的银的商店称为“银行”，这个词也传到日本，指的是金融业。

然而，随着鸦片进口的增加，中国出口的生丝、丝织品、陶瓷、茶叶逐渐无力均衡结算。由此可见进口的鸦片数量之大。为了支付贸易逆差，中国不得不反过来出口银。中国是银本位制的国家，如今银大量流失，国库的银储存量减少，势必造成银价暴涨、经济混乱的后果。我在第六卷说过，一般百姓深感实际上在增税，难免影响生活的稳定。

由于鸦片是违禁品，清国方面没有对鸦片进口数量的统计。英国方面，东印度公司是大商社，可以操纵数字，它的统计数字只是概算，未必准确。摩尔斯的《大清帝国国际关系史》在此类书籍中可信度比较高，日本在战后重印出版，我在创作小说的时候曾经参考引用不少资料。该书记载，嘉庆五年（1800 年）装运前往中国的鸦片为四千五百七十箱。

鸦片一箱为一 picul，中文为“担”。中国一担相当于一百斤。鸦片一箱为 $133\frac{1}{3}$ 磅，在木箱上印有这样的数字唛头。东印度公司经营的马尔瓦产的鸦片称为“公班土”。鸦片因其颜色被称为“土”，“公班”是 company（公司）的音译，自然就是东印度公司。外包装的木箱长一米，宽、高五十厘米，一般使用杧果树木材制作。球状的鸦片土装在里面。马尔瓦产的鸦片装货港是孟买，净重一百零一斤，这是因为考虑到航海运输以及存储搬运时的损失，预先算进去的损耗量。瓦腊纳西产的鸦片损耗量大，装运的时候一箱为一百二十斤。

鸦片一担为六十公斤，所以 1800 年度中国进口的鸦片为二十七万四千二百吨。

嘉庆二十一年（1816 年）为五千一百零六箱，增加了约三十二吨。这一年的统计项目中还有金额，约为四百万美元。

嘉庆二十五年（1820 年），嘉庆帝死，其子道光即位。依照惯例，第二年（1821 年），改元道光。鸦片的进口在道光年间有增无减，据摩尔斯的统计，道光四年（1824 年）首次超过一万箱，这一年达到一万二千四百三十四箱，金额为九百七十三万美元。前一年是九千箱，金额为八百六十四万美元，相比之下，今年每箱落价一百七十七美元五十美分。也许因为 1824 年的鸦片行情下跌，或许进口的多是劣质便宜的东西。

道光十年（1830 年），鸦片进口量逼近两万箱，达到一万九千九百五十六箱，金额为一千三百七十四万美元。随着鸦片进口的剧增，这一年成为一个标志，因为从这一年算起的十年间，鸦片进口量翻了一倍，至鸦片战争爆发之前的 1838 年，已经超过四万箱。

因此，鸦片自然成为国家的政治问题。很多人指出漏银造成的经济问题以及社会不稳的治安问题，还有不少人从人道主义立场诉说鸦片对人体健康的破坏，当然，站在被告席上的英国也为自己的行径进行辩解，胡搅诡辩，试图减轻罪责。中国从关税清单中把鸦片清除出去，将其列为违禁品的时候，进口的鸦片数量还很少，根本不是因为数量和价格的原因，禁运的理由就是因为鸦片对身心健康造成恶劣影响，而绝非经济的因素。英国为了淡化发动鸦片战争这个历史污点，采取偷梁换柱的手法，屡次说成是出于经济问题、外交问题的原因。然而，提出以鸦片作为茶叶进口过量的对策的那些人，首先在精神结构、伦理观上就存在巨大的问题。

的确，心理衰弱的清朝在漏银严重以后才着手处理鸦片问题，从而引发各种各样的意见。但不论什么样的意见，鸦片的非人道性都受到极大的关注。因为争论的导火索恰好是许乃济提出的漏银对策“弛禁论”，结果被英国所利用。英国抓住这个“弛禁论”，一口咬定清国是为了发展经济而禁止鸦片，所以鸦片战争是经济战争，与人道主义无关。

因此必须对许乃济的“弛禁论”加以说明，从这三个字就可以知道，他主张松弛禁止鸦片的政策。

许乃济是浙江人，嘉庆十四年（1809 年）的进士，比林则徐早一期。他上奏“弛禁论”的时候，官居太常寺少卿。太常寺是管辖宗庙礼仪的衙门，不是佛教寺院。其他还有管辖马政的太仆寺、管辖刑狱的大理寺、管辖宾客的鸿胪寺等，其长官为卿，相当于阁僚，次官为少卿，是有资格向皇帝呈送奏文的高官。

许乃济到中央任职之前，曾担任雷琼道员、广东按察使，对鸦片集中地广东的情况十分了解。广东管辖着清朝唯一的开放港口广州，所以他比其他官员具有更丰富的对外贸易方面的知识。

了解现实情况，往往容易成为过分的现实主义者。过分接触现实的墙壁，往往容易出现无视理想的倾向。许乃济就是这样的人。

许乃济在广东所看到就是鸦片贸易无法禁止的现实一面，进口量已经超过两万箱，吸食鸦片的人在各个阶层有增无减。由于遍布整个社会，吸食鸦片再不用偷偷摸摸，而是公然无忌。对贩卖者的处罚表面上比较严厉，但对吸食者几乎完全是放任不管。

许乃济的弛禁论体现在他的著名的“许太常奏议”中，尽管是一个现实主义者，他对鸦片的危害也不能视而不见。原则上他也说：

诚不可不严加厉禁，以杜恶习也。

最终目的应该是杜绝吸食鸦片的恶习。但现在不能实行，因此为了国益，必须采取必要的对策。他的现实论把重点放在经济方面，主要论点如下：

乾隆以前，鸦片入关纳税后，交付洋行兑换茶叶等货。今以功令森严，不敢公然易货，皆用银私售。嘉庆时每年约来数百箱，[①]近年竟多至二万余箱，每箱百斤……岁售银一千数百万圆，每圆以库平七钱计算，岁耗银总在一千万两以上。夷商向携洋银至中国购货，沿海各省民用，颇资其利。近则夷商有私售鸦片价值，无庸挟赀，洋银遂有出而无入矣……然向来纹银每两易制钱千文上下，比岁每两易制钱至千三四百文，银价有增无减，非银有偷漏而何。鹾务易鉴以钱，而交课以银，盐商赔累甚重，遂至各省差务俱形疲敝。州县征收钱粮，其赔累亦复相同。以中原易尽之藏，填海外无穷之壑，日增月益，贻害将不忍言。

或欲绝夷人之互市，为拔本塞源之说。在天朝原不惜捐此百余万两之税饷。然西洋诸国通市舶者千有余年，贩鸦片者，止暎咭唎耳，不能因绝暎咭唎，并诸国而绝之，濒海数十万众恃通商为生计者，又将何以置之？且夷舶在大洋外，随地可以择岛为廛，内洋商船皆得而至，又乌从而绝之？比岁夷舶周历闽浙江南山东天津奉天各海口，其意即在销售鸦片。虽经各地方官当时驱逐，然闻私售之数，亦已不少。是虽绝粤海之互市，而不能止私货之不来。

或谓有司官查禁不力，致令鸦片来者日多。然法令者胥役棍徒之所借以为利，法愈峻则胥役之贿赂愈丰，棍徒之计谋愈巧。道光元年（1821年），两广督臣阮元严办澳门屯户叶恒树，夷商无可托足，因自贩于零丁洋。其地在蛟门以外，水路四通，有大舶七八只，终岁停泊，收贮鸦

① 嘉庆时每年约来数百箱：这是许乃济对当时情况的认识不足。——译注

片，谓之趸船。有省城包买户，谓之窑口。由窑口兑价银于夷馆，由夷馆给票单，至趸船取货。有来往护艇，名曰快蟹，亦曰扒龙，炮械毕具，亡命数十辈，运桨如飞，所过关卡，均有重贿，遇兵役巡船向捕，辄敢抗拒，互致杀伤。……查办非不认真，而此风终未能戢。盖凡民之畏法不如其骛利，鬼蜮伎俩，法令实有时而穷。更有内地匪徒，冒充官差，以搜查鸦片为名，乘机抢劫，臣前在广东署臬司任内，报案纷纷，栽赃讹诈之案尤所在多有。此等流弊，皆起自严禁以后。

究之食鸦片者率皆游惰无志不足重轻之辈，亦有年逾耆艾而食此者，不尽促人寿命。海内生齿日众，断无减耗户口之虞。而岁竭中国之脂膏，则不可不大为之防，早为之计。今闭关不可，徒法不行，计惟仍用旧例，准令夷商将鸦片照药材纳税，入关交行后，只准以货易货，不得用银购买。夷人纳税之费，轻于行贿，在彼亦必乐从。洋银应照纹银一体禁其出洋，有犯被获者，鸦片销毁，银两充赏。

至文武员弁、士子、兵丁等，或效职从公，或储材备用，不得任令沾染恶习，致蹈废时失业之愆。惟用法过严，转致互相容隐。如官员、士子、兵丁私食者，应请立予斥革……

或疑弛禁于政体有关。不知觞酒、衽席皆可戕生，附子、乌头非无毒性，从古未有一一禁之者。且弛禁仅属愚贱无职事之流，若官员、士子、兵丁仍不在此数，似无伤于政体。而以货易货，每年可省中原千余万金之偷漏，孰得孰失，其事了然。……

臣以一介菲材，由给事中仰沐圣恩拔擢，历官中外，前任岭表监司几十年，报称毫无，深自愧恨，而于地方大利大害，未尝不随时访问。因见此日查禁鸦片，流弊日甚一日，未有据实直陈者。臣既知之甚确，曷敢壅于上闻？伏乞皇上饬粤省督抚及海关监督，密查以上各情节；如果属实，速议变通办理章程，奏请宸断施行，庶足以杜漏卮而裕国计。

臣不胜惶悚待命之至。谨奏。

这是一篇相当长的奏文，其中有一部分省略，但几乎是全文引用。因为这是中国近代史的重要文献。省略的部分有进言解禁栽培罂粟的内容。他的逻辑是：既然无法禁止鸦片，那还不如堂堂正正地征收进口税，索性本国生产更好。另外，中国的土性本来温和，可以种植价廉力薄之鸦片，吸之不甚伤人，上瘾也容易断绝。可以看出，这种观点完全缺少科学根据。

许乃济上奏是在道光十六年（1836年），其实，在一个月之前，湖广道监察御史王玥也呈送同样主张弛禁论的奏文。他与许乃济一样，认为吸食鸦片者都是“闲荡之徒”，至于伤身毙亡，那是自作自受，可以置之不理。但是鸦片在部队内流行则是大祸，应予以严禁。许乃济也认为在文武官员、士子兵丁中应该禁烟。他们的想法十分相似：自己这样的阶层绝对不能沾染鸦片的恶习，至于别人，不管不顾，放任自流。

许乃济提出：自己的意见是否正确，请派人向最了解详情的广东当局调查。鸦片问题事关重大，道光帝便将许乃济的奏文副本送往广东方面，征求当地的意见。

许乃济原先在广东任职，自然事先会与广东方面密切联系。如果把他想得坏一点的话，广东方面的意见实际上就是他的意见。

奉命调查真实情况的广东大吏的回复称为“广东复奏”。所谓的广东大吏就是两广总督邓廷桢、广东巡抚祁埙等。其实广东也存在严禁派与弛禁派两种不同意见。广东有两所著名学府：越华书院和学海堂。据说越华书院的教授是严禁派，学海堂的教授是弛禁派。学海堂的教授仪克中此时恰好担任巡抚祁埙的顾问，他的同事吴兰修、熊景星等教授也倾向于弛禁论，于是对广东大吏的意见产生很大的影响。

广东复奏以弛禁论为指导方针，就实务性事宜提出一些具体的方案：

一、以货易货，应计全数抵算，不准影射。

二、水师巡船及各关口员役，宜责令号在隘口稽查，不准出洋借词滋扰。

三、洋银应照旧章，仍准带回三成，并先确查来银数目，以杜欺隐。

四、鸦片应与别项洋货一例交易，不必设局专办。

五、额税宜遵旧制，不必加增，并严禁需索陋规。

六、价值不必预定。

七、内地各省海船运销鸦片，应由粤海关印给执照。

八、民间栽种罂粟，似可稍宽厉禁，俾使土烟对洋烟有所抵制。

九、官员、士子、兵丁，宜严行饬禁，不准吸食。

广东的有关部门、公行乃至外国商人都知道广东复奏的内容，大家都认为弛禁只是时间的问题。但是，朝廷并没有仅仅根据广东复奏就做出弛禁的决定。

道光帝本人出于中华帝国皇帝的面子，不会认可这种危害极大的鸦片，但由于漏银问题过于严重，财政濒临破产，他一定冥思苦想，要考虑一个两全之策。广东复奏之后，道光帝诏谕两广总督，要他督促鸦片的母船——趸船迅即回国。

北京也有人提出反对弛禁论的严禁论。礼部侍郎朱嶟、给事中许球上疏反驳弛禁论，据说他们的奏文对广东复奏逐条批驳。不过，双方的奏文现存都不完整，《中西纪事》记述有许球奏文的片段：

弛鸦片之禁，既不禁其售卖，又岂能禁人之吸食？若只禁官与兵，而官与兵皆从士民中出，又何以预为之地？况明知为毒人之物，而听其流行，复征其税课，堂堂天朝，无此政体。

朱嶟的奏文译载于当地的英文杂志《中国丛报》上，其要点是：鸦片流毒，妨财害小，残民害大。民者国之本，财者民所出。

弛禁论者的目光只盯着经济问题，严禁论者则看重人道、道德。道光帝倾向于严禁论，但奏文中未见具体对策。据说许球在奏文中建议向英国国王递交国书，明确通知严禁鸦片，不过这确是不切实际的做法。

除了这两个中央官员，地方官中也有人呈表反对弛禁论。江南道御史袁玉麟的奏文全文保存至今。他认为弛禁论的根本思想就是“愚民自缩寿命，不足深惜”，并斥之为“痛心疾首之言”，愤慨说道：皇恩浩荡，沐浴万民，难道对他们弃而不顾吗？

袁玉麟在奏文中列举具体数字加以说明，进口量两万箱，如按旧制（乾隆以前的税率）课税，税收不过十二三万两，即使增加一倍，也只是二十多万两，再翻一番，充其量五十多万两，这是“小利”，而为此损害政治理念这个“大利”，得不偿失。袁玉麟还剖析“以货易货”不使用银子的方法过于幼稚，英国人出口鸦片给中国，要的就是银子。虽然禁烟，但鸦片照样进来；同样，虽然禁止使用银子，但可以预料照样使用银子结算。无法禁止鸦片进口，却要禁止使用银子，这种想法简直就是自欺欺人。反过来说，如果对禁止银子流失充满自信，为什么就不能做到禁止鸦片进口呢？

他说：所谓禁严则贿赂多，禁弛则贿赂少，此系纲纪问题。奉法得人，则禁鸦片也不会有贿赂；奉法不得人，则放松鸦片之禁，贿赂也会以某种形式横行。

袁玉麟严肃指出：在处理鸦片问题的时候，绝对不能抛弃人民，比经济问题更重要的是精神问题、纲纪问题，其解决会“得人”。袁玉麟的奏文也只是停留在原则性的论述，没有提出切实可行的解决对策。

但他的奏文可以说把弛禁论批驳得体无完肤。例如弛禁论提出解禁栽培罂粟，袁玉麟指出：实际上各地都在违禁栽培，国产鸦片的增产与进口鸦片的增加同步而行。即使国内也生产鸦片，进口照样增加。将药用的乌头与毒品鸦片相提并论，这是弛禁论者偷梁换柱的骗人手法。许乃济说，明代曾进口吕宋的淡巴菰（烟草），后来国内种植烟叶以后，就无须进口，而且中国土壤温和，所种植的烟叶性温，无损人体健康。袁玉麟对许乃济将烟草与鸦片同等看待的观点予以严厉驳斥，认为这样的比较荒唐可笑。他说：烟草虽无益，但不至于使人变成废人。弛禁论的理由都是雕虫小技，不堪一驳，所以在广东复奏以后，无人继续拥护。

许乃济提出弛禁论，广东复奏遥相呼应，但此后大约两年被搁置起来。道光帝原先不赞同解禁鸦片，加上朱嶟、许球、袁玉麟的奏文把弛禁论的所有论点批驳得一无是处。不过，严禁论者只是停留在原则性的理论层面，没有提出具体方案。

弛禁论后继乏力大概与广东复奏的主要人物邓廷桢等后来叛离弛禁论的态度有关。据说他的门生告诫他：如果支持弛禁论，会污名留史。即使是太平盛世，也会有盗贼，不论怎么禁盗，盗也不会消灭，但也不能因此公然认可盗贼的存在。如此批驳，弛禁论无言以对。

许乃济提出弛禁论两年以后的道光十八年（1838 年）五月，鸿胪卿黄爵滋呈上附有具体方策的严禁论奏文。这是具有代表性的严禁论，而且与鸦片战争直接相关。

许乃济的弛禁论是一份没被采纳的重要文献，黄爵滋的严禁论被皇帝采用，成为战争的原因，可以说在近代史的划分上远比弛禁论具有重要的意义。我说黄爵滋的严禁论成为战争的原因，但战争的责任完全在英国一方。我们应该铭记：不是黄爵滋发动战争，而是英国发动战争。

鸿胪寺是管辖宾客接待的官府，黄爵滋是其长官——卿。他上奏的严禁论震惊朝廷，当然不是只有他持这种观点，还有不少人与他意见相同。

在介绍黄爵滋的奏议之前，先谈谈他所属的宣南诗社这个团体的一些情况。前面说过，清政府对结社异常警惕，尤其是政治结社，更是严密监视，只是对同乡会这样的联谊团体才睁一只眼，闭一只眼，对同样兴趣爱好的团体也准照联谊团体予以对待。诗社是诗人聚集的团体，诗歌酬和，风雅韵事。说到诗人，那个时代没有所谓的职业诗人，几乎都是官员，或者是官员预备队的人们。宣南，是北京宣武门南面的意思，那一带大概经常举办诗歌聚会吧。

这个宣南诗社并没有什么社规，也不需要什么会员资格，只是诗歌的志同道合者创作诗歌的聚会而已。所谓志同道合，其实并不要求对诗文的看法必须一致。中国的文学具有政治性极强的一面，政治观点产生于本人的人生观和理念，政治观点基本一致的人们自然聚集在一起，成员之间对政治的看法基本相近。

宣南诗社的著名成员是龚自珍，他官位不是很高，但作为诗人名声很大。清代二百七十年间，要是历数五大诗人，龚自珍必定列入其中。鸦片战争的英雄林则徐也是这个诗社的成员，但由于多在地方任职，很少参加聚会。对日本的幕末有识之士产生巨大影响的《海国图志》《圣武记》的作者魏源也是这个诗社的同人。

维系他们的思想基础大概是公羊学，说到清代的学术，毫无疑义是考证学，但是在嘉庆至道光年间，出现一种反抗。

考证学是躲避言论镇压的避风港，但的确出现众多俊才硕学。本书第六卷讲述过“文字狱”，清朝对知识分子的反政府言论极其神经过敏，编纂《四库全书》这项大事业也是思想禁锢的一个组成部分。最安全的学术领域就是考证学。例如汉代与唐代的度量衡有什么不同，通过资料文献以及实物进行考证，这其中毫不掺杂个人对政治的意见。史料和实物是考证判断的基础，无疑这是一门科学。有人认为现代中国的科学深深扎根于清代的考证学。

以完全摒弃个人主观意见为前提的学术的确是一门科学，但令人感觉缺少人情味。在进行这样学术研究的过程中，难道不会产生虚空的感觉吗？对正误的判断自然属于个人行为，但如果仅仅依靠考证推断出正误，应该感觉有所缺憾。这种学问对社会究竟有什么用处呢？如果想到这一点，大概会产生跳出考证学这个樊笼的冲动吧。

与考证学相反的可以说是公羊学。孔子著《春秋》极为简洁，必须依靠“传”的注释进行研究。《春秋》有三传：《左氏传》《公羊传》《穀梁传》，都是以注释者的名字命名。

左丘明的《左氏传》认为《春秋》是一部历史记录，进行极为详细的注解，但对这部书的评价似乎不是很高：“左氏传事不传义。”

公羊高的《公羊传》和穀梁赤的《穀梁传》认为《春秋》不仅仅是历史记录，而且隐含着孔子根据这个史实所做出的价值判断。都说《春秋》微言大义，其实不仅孔子如此，微言大义流淌在中国著述的传统底层。例如“英国”这个国名的译文是“英吉利”，但鸦片战争时期的清朝文献中出现“暎咭唎”的译法。口字旁暗含“禽兽”的意思，以这样的写法表示对英国的行径的谴责。明代，将葡萄牙称为“佛郎机”。这大概与十字军时代的伊斯兰方面称十字军为法兰克有关。但是，只要葡萄牙人在澳门一带为非作歹，明人就把“佛郎机”中的“郎”中改为“狼”。从《春秋》中钩沉索隐孔子旨趣的正是《公羊传》和《穀梁传》。

既然是探寻隐藏于文字背后的真意，有时难免带有勉强的主观的推测。与极其重视客观的考证学相比，这是一门极具主观性的学问，从这个意义上说，二者处于两个极端。

求义不求事的《公羊传》和《穀梁传》的差异在于前者否定现实，表现出对新体制充满期待的姿态，而后者肯定现实，将现体制神圣化，并从中发现君臣的大义。《公羊传》充满革命性，《穀梁传》偏向保守性。对现实政治持肯定态度的《穀梁传》在汉代就受到王朝的保护，但结果事与愿违，后来《穀梁传》在学术领域反而萎靡不振，影响日衰。

由于公羊学具有革命性、战斗性，一直保持着学术的生命力，时常出现狂热的学者，甚至出现东汉的何休那样牵强附会预言的激进倾向。

无论如何，公羊学对于不满现状者是富有魅力的学问。

乾隆末年，孔子后裔孔广森著《公羊通义》，奠定了清代公羊学的基础。后来，出现一个卓越的公羊学学者刘逢禄，魏源、龚自珍都受到他的巨大影响。

由于公羊学的出发点是对现状不满，因此这门学问对在鸦片问题为中心发生巨大思想波动的道光时期的知识分子极具吸引力。宣南诗社成员的一个共同点就是对公羊学感兴趣。

鸦片战争以后登上中国革命历史舞台的太平天国的洪秀全，改良主义的康有为、梁启超，激进派的谭嗣同，西欧派的孙中山等都受到公羊学的影响。公羊学的特色是不尚空谈，注重实践，同时十分重视被其他学派瞧不起的经济问题。可以说，倾心于这个学问的多是血气方刚、热情澎湃的人物。黄爵滋作为宣南诗社的同人，具有同样的精神风格。

黄爵滋的奏议，与其说是他个人的意见，也许不如说是与宣南诗社的成员共同研究、慎重推敲出来的。奏文经过慎之又慎的斟酌切磋，但提案极其大胆。一言以蔽之：吸食鸦片死罪论。具体地说，设置一年的戒烟期，过期后如果还继续吸食，定为违法乱民，重刑严惩。

将鸦片吸食者视为乱民，这与弛禁论的看法很相似，只是弛禁论者主张对他们置之不理，听任其便。黄爵滋主张对他们设置一年的期限，如还不改，就采取断然措施，判处死刑。他这样分析以前鸦片政策的失败之处。

第一，即使严厉控制海港，但海岸线数千里，无论从哪里都可以上岸，所以封锁港口没有成效。

第二，为防止漏银而禁止通商是因噎废食。鸦片本来就是违禁品，即使政府禁止通商，鸦片船停泊在外洋，奸人携带银子上船购买，所以根本无法防止漏银。

第三，对鸦片销售者的处罚软弱无力，因为各地的贪官污吏与富豪显赫家族的不肖子孙沆瀣一气，包庇同伙。

黄爵滋认为，其实漏银的机制很简单，购买鸦片，必然流失银子，不言而喻。为什么要买鸦片？因为有人吸食。如果无人吸食，鸦片也就没有市场。所有的国民都不吸鸦片，所有的问题即可解决。因此，也许措施过于严厉，但唯有以死论处的厉法才能收效。

严厉的刑罚或许会伤及无辜，但如果考虑到鸦片毒害之大不言自明，这样的弊端无需担心。

清代实现“保甲制度”，十户为一牌，十牌为一甲，十甲为一保，各有称为牌头、甲长、保正的负责人。黄爵滋建议完善保甲制度，实行连带责任。如果发现未能查实吸毒者，罪及连带负责人。

对于一年之内尚未能戒烟者，应彻底予以肃清，坚定不移地把鸦片从中国驱逐出去。这样的措施貌似粗蛮，但从当时的国情来看，不如此果断严厉使用重典，鸦片的禁绝只是一句空话。黄爵滋列举外国对吸鸦片者判处死刑的例子，最后说道：

夫以外夷之力，尚能令行禁止，况我皇上雷霆之威，赫然震怒，虽愚顽沉溺之久，自足以发聋振聩。如是则漏卮可塞，银价不致再昂，然后讲求理财之方，诚天下万世臣民之福也。

臣愚昧之见，是否有当，伏乞圣鉴。谨奏。

道光帝为这份奏文所心动，将其副本发送各地的最高长官，据说有总督、巡抚以及置于军政之下的东三省的盛京将军、吉林将军、黑龙江将军等共二十多人。各地长官恭敬复奏，但完全赞成黄爵滋奏议的只有以下四人：

湖广总督 林则徐

两江总督 陶澍

四川总督 苏廷玉

河南总督 桂良

其他人只是认为以死论罪的措施过头，不予赞成，对禁绝鸦片本身无人反对。复奏中无人主张弛禁论，可以视为此论已被抛弃。两广总督邓廷桢在以前的广东复奏中倾向于弛禁论，这一次在复奏中表示赞成严禁，只是认为死罪过于酷烈，建议改为墨刑。

道光帝有自己的想法。当时广东发生内皮尔（律劳卑）事件，与英国的关系相当紧张。此事发生在中英通商之前，其实关系到清国的政治体制问题。如何处理事关重大，因为鸦片是头等重要的问题。考虑到两广总督和广东巡抚作为地方长官事务繁忙，决定派遣一个钦差大臣前往广东专门负责处理鸦片问题。

将黄爵滋奏议的副本送给二十多个地方长官，不只是询问是否赞成，还向他们征求意见。道光帝打算从他们的复奏中选择最符合自己想法的人作为钦差大臣派往广东。可以说复奏是一场选拔的考试。

道光帝对二十多份复奏反复斟酌，最终选定湖广总督林则徐。林则徐是福建人，长期在地方任职，政绩斐然。湖广总督兼管湖北、湖南两省，他就任以来，禁烟很有成效。

道光帝大概也考虑任命首倡严禁论的黄爵滋作为钦差大臣派往广东，但是他进士及第后才十五年，虽然在福建、陕西任职过，也都是监察御史，没有地方执政的经验。他是中央官厅的官员，与其说是实干家，不如说是理论家。林则徐比黄爵滋不过年长八岁，进士及第后却已经二十七年，具有丰富的地方工作的经验。道光帝选择的不是理论家，而是实干家。

林则徐对黄爵滋奏议的复奏也很出色，令道光帝感动。皇帝毫不犹豫地决定人选，非他莫属。林则徐复奏中的提案细致具体，显示出实干家的特色。例如他针对黄爵滋设想的一年期限，更细化为一年四期，在这一年期限内，不是不闻不问，而是分四期予以指导。另外，他还补充建议，不仅只是对鸦片吸食者，也要对开设烟馆者、鸦片销售者、烟具制造者论以死罪。

若犹泄泄视之，是使数十年后，中原几无可以御敌之兵，且无可以充饷之银，兴思及此，能无股慄?

林则徐明确指出：如果对鸦片问题继续熟视无睹，将出现军队无人、军费无银的恶果。这无疑敲响了清王朝将会国破家亡的警钟。

道光帝知道还有这样深刻认识鸦片问题的人物，一定深感欣慰。林则徐是担任钦差大臣派往广东的最佳人选。道光帝立即命令林则徐赴京。湖广总督的官署在武昌。

道光十八年（1838年）十月十一日，林则徐从武昌出发，十一月十一日入紫禁城谒见皇帝。据林则徐日记记载，皇帝在乾清宫下问三刻有余。一刻为十五分钟，差不多一个小时，没有他人，谈论鸦片问题。十二日、十三日又接连两天受到召见。十四日允许“紫禁城赐骑”。在紫禁城内是不允许骑马的，但林则徐受到特殊待遇，这在当时绝对是无上荣誉。

十五日，林则徐正式受拜为钦差大臣。

着颁给钦差大臣关防，驰驿前往广东，查办海口事件，所有该省水师兼归节制。

受此特命，林则徐整装前往广东。关防，就是公章。盖有钦差大臣关防公章的文件等同于诏敕，而且把广东省的海军调拨给他指挥。这说明道光帝对林则徐何等倚重信任，一切都放心地全权委托他办理。

当时从北京到广东需要两个月的路途时间。接受钦差大臣关防之后，林则徐大约准备七天，启程上路。这期间他拜访宣南诗社的在京朋友辞行。

龚自珍致函林则徐送行，此信收在他的文集里。林则徐在日记中说，龚自珍希望自己作为幕僚一同前往广东，被他婉拒，其理由是“事势有难言者”。林则徐没有复函，而是派遣亲信向他口头相告，这其中何为难言之隐，没有留下文字记录。

林则徐在思想上大概已经做好最坏的打算，虽然得到皇帝的绝对信任，但成败如何，难以预料。弛禁论虽然已经销声匿迹，但朝廷里还存在不喜欢严禁论的保守派，首席军机大臣穆彰阿就是保守派的首领。

朝廷里多有林则徐的政敌，自己随时都可能失势。林则徐大概也意识到性命的危险。他拒绝龚自珍的要求，很有可能是因为不愿意把志同道合的朋友拖进有生命之虞的斗争中去。

林则徐为禁绝鸦片，怀着悲壮誓死的决心南下广东。

广东风云

当时，日本只开放长崎作为对外贸易的港口，来日的荷兰人受到限制只能居住在出岛。同样，清国也只是将广州作为对外贸易的窗口，强迫外国人只能居住在十三行街（广州城外）。不同的是，长崎贸易中，中国人居住在唐馆，荷兰人居住在出岛；而广州贸易中，不分国籍，所有的外国人都住在十三行街。不过当时的外商大多数是英国人，美国作为新兴势力刚刚崛起。英国拥有获得政府特许的庞大组织——东印度公司。

19世纪以后，东印度公司常驻广州的有监督以及二十个办事员，此外还有两个医生、两个牧师。中国方面称他们为“公局”或“英局”，他们则自称Select Committee（特派委员会）。

清国对外贸易的态势依然如故，还是朝贡这个单一的模式，认为贸易不是平等互利，而是中国单方面的恩赐。恩赐是对恭顺的报酬，如果认定外商不恭顺，清国随时都可以单方面地停止通商。道光十一年（1831年）颁布的《外夷防范章程》规定，禁止外国人乘坐肩舆，因为清国认为这是不恭顺态度的表现。

清朝政府表面上与外商不相往来，广东的政府高官有两广总督、广东巡抚、海关监督等，他们是政府官员，不允许与外商直接接触。

前面说过，能够与外国人进行贸易的是称为“行商”的特许商人，他们的行业组织称为“公行”。外国人的“广东”发音与广东话略有不同，叫Cohong。这个Co的语感令人联想到company（公司）或者corporation（商行）。

外商想与政府接触的时候，先向民间的企业联合会公行递交“禀”。

“禀”就是请求书。公行接到“禀”后，转交给监督机构——海关。转交之前，公行必须判断是否转交。如果将提出无理要求的“禀”转交，会受到批判。

通过对外贸易可以征收进出口税，于是在唯一的贸易港所在地广东设立直属户部的海关，其长官是海关总督。外国人把海关叫作 Hoppo，这显然是“户部”的广东话发音。外商甚至不能直接与海关打交道。

在这样的贸易体制下，随时都有可能单方面地停止贸易，或者调整税率等。由于外商不能直接与官方接触，双方进行巨额贸易的基础就极其脆弱，极不稳定。19 世纪 20 年代，东印度公司缴纳广东海关的税银是六七十万两，但由于最大的进口商品鸦片属于违禁品，没有纳税就直接运进来，所以纳税的商品中不包含鸦片。弛禁论正是看到这一点，才提出解禁鸦片进口，以赚取进口税。

基础不稳定的原因是不平等。如果清、英两国缔结有政府协定，不稳定因素应该会大量减少。马戛尔尼作为祝贺的使节来到中国，其实还带有探寻开拓政府谈判途径的使命。阿默斯特也是如此。虽然身负这样的使命，但一进入清国领土，就不得不打出“进贡使”的旗号。

道光元年（1821 年）十二月，英国军舰托帕斯号（土巴资号）的船员在伶仃岛与中国人发生冲突，结果是中国人两人死亡、四人负伤，英国水兵十四人负伤。

清国政府要求引渡犯人。广东的政府当局通过公行向英国的“公局”提出要求。清朝政府的文书多称公行、行商为“洋商”，意为与外国人进行贸易的商人。但是这个称呼容易与外国商人混淆，所以称“公行”比较明确。还有，称“公局”不如称东印度公司，中国称其负责人监督为“大班”。

大班对公行的回答是：东印度公司无权监督军舰。东印度公司当然无权监督英国海军的军舰，但清国的广东当局此时才知道这一点。

当时的两广总督是阮元。他在担任浙江巡抚的时候，曾命令李长庚建造“霆船”，是一个硬骨铮铮的官员。阮元要求英方交出犯人的同时，停止对英贸易。因为通商并非国家问题，地方长官有权这样做。东印度公司大班的态度也很强硬，命令全部撤回商人和商船。大班无权监督军舰，但可以指挥商人和商船。当时广东还有一些后来成为大财阀的如渣甸、马地臣、颠地等这样的个体商人，但在1834年（东印度公司的垄断对清贸易的特许被废除）以前，他们只有获得东印度公司的特许证后才能营业，因此有义务服从公司的方针决定。东印度公司每年向清国缴纳六七十万两税银，因此判断如果英国商人全部撤走，清国将无法承受沉重的打击，才敢于采取这样强硬的措施。

买卖停止，公行的商人的确受到打击，货物装卸等相关行业的人们也断绝生活来源，但是，阮元坚决说道："要走就走，天朝不在乎那些税银。"在他看来，国体远比税银重要。

东印度公司也有它的弱点，获得政府批准的对清贸易的特许，就必须承付持续向英国国民供应生活必需品的茶叶的义务。公司的年收益平均达到一百万英镑，这在当时是巨额利润。全部撤走原本是一种威胁恐吓的手段，其实内心还是迫切希望重开贸易。

在清朝政府与英国之间受夹板气的自然是公行，要对因停止贸易而陷入困境的相关业界做工作，大概对政府衙门从上到下都进行贿赂，请求尽量妥善处理。

在伶仃岛被英国水兵杀害的黄亦明、池大可的家属到北京向都察院诉求，但得到的结果只是把要求告诉大班：犯人回国后，英国政府必须予以审判。这起事件就这样不了了之，几个月后，英国商人回到广东。所谓的告诉大班，当然也是通过公行传话。

英国对清的受限制的通商继续维持着，英国的对清贸易占清国对外贸易的大部分。随着产业革命的发展，英国国内发生巨大的变化，贸易的自由化成为大势所趋的社会潮流。1813年，东印度公司失去对印贸易的垄断权，而且决定不延长其对清贸易的垄断权的特许期限。这个期限是1834年，清道光十四年。

东印度公司从广州撤走，取而代之的是英国政府派遣的监督通商、保护侨民的官员。就是说，来的是建交国家间互派的总领事，可是英国与清国之间并没有正式的外交关系。马戛尔尼、阿默斯特这样的使节去过北京，但受到的只是朝贡使的接待规格。

东印度公司的大班通过公行转告清政府：政府代表将取代自己前来广东。来人职称是贸易监督，英国称为Chief Superintendent，清朝的文件称之为“夷目”，夷人的头目之意。为什么去了大班、来了夷目，清朝似乎弄不明白其中的缘故。

英国对清朝体制的研究也不到位。大班以为撤回所有商人对清朝施压可以奏效，这显然是对清朝体制认识不足的冒失行为。两广总督阮元和北京的清朝政府对这样无足痛痒的小动作根本不放在眼里。不过，相比之下，总体上说，还是中国对国际局势的认识远远不够，甚至可以说缺少认识世界的欲望。尤其是一旦成为政府高官后，就无法从儒教的理念中摆脱出来，一心只是维持自给自足的农村社会，对通商的夷人视为自己的恩惠，尤其在鸦片走私数量增多以后更是认为通商是一种罪恶，所以根本不会放眼看世界。

阮元在清代官员中属于优秀的人物，在对付艇盗问题上显示出出色的才能。担任两广总督后，创办学海堂。前面说过，这个学校后来成为弛禁论的据点。弛禁论是对禁忌的挑战，从某种意义上说需要勇气。只是这个主张的出发点与本地利益密切关联，没有关注国外世界。清代高官中满腔热情地积极观察研究国际局势的第一个人大概是林则徐。他不仅让人翻译当地发行的英文杂志《中国丛报》上的文章，还摘要翻译外国的各种资料，乃至国际法。林则徐把这些资料送给宣南诗社的魏源，魏源依此写出《海国图志》等书籍。《海国图志》对日本幕末的仁人志士产生巨大的影响，所以林则徐与日本也不是没有关系。总体上说，按照当时清朝知识分子的水平，弄不明白大班与夷目的不同是很自然的。

来到广州的这个夷目名叫律劳卑（内皮尔），贸易监督有三个人，首班，即夷目是律劳卑，还有两个助手，分别沿袭先前东印度公司的叫法，称为二班、三班。这也是清朝方面对他们难以理解的一个原因。

律劳卑似乎一心认定自己的任务就是开拓英国和清国的两国新关系。先前的大班别说是两广总督，连海关总督都见不到，因为他只是一个公司的代表，也是情有可原，但自己是国家代表，所以必须推翻旧惯例。至少从他的行动中可以推断出来。然而，无法判断英国政府是否真心诚意地希望与清政府建立新型关系。

威廉·约翰·律劳卑四十八岁，在海军服役。他出发之前，受到英国国王威廉四世的接见，对他指示如下：

一、采取和平友好的态度，不得刺激清国方面，不要引起他们的猜疑、恶感。

二、妥善处理英国臣民在清国引起的纠纷。

三、除万不得已的情况外，不要随意要求陆海军援助。

据史料记载，巴麦尊外长指示如下：

一、抵达广州后，即以书面通知两广总督。

二、尽量扩大广州以外地区之商务。

三、设法和北京政府直接谈判。

四、除特殊情况外，暂不同清国发生新的关系。但如有这样的机会，要先向政府报告，等候训令。

五、除非特别必要，军舰不得进入虎门。

细看巴麦尊外长的指示，第一条至第三条希望开拓英、清两国新关系，这与第四条相矛盾。“除特殊情况外”这个前提条件，令人感觉大有文章，居心叵测。

外长对律劳卑做出的是从他“抵达广州后”的指示，至于用什么方式抵达广州，没有指示，至少史料上没有留下记录。如果按照先前东印度公司大班的习惯路线，先到澳门，在澳门申请领取红牌（通行证）后进入广州。

但是，律劳卑没有申请红牌，而是身穿海军大校的军服，乘坐安德洛玛克号军舰从澳门出发，在进入虎门水道之前换乘舰上的小艇经过黄埔驶进广州。他遵从外长的“军舰不得进入虎门”的指示。

接着，他也是遵照外长的指示，打算向两广总督报告自己已经到任。这份到任报告是由精通汉语的罗伯特·马礼逊（其子与父亲同名，故称为老马礼逊）撰写的，由书记官阿斯特尔前往递送。

这时，律劳卑进入广州城外十三行街的一座夷馆里。总督在城内，阿斯特尔必须进城才能完成递送任命书的任务。但是，根据《外夷防范章程》规定，外国人一律不许进城。阿斯特尔被阻挡在城门外，他甚至极力请求城门官把这份任命书转送给政府官员，也未能如愿，遭到拒绝。

说起来理应如此，因为接受外国人的信函也是违反章程。

按照以前的做法，大班只是将到任的报告递交给公行。至于公行是把这报告呈送海关总督，还是报告给两广总督，东印度公司一无所知。由于外长指示律劳卑到任后向两广总督书面报告，所以认为不能把到任报告交给公行。

两广总督卢坤为人稳重沉着。他知道代替大班的夷目已经来到，也听说这个夷目未经允许擅自进入广州。对方由公司变成国家，那听随其便，我们的做法没有必要随之变化。与外国人打交道的不是政府衙门，而是民间的公行，清朝政府并没有改变这个规定。

公行的处境实在是进退两难。当时公行的代表是伍绍荣。此人是怡和行的老板，据英国人说，伍绍荣也许是世界首屈一指的富豪。

两广总督卢坤不愿意把事情闹大，让公行向律劳卑转告：老老实实退回澳门，可以不追究擅自入境的错误。

公行的伍绍荣说服律劳卑，按照以前的“禀”的方法行事就不会出问题，但律劳卑很不理解，这样子自己来这里还有什么意义？这样就无法实现外长的第一条指示。接着，伍绍荣劝说律劳卑退出广州。如果他不退出去，具体负责管理外国人的公行就负有责任，而且害怕被人怀疑自己与外国人勾结。那是重罪。

公行为避免重罪，在这个紧要关头不得不下大决心。公行自行宣布停止与英国的贸易。为了避免受到为做买卖而庇护外国人的批判，才不得不停止贸易。

律劳卑大校以及他的在夷馆的部下都疲惫困顿。正是炎热酷暑的七八月，他们的身体状况已经坏到极点。精通中文的老马礼逊于8月1日（阴历六月二十六日）死去。他被称为基督教新教在中国的传道之父，将《圣经》译为汉语，并有其他研究中国语言学的著作，在广州终结其五十二年的生涯。

律劳卑是“官”，因此拒绝与清国的“民”公行的代表见面。他神经质地固执官对官的平等关系。在公行的斡旋下，准备安排相当于副知事级别的清国的“官”与律劳卑的见面。清朝禁止官员与外国人接触，但这一次以事关重大“面加查询”为由同意破例会见。虽说“查询”，其实就是“会谈”，公行似乎以此满足律劳卑的要求。但是，公行煞费苦心的安排因为座次问题被律劳卑一口拒绝。因为表面上采取“查询”的形式，清国官员坐在上首，律劳卑坚决不同意。他在8月21日写给本国政府的信中说：大概使用武力要比费尽口舌的谈判更有效。他主张对中国采取使用武力的政策更加有利。从后来他的所作所为中可以看出，此人是一个强硬派。他为了推行对华强硬路线，呼吁居住在广州的英国商人团结起来，成立商业会议所。

公行害怕受到政府的惩罚，主动停止对英贸易，律劳卑给英国商人打气，认为这样的事情不足为惧。他还把自己的想法译成中文分发给中国商人。老马礼逊死后，他的生于澳门的儿子、与父亲同名的罗伯特·马礼逊也精通中文，以下是他译文中的最后部分：

> 通过对英贸易谋生之数千清国人由于其政府之执迷不悟而陷入灭亡与不满之痛苦。英国商人希望在互惠原则下与整个清国进行贸易。英国商人为使英、清两国平等之原则得以认可将继续不懈努力。总督很快就会知道，公行实行其疯狂的决心犹如遏阻珠江之流一样困难。

对于律劳卑的上述文告，清朝文献称之为“擅出告白”。外国人颁发中文的告示，不能不说律劳卑的做法过头了。连一向温文沉稳的两广总督卢坤也认为这是律劳卑的严重挑战，于是拿出撒手锏——封舱，命令停止所有的贸易。先前的停止贸易是公行的自发行为，这一次是政府命令，采取严厉彻底的措施。命令夷馆里包括翻译、买办、厨师以及打杂在内的所有中国人离开，并且张贴布告，宣布给英国商馆供应食物者判处死刑。

律劳卑命令停泊在虎门外的安德洛玛克号和伊姆杰号两艘军舰进入广州。这样做显然违背巴麦尊外长的指示，但律劳卑大概认为当时属于“特别必要”的情况吧。两艘军舰一路上与虎门各炮台交火，沿珠江溯流而上，进入广州。

海军军人律劳卑打出“炮舰外交”这张牌。他打算以军舰的武力进行威胁恫吓。由于清朝政府绝对不同意官方之间的文书交换，律劳卑便以致函广州的英国商会会长的形式，要求其转达给公行。

我以英国皇帝的名义，对总督和巡抚所宣布的空前暴虐的非正义的行为表示抗议……对他们滥用权力表示抗议。我要求阁下（会长）向他们（公行）宣布：英国皇帝是伟大的君主，统治着比清帝国更广阔、更有力量的世界领土，指挥着所向无敌的勇敢的军队，拥有清国人从未见过的、可以在海上平稳航行的、配备一百二十门大炮的巨船……如果在十五日（星期一）之前得不到他们关于这封信里所言之事的答复，我将在大街上张贴此信，并向人们散发其抄件。这样，一定会有一张抄件能到达北京的皇帝的面前。

对此，两广总督卢坤以对公行发布命令的形式予以反驳。

如果英国愿意派出国家的官吏——夷目来代替东印度公司的大班，那听随其变。而我清国继续实行旧制，只能通过公行与夷人接触，这同样也是我们的自由。除礼节性访问和朝贡使节外，我国与外周之间从未有过直接关系。英国政府任命律劳卑，事前既未有任何正式通知，他本人也未带来任何委任状，而且关于这个全新的问题，也不给予总督向北京请示训令的时间。甚至竟然破坏清国法律，将士兵和武器带进商馆，并炮击炮台，强行侵入内河……这是决不能允许的……天朝兵马乃令敌丧胆之师，枪炮武器堆积如山，一旦动兵，岂是小小的军队所能抵御？倘若律劳卑能悔改前非，撤退军舰，遵守旧制，余尚可稍加宽容；倘若他依然愚昧不悟，余将无法忍耐。天朝的军队一动，他们将玉石俱焚！

粮食断绝，这绝对无能为力。东印度公司在这一年失去对清贸易的垄断权，开始实行自由贸易，很多资本弱小的贸易商跑到广州来做生意。不管律劳卑怎么鼓励打气，凭借他们弱小的资本金实在无能为力。大概接二连三地出现破产。律劳卑在夷馆里恐怕也感觉到这样的气氛。这个时候，他患上疟疾。根据公行的通告，大家都明白，只要律劳卑一个人离开广州，贸易就会立即恢复。在这种情况下，律劳卑终于屈服，命令两艘军舰撤到外洋，自己则乘坐清国提供的船只离开广州。这一天是9月21日，26日抵达澳门，他是被担架抬着上岸的。

澳门的葡萄牙当局看到律劳卑病情严重，禁止教会敲钟，以此表示对他的关怀。10月11日，律劳卑死去。

律劳卑离开广州的时候，给留在广州的英国人留下一封信，其中这样写道：

由于清国军队的压迫，也由于施加于英国商人的凌辱，现在我们就要离开此地。总督的措施伤害了与中国皇帝同样神圣的英国皇帝的威严。现在他可以随心所欲地采取勇敢的行动。英国皇帝惩罚总督的那一天将会到来。

英国派遣律劳卑来华可以说是失败的措施。正如两广总督在反驳公文中所说的那样，东印度公司的对清贸易垄断特权未被延期，政府官员商务监督官——夷目取代大班来到中国，这是英国方面自己随意的决定。在清国，除了直接与英国进行贸易的公行商人外，大概很少有人理解英国机构变革的含义。英国应该选派一个能耐心地向清国解释本国发生什么样变化的人担任首任夷目，然而选派的却是立功心切的一个海军大校。

过渡期有过渡期的做法，英国政府也深知这一点，所以巴麦尊外长指示律劳卑不要和清政府发生新的关系。英国皇帝也希望采取和平友好的态度，告诫律劳卑不要刺激清国。

律劳卑离开英国以后，英国外长更迭，威灵顿接替巴麦尊。威灵顿外长接到广州的报告后，指责道：

阁下未经清国官府许可立即径入广州，此乃违背巴麦尊勋爵关于不与清国发生一切关系、不改先前交通方法之指示的行为。

其实，威灵顿发出这个指示是在1835年2月，此时律劳卑已在澳门死去。同年3月，威灵顿外长向内阁呈送一份备忘录，其中写道：

如律劳卑勋爵以违反惯例之交通方法要求清国人之企图必定失败，招致国民之屈辱，未经清国官府许可径入广州，一味强调自身官阶之高，要求平等交通，只是徒然伤害清国人之自尊心，遭致厌恶。

律劳卑的行径也受到其上级领导的强烈批评。大概律劳卑最优先考虑的只是巴麦尊外长指示中的第一条——抵达广州后，即以书面通知两广总督。前面说过，认真研究一下巴麦尊外长的指示，会发现前后的矛盾。

清国依然坚持一贯的立场：英国改变其机构的做法属于它的自由，自己没必要随之改变。大班也好，夷目也好，都必须在澳门申请红牌。这起事件终结之后，道光帝在上谕中这样说道：

外夷不谙例禁之处，不值与之深较，朕亦不为已甚，玩则惩之，服则舍之。

由于国家南面的对外问题把事情闹大，这也有失大国气度。但是，让朝廷感到震惊的是英国的两艘护卫舰进入虎门，沿途的所有炮台都无法阻挡。道光帝在广州方面呈送的奏表上这样朱批道：

看来各炮台俱系虚设，两只夷船，不能击退，可笑可恨！武备废弛，一至如此，无怪外夷轻视也。

从这字里行间可以感觉到道光帝的愤怒。

林则徐作为钦差大臣被派往五年前发生这样事件的广州，虽然在紫禁城享有赐骑之盛誉，但他深知重任在肩，非同小可。

有人认为林则徐因其弟吸毒早死，所以对鸦片深恶痛绝。还有人认为道光帝本人也曾吸食鸦片，后依靠自身的意志戒毒，所以他坚信一定可以禁烟。

林则徐是福建人，进入仕途以后，曾为父母服丧回故乡居住相当长的时间。他对邻省广东的情况也应该十分熟悉。

广东的大小官员收受巨额贿赂，所以对鸦片走私视而不见，听之任之。弛禁论出自广州，当是在情理之中。虽然广东也时常取缔鸦片走私，但只是抓捕一些未加行贿的底层喽啰，作为禁毒的成绩。在这样的地方实行彻底禁毒，可想而知极为困难。

鸦片在北京也横行无忌，皇族里也有人染上毒瘾，鸦片仿佛已经成为社会生活的一个组成部分，成为支撑社会的一根支柱，与社会如此密不可分，似乎一旦没有了鸦片，这个世界就会崩溃。

严禁鸦片，不仅受到通过鸦片中饱私囊的广东一部分官员的抵制，也遭到害怕强制推行严禁论导致社会变革的保守主义者的反对。不少高官显要虽然没有公开反对，但心里很不痛快，其中官位最高的算是首席军机大臣穆彰阿。林则徐自然也已经有所觉察。

中央和地方都有众多反对派，他们表面上不动声色，窥伺方向。林则徐郑重拒绝宣南诗社的同人龚自珍作为幕僚一起同行的请求，大概他已经做好政治上喋血沙场的思想准备。龚自珍当时是正六品礼部主客司主事。林则徐离开北京的时候，对他的前辈沈鼎甫说道：

死生命也，成败天也。

据说两人相顾流泪。

史料还这样记述：

中外柄臣有忌沮之者。

中外，就是中央和地方（尤其是广东），林则徐南下广东，可谓孤军奋战。

令人担心的是，律劳卑事件已经过去将近五年，广东的海防依然脆弱。不过，林则徐担任江苏巡抚时候的提督关天培调任广东水师提督，还有在江苏负责经济的官员、满人予厚庵调任广东海关总督，这些人应该是林则徐坚定的支持者。

鸦片战争

林则徐在江西省的船上迎来道光十九年的阴历正月，然后进入珠江，于正月二十五日抵达广州。抵达之前，他以钦差大臣的名义通过捷足（飞毛腿）向广东省的布政使和按察使发布重要指示，命令他们逮捕证据确凿的鸦片走私犯。

无论是在北京，还是在途中，林则徐都会得到有关鸦片走私犯的信息。其实在默认走私鸦片合法的广州这座城市，大概一般都知道走私者的名字，不是什么秘密。据说林则徐点名六十人命令逮捕。

进入广州以后，林则徐将夷馆附近的越华书院作为自己的起居之处。到任第九天，他发布两篇论帖。人还没到，就先掀起一股捕人的浪潮，广州城笼罩着严禁毒品的紧张气氛。紧接着在这个势头上发表两篇论帖。

一篇是针对公行，另一篇题为《谕各国夷人》，由于依然贯彻政府高官不与夷人直接接触的原则，所以这篇论帖也是通过公行发布。公行收到两篇论帖。公行的代表，即总商还是那个伍绍荣。

针对公行的论帖要点如下：

责令签名出具汉字夷字合同甘结，声明嗣后永不敢带鸦片，如再夹带，查出，人即正法，货尽入官……限三日内取结禀覆。如此事先不能办，则其平日串通奸夷，私心外向，不问可知。本大臣立即恭请王命，将该商择尤正法一二，抄产入官。

公行商人看到这样的告示自然脸色苍白，胆战心惊。林则徐在给各国夷人的论帖中谴责鸦片贸易的非人道性。

我大皇帝一视同仁，准尔贸易，尔才沾得此利。……尔等感恩即须畏法，利己不可害人，何得将尔国不食之鸦片烟，带来内地，骗人财而害人命乎？查尔等以此物蛊惑华民，已历数十年，所得不义之财，不可胜计。此人心所共愤，亦天理所难容。

论帖宣布根据大清皇帝的决断，对鸦片贩卖者、开设烟馆者，乃至鸦片吸食者判处死刑。鸦片既然已禁止买卖，必须将存货悉数交官，不许有丝毫隐瞒。接着，语气严厉地命令外夷交出保证书。

此次本大臣自京面承圣谕，法在必行，且既带此关防，得以便宜行事，非寻常查办他务可比。若鸦片一日未绝，本大臣一日不回，誓与此事相始终，断无中止之理。……今令洋商伍绍荣等到馆开导，限三日内回禀，一面取具切实甘结，听候会同督部堂、抚部院示期收缴，毋得观望诿延，后悔无及。

期限是3月21日（阴历二月七日），这一天是春分。然而，没有一个夷商回复。期限已过。夷商们都屏息凝神地观察钦差大臣下一步的动作。这一天，林则徐没有动静。然而，这让公行的伍绍荣等人更加心神不定，心惊肉跳。林则徐说“法在必行”，而且从公行对获得的有关林则徐性格、履历等情报进行的分析，知道此人刚直不阿，办事绝不含糊。英国方面起先大概认为清国官员不过如此，过于小看他，也许认为林则徐如此强硬，无非就是为了提高受贿的价码。公行，尤其是伍绍荣极力说服英国商人：林则徐既然以钦差大臣的名义发布论帖，必然要取得一定的成效，否则面子上过不去，希望英商认真考虑。英国方面经过协商，于第二天，22日决定交出鸦片一千零三十七箱。

英国商人大概认为林则徐只要可以向北京有所交差说已经没收鸦片，钦差大臣的任务也算圆满完成。然而，林则徐一口拒绝英国方面的申报，他经过事先调查，知道英国的趸船里的存货约有两万箱。而且英国商人对保证书只字不提，这说明他们根本不把钦差大臣的论帖放在眼里。

接着，林则徐命令逮捕鸦片商人颠地商会的颠地。广州的最大鸦片商人是渣甸·马地臣商会的渣甸，但是他在林则徐到任五天前回国。按照清国的方式，逮捕证由县送到公行。钦差大臣的逮捕令是“交出”犯人，但公行译成英文的时候，改为invite（邀请）。但是，在那个时候，谁都明白这并非客客气气的“邀请”。英国方面以有性命危险为由表示拒绝。英国的做法无疑明确表示在清国的土地上不遵守清国的法律。

当时英国在中国的商务总监是查尔斯·义律。他是一个三十八岁的海军大校，曾随同律劳卑来过中国。律劳卑死后，戴维斯、罗宾逊先后继任商务总监，即夷目的位置。大概因为戴维斯曾是东印度公司的职员，作为英国的“官员”施展不开。他吸取前任律劳卑失败的教训，一味采取温和路线。这引起居住在广州的英国鸦片商的不满，要求他对清国采取更加强硬的态度。清国官员心血来潮一样时常取缔鸦片交易，英国鸦片商蛮不讲理地要求戴维斯向清国交涉，让清国官员停止这样的取缔行为。在罗宾逊担任夷目的时候，弛禁论盛行一时。广州的鸦片商开始抱有幻想，但是弛禁论风头日衰，严禁论占据上风。在这个时候，曾经在英属圭亚那担任奴隶总管的义律来到中国。他继承律劳卑的衣钵，采取强硬路线。

他在给重返外长职务的巴麦尊的报告中说道：“强硬的言行无疑可以削弱当地政府鲁莽轻率的气焰。”当他知道清政府发出逮捕颠地的逮捕令后，急急忙忙进入广州。商务总监也有责任保护本国侨民，他给公行写了一封信。律劳卑曾经做出极大的努力，但甚至无法实现官与官的直接通信。清国体制的壁垒极其厚实，书信只能通过公行转交，绝对不能直接受理。

我同意让颠地先生到城内去。不过，必须附带以下条件：我作为英国商务总监，要与颠地先生同去，并以盖有钦差大臣大印的明确的文书保证我们两人片刻也不受隔离。

义律的目的是：保护颠地的同时，进入外国人从未进去过的广州城，创造与清国官方直接接触的机会。

其实，林则徐等待着义律离开澳门进入夷馆。3月21日的期限是算数的。英国方面不听从钦差大臣的命令，没有在规定的期限内交出鸦片和保证书，所以现在林则徐无论采取什么措施都在理。只是义律一直在澳门，夷馆里没有相应的最高负责人。现在义律进入夷馆，逮捕颠地就是枝节问题。林则徐等着他来到广州，决心对不服从命令的鸦片商予以处罚。

林则徐给公行的伍绍荣送去论帖，其中说道：

鸦片悉数缴官，着该洋商等将谕帖赍赴夷馆，明白晓谕，限三日内取结禀覆，并谕该商等遵照在案。现在未据回禀，是其意存观望，殊属违玩，……将停泊黄浦贸易各国夷船先行封舱，停止买卖，一概不准上下货物，各色工匠船只房屋，不许给该夷人雇赁。如敢私自交易往来及擅行雇赁者，……照私通外国例治罪。……省城夷馆买办及雇用人等，一概撤出，毋许雇用。

不许将房屋租赁给夷人，无异于将他们驱逐出去。外国人在清国疆土不能拥有不动产。十三行街夷馆的房主全部都是中国人，几乎都是公行的商人。英国商务总监的办公地点避开原先的东印度公司事务所，设在另一幢名叫中和行的建筑物里。这座楼房是公行潘氏商人的房产。按照钦差大臣的命令，如果潘氏不把义律赶出去，就会触犯私通外国的罪行。当然，义律不会乖乖地俯首听命。

林则徐为了表示这不是威胁，便派遣大约一千官兵包围十三行街，这其中居住着二百七十五个外国人。按照章程，十三行街禁止妇女居住，所以全部都是男性。义律似乎感觉自己在坚守阵地。

林则徐在中和行的墙壁上大字题写著名的《论帖四条》：

一、论天理——尔等离家数万里，一船来去，大海茫茫，如雷霆风暴之灾，蛟鳄鲸鲵之厄，刻刻危机，天谴可畏。我大皇帝威德同天，今圣意要绝鸦片，是即天意要绝鸦片也。天之所厌，谁能违之？即如英国之犯内地禁令者，前在大班喇弗图占澳门，随即在澳身死。道光十四年，律劳卑闯进虎门，旋即忧惧而死。吗哩臣（马礼逊）暗中播弄，是年亦死，而惯卖鸦片之曼益（丹尼尔·曼益），死于自刎。……天朝之不可违如是，尔等可不懔惧乎？

二、论国法——今则大皇帝深恶而痛绝之（鸦片），嗣后内地民人，不特卖鸦片者要死，吸鸦片者也要死。恭查《大清律例》内载：化外人有犯，并依律拟断等语。……若贩卖鸦片，真是谋财害命。况所谋所害，何止一人一家？此罪该死乎？不该死乎？尔等细思之。

三、论人情——尔等来广东通商，利市三倍，即断了鸦片一物，而别项买卖正多。要做鸦片生意，必致断尔贸易。且无论大黄、茶叶不得即无以为生，各种丝斤，不得即无以为织。即如食物中之白糖、冰糖、桂皮、桂子，用物中之银硃、滕黄、白矾、樟脑等类，岂尔各国所能无者？而中原百产充盈，尽可不需外洋货物。

四、论事势——尔等远涉大洋，来此经营贸易，全赖与人和睦，安分保身，乃可避害得利。尔等售卖鸦片，即里闾小民，亦多抱不平之气。众怒难犯，甚可虑也。出外之人，所恃者信义耳。现在各官皆示尔等以信义，而尔等转毫无信义。……况以本不应卖之物，当此断不许卖之时，尔等有何为难，有何靳惜？且尔国不食，势难带回，若不缴官，留之何用？至既缴之后，贸易愈旺……本大臣与督、抚两院，皆有不忍人之心，故不惮如此苦口劝谕，祸福荣辱，皆由自取，毋谓言之不早也！

论帖可谓语重心长，谆谆教诲。鸦片商应该明白其中的道理。他们明知鸦片是毒品，却还要贩卖，他们是一群制造死亡的冒险商人。

义律在夷馆两天两夜——四十八小时后终于屈服。并非为林则徐的论帖所打动，而是因为储存的粮食和饮用水已经告罄，照此下去，二百七十五人只能饿死渴死。义律无权置他们于死地。

义律通过公行转告林则徐，英国人储存的鸦片总计两万零二百八十三箱。这与林则徐暗中调查的数量基本相符，因此认为没有隐瞒。英国人把所有的鸦片都交出来，林则徐也大体表示满意。

鸦片以质论价，广州的鸦片批发价是每箱七八百美元。储存的鸦片总价约为一千五百万美元。但是，鸦片在印度的原价每箱只有二百美元，即使算上运费，全部不过五百万美元。

美国驻广州总领事彼得·斯诺报告说，实际上美国人不拥有任何鸦片，只是给英国人代销一千五百多箱，而且已经全部归还给了义律。

林则徐把如此数量庞大的鸦片集中在虎门。如果在平地上每一百箱摆放一层，占地五十平方米，将高达一百米。当然不会把鸦片箱堆得那么高，而是在虎门广场设置结实的围栏，上面涂漆盖顶，形成临时仓库。由文官十二人、军官十人、士兵一百人昼夜巡逻警戒。

起先打算把鸦片运往北京，以显示广东禁烟第一阶段的成果，但运送本身极其困难，而且在北京也难以处理。北京的指示是就在当地处理。

收缴的鸦片净重一千四百二十五吨。如此大量的鸦片如何处理，是首先必须研究的问题。曾经试验泼油焚烧，但残膏余沥深入地下，如果把这些泥土挖出来，还可以从中提炼出两三成的鸦片。经过对鸦片特性的进一步了解，知道鸦片怕盐和石灰。林则徐命人在虎门镇的海边高地上挖掘两口大池。每口池塘约五十米见方。为防御鸦片渗透地里，周围钉木板，底部铺石板，靠海的一面开设水门，另一面挖掘一条引水沟。

从公历的 4 月 11 日至 5 月 18 日将鸦片集中起来，6 月 3 日至 6 月 25 日处理鸦片。6 月 15 日是阴历的端午节，仅这一天休息。

处理鸦片的方法是：先关闭靠海一面的水门，从后面的沟渠引水灌进池塘里，再扔进大量的盐。为使鸦片迅速溶解，将箱子里拿出来的球形鸦片切成四块，扔进水里。经过半天盐水浸泡以后，再扔进大量的烧石灰块。于是发生化学变化，冒烟沸腾。书上经常描写林则徐烧毁鸦片，这大概是对石灰沸腾冒烟的误解。

为使鸦片尽快溶解，池塘上搭着几条木板，众多杂工站在上面手持长棍搅拌。待海水退潮之际，打开面海一侧的水门，将池塘里的鸦片全部流入海里。这是完全销毁鸦片的方法。两口池塘，轮流销毁，最后把池塘四壁和底部彻底清洗干净，不留下一点残渣。

北京朝廷的上谕也这样说道：

即在该处督率文武员弁，公同查核，目击销毁。俾沿海居民及在粤夷人，共见共闻。

必须公开销毁，否则肯定会发生被没收的鸦片流入黑市之类的流言蜚语。

也要让夷人亲眼看见。英国人大概不想看自己的鸦片就这样被销毁吧，所以好像一个也没去。史料记载，美国人 C.W. 金在场观看。

不言而喻，查尔斯·义律怒不可遏。照他的说法，英国人的财产被非法没收。林则徐的立场在《论帖四条》中阐述得明确清晰。钦差大臣奉皇帝之命以其权限没收鸦片乃天经地义之事。否则，就不是忠诚履行职责。其实道理很简单，就是不许销售清国法律规定的禁卖品。林则徐送给英国人每箱鸦片五斤茶叶。

谁都看得清清楚楚，英国方面毫无道理。义律为报复林则徐，命令英国人全部离开广州的夷馆。但这一招并不灵。林则徐不为所动。义律是英国的官员，可以对英国人发号施令，但是对其他国家的商人无权强制。义律向美国的商人代表奥利芬特提出采取一致行动，共同离开广州。但奥利芬特拒绝义律的要求。因为奥利芬特商会没有经营鸦片，据说被称为“圣者之店”。在他看来，经营毒品的英国人栽了跟斗，完全是咎由自取，他无法与因为鸦片被没收而采取抗议行动的英国人同流合污。

美国商人留在广州。英国商人全部乘船漂泊海上。美国商人进行茶叶、丝绸、陶瓷等正常贸易。义律试图陷贸易于全面停顿状态的阴谋遭到失败，即使美国商人等所有的外国人都撤出广州，对清朝政府也不会产生什么影响。因为清王朝并没有指望海关有多大的税收。

广州贸易的头号强者英国离去以后，自然是美国商人最为获益，这是扩大商业权益的最佳时机。撤到澳门的英国商人也需要购买茶叶等商品，但他们只能委托美国商人代购。

鸦片问题没有就此结束。林则徐命令英国商人提交保证书，但无人提交。因为义律禁止英国人提交这样的保证书。美国等其他国家的商人提交了保证书，这才被允许留在广州。

义律为表示抗议撤出广州，那些不得不服从他的命令的英国商人大概心里很不舒服。

这个时候，在一个名叫尖沙咀的地方发生林维喜事件。现在从九龙乘坐轮渡前往香港，九龙一侧的渡口就叫尖沙咀。当时是一个渔村。英国人在这里上岸，与村民发生纠纷，打死一个村民。这些长时间在海上漂泊的英国船员、乘客都变得暴戾凶残。据说是英国人醉酒后杀死村民林维喜的。

清国理所当然地要求身在澳门的义律交出犯人。这是一起群殴事件，多有目击者，只要查询，犯人就会查出来。也许英国方面已经知道谁是行凶者，但义律回答说犯人查不出来。在有关这起事件的交涉过程中，义律对清朝采取显然傲慢蔑视的态度。然而，林则徐并不是义律所以为的那种碌碌无为、中庸马虎的清国官员。义律对澳门的清国官员这样通报：

尖沙嘴居民一名，被殴伤之事，远职遵国主之明谕，不准交犯罪者。按照本国之律例，加以彻底细查情由，秉公审办。倘若查出实在死罪之凶犯，亦拟诛死。现今远职谨报诚言，该犯罪不发觉。

这是义律在装疯卖傻。他以为清国官员一无所知，蛮横无理地表示英国人在外国犯罪也不能引渡犯人。然而，林则徐曾得到一本瑞士法学家艾米尔·德·法泰尔撰写的《国际法》，让广州医疗传道会的美国人医生彼得·伯驾译成中文。伯驾译出其主要部分，附上《各国禁律》的题目交给林则徐。所以，林则徐对义律谬论的驳斥有法有理、义正词严。

查该国向有定例，如赴何国贸易，即照何国法度，其例甚为明白。在别国尚当依该处法度，况天朝乎？此案华民林维喜，被英国夷人殴死，系五月二十七日之事，经本大臣、本部堂访闻，于六月初间，委员至尖沙嘴查办，而义律先已回澳，复至澳门给谕数次，竟敢抗不收阅，此实出于义律之狂悖妄为，该国主远在数万里外，岂能谕令不准交犯？今以伊庇匿凶夷之咎，诿卸于其国主，则是诬罔不忠，在天朝既无以对官宪，在伊国并无以对其国主矣。至谓伊国律例，变应诛死，可见杀人偿命，中外所同……伊禀内虽云，查出凶犯，亦拟诛死，此乃毫无凭据之语，谁能信之？又云该犯罪不发觉，更属欺人之语。查义律既系职官，自有此案之后，两次亲赴尖沙嘴，查讯多日，若尚不知谁为凶手，是木偶之不如，又何以为职官？况明明查有凶夷，私押在船，若再抗违不交，是义律始终庇匿罪人，即与罪人同罪，本大臣、本部堂不能不执法与之从事矣。

保证书问题尚未解决，又发生林维喜事件。从广州撤走的英国人几乎全部转移到澳门。林则徐对澳门的英国人停止供应粮食，并命令商馆内的中国人买办和杂役全部离开。

当时澳门地位尚不甚明确。本书第六卷说过，明代购买龙涎香的宦官只能从葡萄牙人手里买到这个东西。龙涎香是宫廷使用的香料，以鲸鱼肠内的生成物，如果宦官买不到的话，会被问罪。为确保龙涎香的稳定持续供应，宦官就自作主张地将澳门提供给葡萄牙人作为贸易基地。宦官一直向中央政府隐瞒这件事。也有人认为，原先是葡萄牙船员提出借用此地晾晒被海水浸湿的货物，后来赖着不还；还有的说葡萄牙人支援官军讨伐海盗有功，政府同意他们在澳门特别居住。

葡萄牙数次提出要中国把澳门割让给它，但中方始终没有同意。即使如此，葡萄牙依然向澳门派驻总督，视为自己的殖民地。澳门是中国的领土，当然要任命长官，这就是澳门同知。历代的葡萄牙总督都贿赂澳门同知，形成互相勾结的双重性的地方。这就是当时的澳门现状。

林则徐停止对澳门的英国人供应粮食，由于澳门是中国领土，自然必须服从钦差大臣的命令。澳门总督没有通过条约得到割让权，所以说话做事不硬气。公历 8 月 24 日，他通知义律“无法保证诸位的安全”。这无疑就是要他们离开。这一次与离开广州时不同，还有女性、小孩。英国商人一般都是单身赴任广州，家人居住澳门。有五十户英国人离开澳门。

这里的数千英国国民已被切断正常的粮食供应，这种状态如持续下去，发生纠纷显然洞若观火。贵官必须对其后果负责。这才是和平与正义的声音。

义律把这份抗议书交给在海上巡逻的清国兵船，同时向澳门同知诉苦。林则徐通过澳门同知回答道：久泊而饥，乃自取，清国从未禁止英船入港广州。

不论哪一个国家的人，只要保证不携带鸦片入境，都可以自由进入广州开展贸易活动。义律不许本国国民提交保证书，所以英国人无法在此地居住。禁止鸦片是清国法律之规定，进入清国国境者，理所当然必须保证遵守清国的法律。然而，义律连这个保证也不愿意，还奢谈什么“和平与正义”？显然是无稽之谈。

义律说英国人久泊而饥，其实还是有中国渔船将食品私自卖给英船，价格比市价略高一些，清国兵船对此视而不见。大概钦差大臣内部指示对食品供给的取缔不要那么严厉吧。不久，中国方面允许英国商人上岸在澳门居住，这充分显示出清国的人道主义精神。

英船在香港岛附近漂泊的时候，新来的英船不允许越过虎门。

渔翁得利的是美国等非英国籍的商船。

当时从伦敦出发，绕道非洲的好望角，横渡印度洋，进入广州，需要好几个月大航海，海上运费是每吨十二英镑，约合五十五美元。但是从香港海面进入咫尺之遥的广州的运费是每吨三四十美元。这比从旧金山至广州的运费还要高。这个时期，美国的船主轻轻松松赚得盆满钵满。反之，英国商人恨得咬牙切齿。

英船托马斯·考兹号，船长瓦纳，货主达尼尔。达尼尔先前是大班，曾在广州工作。这艘船在孟买装载棉花，于 10 月 11 日抵达澳门海面。英国船在这里换装别的货物，还要付给美国船高出孟买—澳门航线好几倍的运费，实在是亏本。这大概是一艘定期装运棉花的很守规矩的商船，但因为无辜受到违法贩卖鸦片的那些船只的牵连，也被强行交纳很多费用，因此心里窝火。一到澳门，托马斯·考兹号就悄悄提交保证书，进而迅速进入广州。这是义律率领英国人离开广州五个月后第一艘进入广州港的英国船。

留在广州的外国人只有二十五个，全部都是美国人。时隔五个月，英国人进入广州，这说明只要提交保证书，就可以不必支付高额运费。义律对托马斯·考兹号这种目中无人的行为自然怒火万丈，他更害怕引起其他船只的连锁反应。果然，从爪哇运载大米的英船皇家萨克逊号的船长当郎也悄悄出具保证书，从澳门同知手里获得进入广州的许可证。皇家萨克逊号从澳门东行，驶往尖沙嘴，但中途突然改变航向，往北朝虎门前进。义律发现这个不寻常的情况，一直严密监视这第二艘不听话的船只。当时华南海面上停泊两艘英国军舰窝拉疑号和海阿新号。前海军大校义律亲自乘坐窝拉疑号追赶皇家萨克逊号。

皇家萨克逊号驶到即将进入虎门水路的川鼻这个地方时，被义律追上。在本国两艘军舰的威逼下，皇家萨克逊号船长当郎只好忍气吞声地折回。

后来发生川鼻海战。不少观点都把这起事件视为拉开了鸦片战争的序幕。

清国政府允许英国人在澳门上岸，但很快又禁止；一方面提出重开虎门外面的非正常贸易，但没有付诸实施。有迹象表明公行对清国政府产生相当大的影响。英船托马斯·考兹号的进入广州使清国方面坚持强硬的态度，因为已经出现敢于反抗义律的命令、甘愿提交保证书的英国人。清朝政府也许从这件事看出义律威信的下降。既然如此，就要趁热打铁，一鼓作气地坚持下去。

义律也在揣摩清朝方面的想法，感觉当前有必要显示强硬的姿态。他极力把皇家萨克逊号追回来也是出于这个考虑。义律向川鼻的清国官员递交一份请求书：为了让再次流落海上的英国人能够安心地上岸居住，清国方面应该停止敌对行为。

如果希望在陆地上安居乐业，只要提交不从事鸦片贸易的保证书就可以。但是，义律拒绝放弃鸦片贸易。

义律的请求自然不会得到清朝方面的答复。既然如此，那就应该老老实实地提交保证书，一切问题都会迎刃而解。然而，义律以“未能得到有诚意的答复”为借口，从窝拉疑号和海阿新号上开炮攻击，双方展开两个小时的炮战。窝拉疑号的船首和帆樯中弹，旗帜被击落。清国出动二十九艘兵船，但是，战斗结束后，据说尚能行驶的只有三艘。这一天是 11 月 3 日。

英国军舰炮弹打尽后撤退，林则徐向北京报捷。川鼻海战后，各地发生小规模的摩擦冲突。道光帝在报告上这样批示：

朕不虑卿等孟浪，但诫卿等不可畏葸。

鲁莽孟浪并不可怕，千万不可畏首畏尾。

北京显示出强硬的态度。不久，北京的上谕强调：所有该国船只，尽行驱逐出口，不必取具甘结。其殴毙华民凶犯，亦不值令其交出，永远断绝通商关系。身居顺天府尹要职的曾望彦上书主张“封关禁海”——封锁所有的海关，采取全面锁国体制。

林则徐是一个现实主义者，他主张严禁鸦片，但不应禁止正常的贸易关系。对英国商人以外提交保证书的其他国家的恭顺服从的商人，他认为应该予以优待。英国商人由于不得不付出高额运费，不满情绪日益高涨，义律的领导威信逐渐下降，林则徐看到这一点，感觉还有施压的余地。另外，他还有袁德辉这样精通英文的幕僚，通过他们的翻译，可以看到英文杂志以及各种地理书籍等，明白全面锁国是逆世界潮流而动的行为。他还购买一艘英国船只剑桥号，作为训练船，努力提高水师（海军）的现代化水平。

虽然与英国的关系十分紧张，但对遭遇海难的英国人采取极其人道主义的措施。是否参与贩卖鸦片是决定释放的标准。看来还是鸦片最沉重地压在林则徐的心头。释放英国人的时候，指定只能是皇家萨克逊号前来接人。这艘船只闯到川鼻，被本国军舰追截回去，但它提交了保证书。

北京朝廷一片强硬派的声音，伦敦也是强硬派占据上风，义律经常向伦敦提出报告，主张对华态度强硬是最好的方法。

从广州回国的渣甸、马地臣等鸦片豪商极力掀起膺惩清国的活动，到处宣传钦差大臣林则徐的做法肯定会成功地禁绝鸦片，那时他们就丧失获得暴利的买卖。他们主要说服巴麦尊外长。这个外长也是一个扩张主义者，毫不怀疑使用武力扩张商权。

1840 年 2 月，以威廉·迈尔本为首相的自由党内阁决定远征清国。但如果议会不同意支付军费，实际上将无法出兵。在 4 月召开的国会上，政府提出战费开支，结果以赞成二百七十一票比反对二百六十二票的仅仅九票之差的微弱多数通过该预算。

国会就是否开战展开激烈的辩论，以下是赞成与反对两派的主要论点。赞成派发表演说的代表人物是托马斯·巴宾顿·麦考雷。

义律勋爵命令在被围的商馆阳台上高挂英国国旗……处于濒死状态的人们只要一看到这面国旗，立刻精神振奋。因为这让他们想到自己属于一个从不知道失败、投降、屈辱的伟大国度……这是一个在普拉西的原野上为“黑洞事件”的牺牲者复仇的国都。这是一个自从伟大的摄政发誓英国人的名字一定要比过去罗马市民的名字更受人尊敬以来从不知道后退的国度。他们即使被敌人包围，大洋和大陆阻隔所有的救援，但他们明白，对那些敢于侵犯自己的哪怕是一根毛发者，都必须予以惩罚。

这完全是帝国主义式的感性情绪。由于麦考雷在演说中提到国旗，下面引述反对派代表格莱斯顿演说中涉及国旗的一段话：

我不知道，甚至也没有读到过，在起因上还有比这场战争如此不义、如此永蒙耻辱的战争。刚才这位先生谈到在广州上空飘扬的充满荣誉的英国国旗。但是，正是那面国旗是为保护臭名昭著的违禁品走私而飘扬。如果这面国旗只是在中国沿海高挂飘扬，我们只要看一眼，都会感觉恐惧战栗。

剑桥大学神学院教授塞沃尔于1839年执笔的《对话鸦片贸易罪恶论》也指出鸦片贸易玷污了英国国旗。林则徐在广州很快就得到这篇论文，命人翻译。

尽管是微弱多数，但毕竟国会通过了战费支出的法案，英国决定向中国派遣远征军。主要在中国的近邻印度进行调兵遣将。

印度总督奥克兰下令调集四千陆军，其中有驻守锡兰的爱尔兰第十八团、加尔各答的威廉·福特的步兵第二十六团、孟加拉的两个工兵连、几个志愿军连、马德拉斯的两个炮兵连等。印度的东方舰队远征军由以下组成（括弧内的数字为各舰装备的大炮数量）：

旗舰威里士厘号 （七十四）
康威号 （二十八）
鳄鱼号 （二十八）
巡洋号 （十八）
阿勒琴号 （十）
东印度公司武装船只 四艘
从英国本国派来的军舰有：

布朗底号（四十四）

卑拉底士号（二十）

从开普敦派来的军舰有：

麦尔威里号（七十四）

摩底士底号（二十）

哥伦拜恩号（十八）

接着又派遣：

伯兰汉号 （七十四）

进取号（十八）

远征军总司令是乔治·懿律，他还兼任特命全权大使。乔治·懿律是现任商务总监查尔斯·义律的堂兄。堂兄五十六岁，堂弟三十九岁。英国内阁以为他们是堂兄弟可以密切配合，其实这两个人互不买账，争吵不休。

除上述军舰外，还有人鱼号等九艘运输船参加。5月底，主力集结新加坡。

窝拉疑号和海阿新号已经在中国海域游弋，另还增派装备有四十四门大炮的都鲁壹号。

《南京条约》之前

巴麦尊外长以英国臣民的生命财产受到威胁为由悍然出兵。这个所谓的理由完全站不住脚。只要具结保证“今后不携带鸦片入境”，就可以居留广州，安全营业。英国人被中国没收的所谓财产，就是违禁品鸦片。英国对清国依法禁止鸦片进口知道得清清楚楚。不论哪个国家，都要没收违禁品，尤其是毒害身心健康的毒品。巴麦尊似乎已经亲自表白：这是为鸦片而进行的远征。于是，英国发动了世界历史上最无耻的“鸦片战争”。

有人为英国的出兵辩护，说是为了改变清国在通商问题上所坚持的中华思想。这个诡辩的出兵理由异常脆弱。英国人只能通过公行与清国官府打交道，说起来的确不方便，可能也不平等，但各国有各国的规矩。通商问题会随着通商的发展自然而然地寻找到解决的方法。以武力改变别国的通商体制不能不说是极其野蛮的思维。

这场战争就是为鸦片而战。由于清国完全禁止鸦片的进口，也影响到一直依靠生产鸦片以支撑本国经济的英国对印度的统治。实质上英国是动用武力来保卫自己的统治体制。

英国臣民的鸦片被没收也好，被赶到海上面临生命危险也好，都发生在广东，然而，从新加坡出发的英国舰队却没在广东停留，而是直奔舟山群岛。这是清国方面始料未及的。林则徐在广东加强防备也是英军不敢攻打广东的原因之一。英国舰队拥有坚船巨炮以及训练有素的官兵，攻打广东大概不会败北，但必然付出惨重的代价。

战争必须旗开得胜，才能鼓舞士气，于是英国的第一个目标选择舟山。舟山群岛位于中国的中部沿海，作为贸易基地具有良好的地理环境。

其实英国早就盯上这个地方，只是后来经过调查，认为这里风土气候不好，才放弃将此地作为据点的想法，但是一直视为对清贸易的主要后备基地。

舟山群岛驻扎有定海三营，守兵两千，但他们在艇盗之乱后，毫无实战经验，平时也几乎没有训练。他们还兼职当土建工、木匠、泥瓦匠等。不，也许应该倒过来说，他们兼职当兵。英军几乎兵不血刃占领舟山可想而知。定海镇总兵张朝发阵亡，定海知县姚怀祥在城北普陀寺投池自尽，守兵和居民四处逃散。

占领舟山的英国舰队一部分继续北上，海军少将懿律乘坐威里士厘号旗舰，率领五艘军舰以及四艘运输船，向白河河口，即天津驶去。其中的马达加斯加号在当时还是少见的蒸汽机船。

当英国舰队出现在天津海面的时候，北京的朝廷惊慌失措。天津与北京近在咫尺。于是，直隶总督琦善负责与英国方面交涉。

直隶是直辖地的意思，直隶省相当于现在的河北省，但直隶总督所管辖的不只是直隶省，还包括临近的山西省、河南省、山东省，所以是中国最大的地方长官。而且首都就在管辖区之内，上朝十分方便。从这个时候开始，直隶总督实质上就是宰相。

清末国家政治的代表者，从曾国藩、李鸿章直至袁世凯都当过直隶总督。看似宰相的军机大臣不过是皇帝的秘书，实权急剧下降。因为直隶总督握有军队指挥权，而军机大臣手中无兵。在以实力说话的时代，握有军权便是强者。

清国的“官”与外国人不直接接触的原则一下子崩溃，与从天津觊觎北京的外国人不能不“接触”。不仅“不接触”的原则崩溃，甚至发生逆转。海军少将懿律在直隶总督琦善前来要求见面的时候，以“琦善此人是否具有代表清国政府的资格需要确认”为由，拒绝会见。琦善经过努力解释，好不容易才见到全权副使懿律。英国方面将巴麦尊外长的信函交给琦善，其内容有：

一、赔偿钦差大臣在广东没收的鸦片之款项。

二、对侮辱英国商务总监的行为予以赔礼道歉。

三、保证他们今后的安全。

四、指定沿海一个或数个岛屿[①]作为英国臣民的居住地和商业活动地。

五、偿还公行商人对英国商人的债务。

对于英国方面的要求，北京政府极力推给地方处理。北京朝廷对这种刀架在脖子上的谈判感到害怕。既然事情发生在广东，就在广东谈判吧。英国方面终于同意北京的意见，于是谈判的舞台移至广东。

朝廷内责难林则徐的声音占据上风，禁烟时候鼓励林则徐鲁莽孟浪并不可怕的道光帝在英国舰队面前也开始动摇畏惧。如果彻底严禁鸦片，必然与英国发生争端。林则徐离开北京的时候曾拒绝他的朋友龚自珍同行，可想他心里有所准备，而道光帝对禁烟的认识不够深刻。为了使在广东与英国的谈判对清国有利，道光帝对英国最憎恨的林则徐革职查办。

前因鸦片流毒海内，特派林则徐驰往广东海口，会同邓廷桢查办。原期肃清内地断绝来源，随地随时，妥为办理。乃自查办以来，内而奸民犯法，不能净尽，外而兴贩来源，并未断绝。甚至本年英夷船只，沿海游弋，福建、浙江、江苏、山东、直隶、盛京等省，纷纷征调，糜饷劳师，此皆林则徐等办理不善之所致。林则徐、邓廷桢著交部分别严加议处。林则徐即行来京听候部议。……此次英夷各处投递禀帖，诉称冤抑，朕洞悉各情，断不为其所动。惟该督等以特派会派大员，办理终无实济，转致别生事端，误国病民，莫此为甚，是以特别惩处，并非因该夷禀诉，遽予严议也。

上述文字只是上谕的一部分，但是道光帝将英国舰队的威胁轻描淡写地说成“投递禀帖，诉称冤抑”，表示不是因为这个原因罢免林则徐，这显然是为自己辩解。英国并没有要求清政府处罚林则徐，只是要求“赔偿”和“道歉”，并未涉及具体事项。在舟山签订停战协定的时候，两江总督的执事将林则徐被撤职的消息告诉英国舰队的提督伯麦准将，说这是“令人高兴的事情”，但据说伯麦准将回答道：“林则徐是一个才

① 一个或数个岛屿：英国设想占领的岛屿是香港和舟山。——译注

能出色、富有勇气的总督，只可惜不了解外国情况。”连英国人都对林则徐表示敬佩。

英国舰队再次南下，驶往谈判之地——广东。取代林则徐的钦差大臣琦善也从北京疾驰广东，清朝的政策发生一百八十度的逆转。

琦善一到广州，就解散林则徐和水师提督关天培共同精心组建的水勇，并且将海面上漂浮的用以阻碍英国舰队入港的竹筏全部撤除。琦善将一万兵员减至八千，大部分从虎门撤退到广州附近，这样，前线的兵员只剩下两千。

琦善从一开始就摆出一副讨好对方的低姿态，如果打算以此感化英国人，软化他们的态度，实在过于天真幼稚。

英国特命全权大使懿律根据巴麦尊外长的训令，毫不客气地向钦差大臣琦善提出如下要求：

一、对英国人所受到的侮辱赔礼道歉，并保证他们今后不再遭受此种侮辱。

二、清国赔偿被没收的鸦片的款项，并支付此次远征的军费。

三、清朝官府对公行还债予以担保。

四、不因外洋的鸦片走私而牵累英国人以及英国船只。

五、固定进出口税，不得随意增减。

六、减轻对贸易船的繁杂过重的收费。

七、英国人的诉求书可不必经过地方官府，直接奉呈北京的皇帝。

八、福建、浙江、江苏、直隶等地向英国人开放六个或者更多的商港。

九、在北京设立大使馆，在各个开放港口派驻领事。

十、在开放港口设立澳门方式的外国人居住地。

十一、英国人家属也可以在居住地居住。

十二、英国人在开放港口犯罪，由英国官员审判，清国官府不得干预。

十三、可以在开放港口修建教堂。

十四、废除公行制度，如不可能，应不增减所属行商。

十五、清国割让岛屿或港口给英国，英国在该地享有特别之司法权。

英国向琦善提出的上述要求基本上就是后来的《南京条约》的框架。英国狮子大张嘴，要求清国赔偿没收鸦片的损失两千万美元。琦善把谈判事宜基本上交给买办出身的、懂英语的鲍鹏处理，看来清朝大官依然很讨厌与外夷接触。鲍鹏不久前还受雇于英国商人，所以在与英国谈判中毫无分量。他把英国人漫天要价的两千万美元讨价还价砍到六百万美元，还扬扬得意，以为是自己立下的大功劳。

清朝政府不可能接受英国提出的要求，而英国出动大舰队，就是要逼迫清政府吞下这些条件。不过，在如何对待与清政府谈判的态度问题上，特命全权大使乔治·懿律少将和他的堂弟、副使查尔斯·义律之间产生对立。懿律主张膺惩主义，不必谈判白费口舌；而与商人打交道六年之久的义律大校考虑到圆满处理战后的通商关系，认为不宜采取过分高压的姿态，主张采取也要顾及对方面子的方法。

堂兄弟之间大概发生激烈的争吵，1840 年 11 月 29 日，乔治·懿律以生病为由回国。第二年 8 月 11 日，下一任大使亨利·璞鼎查抵达广州。

英国提出的要求中最后一条是割让土地，本想要清政府割让舟山和香港。但后来经过占领舟山的英军调查，感觉舟山没有用场，于是割让地只集中香港一处。

绝对不可想象北京朝廷会同意割让香港，对一个国家来说，“割地”是奇耻大辱。从宋与金的关系也可以看出，赠送金银财宝的“岁贡”尚能忍受，“割地”是民族自尊心绝对不能容忍的。琦善当然明白这个道理。但是割让的要求极其强烈，谈判不可能绕过这个话题。于是琦善提出“暗割”的解决方法。所谓“暗”，就是“暗中”的意思。对北京的朝廷隐瞒真相，实际上把土地割让给英国。这与处理葡萄牙与澳门的关系很相似。葡萄牙将澳门视为自己的殖民地，派驻总督，但清朝不承认已经把这块土地割让出去，依然派遣管辖澳门的地方长官澳门同知前往赴任。清国的长官和葡萄牙的总督同在一个地方，双方相安无事，没有纠纷。

琦善蓄谋策划的就是第二个澳门。他只要对清国派遣的地方长官悄悄地打个招呼，同时让英国的总督注意低调一点，不要过分张扬，事情就好办。——澳门的这种掩人耳目的状态都已经持续了大约两百年，香港至少在自己有生之年也不会暴露出来。

没有明文规定的割让就是“暗割”，但是英国对这种暗中达成默契的提案不屑一顾，坚持必须建立明文规定的现代契约的关系，据说这尤其是巴麦尊外长的意思。英国要求无论在什么情况下都必须是“明割”——明文规定的割让。两国之间的意见差距无法调整。

当英国舰队出现在天津海面上的时候，北京朝廷震惊慌乱，但是当舰队南下——外国武力威胁的危险远去以后，朝廷又莫名其妙地重返强硬路线。

由于受当时的信息流通条件的制约，身在广州的琦善不知道北京方面的变化。他就香港的“暗割”还是“明割”的争吵向朝廷报告，并提出自己的意见：英国除广州外，还要求开放福建的福州、厦门两个港口，我以为似可考虑。

当北京知道英国要求割让香港以后，道光帝怒上心头，指示广东的琦善立即停止谈判：

逆夷要求过甚，情形桀骜，既非情理可谕，即当大申挞伐。

琦善无奈，只好中止谈判。英国方面以全部要求均被拒绝为由决定行使武力。1841 年 1 月 7 日，英军开始攻打广东。

被视为中国内河的虎门第一道防线的水路两旁，东边是沙角炮台，西边是大角要塞。英军的首要目标就是这两个阵地。

沙角原先有两千守军，但琦善为争取谈判对自己有利，向英国献媚，将兵员减至六百。英军由伯拉特少校率领一千四百六十一个士兵登陆作战，皇家炮兵也参战，清军根本不是对手。副将陈连升阵亡，清军战死二百九十二人，但英军无人战死，负伤者不过三十八人。说到负伤者，清军的伤员甚多。

义律大校因为在中国居住时间很长，认为让清朝屈服的时候要考虑给它一定的面子。

采取军事行动威吓对方以后，要给对方一点退路。琦善担心照此下去，英军就要攻破广州，如果能够不失体面地接受英军的要求，事态就会平息下去。英军占领沙角等炮台后，义律提出以英军归还舟山群岛、撤出沙角要塞为交换条件，逼迫清国重新考虑接受上述要求。

义律的如意算盘是：现在英军已经占领舟山，但发现舟山不适合做贸易基地，迟早要放弃。为了让清国容易接受英国提出的要求，索性做个好人，把舟山还给中国，给琦善一点面子，这样他也好向北京报告。

收复舟山——琦善基本上保住了面子，感觉自己应该可以上奏言事了。中国的传统观念是“可岁币不可割地”。赔偿可以忍耐，割让决不允许。所以，问题就集中在割让香港这一点上。

澳门是一个模糊的先例，于是琦善向北京朝廷试探：既然已经归还舟山群岛，是否也可以实行香港的澳门化。

该国距此数万里，航海而来，动辄经年越岁，抛撇乡井，隔离骨肉，情应矜悯。间观西洋夷人久沐天恩怀柔旷典，得以携眷在澳门寄居。今此事同一律，欲求代为吁恳天恩，自道光二十一年起，准其就粤东外洋之香港地方泊舟寄居。

从这一段文字可以看出，琦善可谓用心良苦。英国人来自万里之遥，对他们应该富于怜悯之情。以前对葡萄牙人也是如此……这是英国人所恳请希望的。琦善的奏文相当啰唆，但只字不提英国人以舰队的武力为后盾逼迫中国接受他们的要求。

此时北京已经知道英军的军事行动，道光帝“发指”，开始紧急调动各地部队。

实际上琦善已经以“暗割”的形式同意将香港割让给英国，于是英军宣布停战，归还舟山，撤兵沙角。义律坚持主张“明割”，琦善采取拖延的战术。2 月 12 日，琦善同意十天后正式签约。但是，北京朝廷未予批准。也不可能批准。

义律熟知清国的内情，早就预料到不会签约，一直加紧备战。在期限过后三天，2 月 25 日，英军再次采取军事行动，攻打靖远炮台。

广东海军总司令水师提督关天培镇守靖远炮台，但总司令手下只有二百士兵。这还是因为钦差大臣琦善为讨好英国的欢心，将大批的守军调往后方的缘故。面对英军的猛烈攻击，守军四散溃逃，阵亡者不过十人左右，其中有猛将关天培。靖远战斗结束后，关天培的仆从前来领尸，这时英国战舰伯兰汉号鸣炮志哀。

英军决定稍加休整，然后攻打广州，于是双方签订协议停战数日，英军着手准备下一场战斗。

就在这期间，琦善被撤职。广东巡抚治良拿到英军散发给香港居民的布告，送往北京，弹劾琦善。这布告写道：

根据天朝及英国政府双方高级官员明白签订之正式协定，香港岛现已成为英国女王陛下领土之一部分。

琦善一直拖延正式签约，但义律大校与他会见后，迫不及待地立即在威里士厘号上宣布拥有香港领土。三天之后，向香港居民发布公告。

本官以所有权限在此宣布：一切关于香港全岛所有权、特许权、租赁费等各种特权，无论其土地、港口、财产、劳动关系如何，全部奉献给女王陛下。

虽然琦善口头上答应签约，但一直拖延下来，因此大概可以说并没有签约。而义律大校的理解是：琦善是钦差大臣，既然已经明确表态，“明割”也好，“暗割”也罢，总之割让已成定局。

林则徐被撤职后依然留在广州，朝廷还命令他协助当地的军务，琦善的革职却没有这么便宜，而是“锁拿解京，家产没收”的最严厉处分。回到北京将受审判，会有性命之虞。不过琦善幸免处死，在浙江服军务后，贬至新疆莎车，后来得以重返政界。

3月13日，被捕的琦善离开北京。英军早就决定5月24日攻打广州。这一天是维多利亚女王的生日。为攻打广州做准备，英军从印度补充武器弹药和大批士兵。

那么，清国方面都做些什么呢？接替琦善派往广东的高官都是无能之辈。靖逆将军奕山是康熙帝系列的皇族，参赞大臣杨芳担任提督一职长达二十年，大概富有经验。但是，这个老将军似乎年老昏聩，对巫术符咒深信不疑。他打算利用巫术战胜英军。他认为英军的大炮命中率高是因为他们阵中有巫术，于是向巫师讨教何法可以削弱对方的巫术力量。巫师告诉他“外夷妖邪之术乃忌讳女子的尿，所以可将女人的马桶掀其盖，马桶口对着敌军，妖术立破”。于是杨芳收集全广州所有的妇女马桶。杨芳将军上任后的第一道命令就是收集马桶，实在是无法置信。

林则徐奉命前往浙江，5月1日离开广州。猛将关天培已经阵亡，富有超群卓越领导能力的林则徐不复存在。他调动外省四万兵马进入广州，但都是兵痞，到处掠夺强暴，为非作歹，终于激起当地人民的义愤，大举袭击外省士兵。在这种情况下，根本谈不上与英军作战。

1841年5月24日维多利亚女王生日这一天，英军在广州城西十三行街登陆，并准备从泥城攻取四方炮台，包围广州。登陆的英军烧杀抢掠，暴虐无数。

广州城外本来也有清军守卫，但还没看见英军的影子就闻风而逃，甚至未开一枪还击。都察院御史曹履泰以此事弹劾军方。军队可以逃命，平民无以脱身，惨遭英军的残酷暴行。此事多有书籍记载，其中《广东军务记》有这样的记述：

夫罹殃，妻受辱，两命皆亡。子被缚，母困居，身家俱殒。而且田园伤，室庐毁，邱垄掘，老少淫。贫者之室如悬磬，富者之家突立壁。洵属鬼神之积愤，草木亦含愁。

城外居民忍无可忍，拿起锹、锄、竿等，抗击英军。三元里西村、南岸的九十多个乡村的民众两万多人，手执大书“平英团”的旗幡，于5月30日包围马德拉斯第三十七步兵团的一千多英军。平英团的檄文这样说道：

（彼等）得寸进尺，纵兵卒扰害村庄，抢我耕牛，伤我田禾，淫欲妇女，锄我祖坟。鬼神共愤，天地难容。我等奋不顾身，围义律于北门，欲斩首伯麦于南岸。

马德拉斯团使用的是燧发枪，因那天下雨，火枪受潮无法射击。当村民知道对方的火枪不灵时，越聚越多，英军的命运犹如风前残烛。

其实三天前——5月27日，清军在广州城就举白旗投降，签订所谓的《广州和约》。

杨芳将军见巫术无效，广州的领导层都意识到无以为战。与北京路途遥远，来回请示需要时间，于是按照澳门模式割让香港，对朝廷欺瞒不报。《广州和约》有如下内容：

一、大臣、将军等以及所有外省兵偃旗息鼓离开广州，六日之内撤到城外六十英里之地。

二、清国支付英军六百万美元。其中一百万美元于27日日落之前支付，其余于一周内付清。

三、全额支付后，英军退出虎门，归还所占领之全部要塞，但在两国间的问题尚未完全解决之前，清国不得在上述各要塞部署防备力量。

四、清国支付袭击掠夺外国商馆以及攻打西班牙船比尔拜诺号的赔偿金。

五、全权委任给广州知府。

听到英军入侵虎门，群情激昂，捣毁掠夺十三街的外国商馆确有其事。清国兵船误以为西班牙商船比尔拜诺号是英国的鸦片母船，投掷了火焰筒。

不知何故英国人对广州知府余保纯尤为信任。大概善于处理实际事务的高官别无他人吧。

英军在三元里被平英团围困雨中的时候，急急忙忙赶来处理事态的也是这个余保纯。他命令民众解散，撒手锏就是一句威胁民众的话：如果平英团不解除包围，六百万美元的赔偿金就由三元里民众支付。

六百万美元这个数额，三元里民众一百年也筹集不来。平英团就这样被他解散。

广东的领导向北京朝廷解释从城内退兵的理由是：广东天气炎热，多有士兵病倒，所以转移驻扎至广州城外十余里之白云山，取居高临下之势。

公行代表伍绍荣筹集到二百万两白银，其余由布政司、盐运使、海关这三家公库出资，凑齐六百万美元。对北京朝廷则报告道：英军的两次进攻被击退，夷目诉苦，请求允许贸易。宜应同意。城外居民房屋多被烧毁，必须予以救济。另外，对于从公库支出银两支付给英国，则称为民众救济金，以此弄虚作假，蒙骗朝廷。

北京的朝廷也不是那么容易受骗的，从监察院以及其他途径的情报可以知道英军如何势不可当，清军如何不堪一击。但是，朝廷认为，如果事情纠结，以后更加麻烦棘手，所以打算作为广东一个地方的地区性事件尽快解决。

另一方面，英国的巴麦尊外长指责查尔斯·义律的行为越权。义律独断专行，没有向巴麦尊外长请示，就私自将已经占领的舟山群岛归还清国。义律与英国商人混在一起有六年之久，似乎沾染上一些商人的习气，他把派不上用场的舟山群岛作为交易的工具，但是巴麦尊外长出于他职业外交官的敏锐感觉，认为舟山并非派不上用场，更何况从占领的土地上撤退事关大英帝国的威严。

签订《广州和约》的时候，伦敦决定罢免义律大校的职务，取而代之的是长期在印度工作、曾在第一次阿富汗战争中立下大功被授予男爵的亨利·璞鼎查。

特命全权大使的更迭意味着义律路线遭到否定。英国的政策是重视国家威严胜过商业利益。英国要极大地提高国家威严，把清国打得服服帖帖，让清国威信扫地。

将清、英两国的纠纷限定在地方性的争端，这也不符合巴麦尊外交的本意。他赋予新任大使的第一个任务就是重新占领舟山群岛。璞鼎查于 8 月 10 日一到广州，就把广东的事情放在一边，命令舰队往东北方面前进，中途攻打厦门，占领十天，再继续北上，抵达舟山群岛。

重新占领舟山，易如反掌。英国的目标当然不仅仅只是舟山，舟山不过是第一个目标，接着是舟山对岸的镇海。蒙古族的猛将、两江总督兼钦差大臣裕谦镇守镇海。

镇海沦陷的时候，裕谦投水城外的学宫池自尽，被救上来，躺在门板上逃跑，途中死去。

东印度公司经常派船深入沿海各地侦察情况，调查水深、沿岸地形以及商业发展情况等，1834 年的阿美士德号就是一个典型。所以，英国掌握有清国的大量情报，知道从商业的角度来看，长江下游、南京至上海一带才是最有希望的市场；也知道以北京为中心的清国政治中枢的粮食以及其他物资的供应都必须依靠长江的运输。

英国打算舰队从浙江进入长江，对中国的这条大动脉造成严重的威胁，逼迫清政府屈服。就英国而言，巴麦尊的战略无疑是正确的。不论义律在广东怎么捣乱，北京的朝廷不过感到厌烦而已。

接着，英国攻陷宁波。宁波自称为明朝开始就是对日贸易的基地。镇守宁波的提督余步云弃城逃遁。他从一个士兵晋升到提督，应该是久惯沙场的将军，但面对英军不战而逃，大概知道绝对不是对手。

鸦片战争中，溃逃的将军不少，广州的将军们都是不战而举白旗。应该说责任在于清朝的军队将领。然而，败军之将被判处死刑的只有浙江提督余步云一个人。

此事后来成为大问题，在广州城头高悬白旗、不战而败的奕山免于追究责任。于是大家议论纷纷，有的说因为他是皇族，有的说因为他是满族。其实，最大的责任可以说是琦善。被余步云抛弃的宁波城不久收回，而琦善割让给英国人的香港至今尚未归还中国。[①]如此比较，可以说对余步云的处刑极不公正。

因为余步云是汉族——对他的处刑成为清国民族不和的一个原因，强烈地刺激汉人提高民族意识。

英军登陆大陆本土，攻陷镇海和宁波，不久撤兵，重新调整编制后，攻打乍浦。进攻乍浦的目的除了获取战略据点外，还要对中国人民显示恐怖的政策。

英军占领乍浦五天，这期间，烧杀、抢掠、奸淫，无恶不作。《壬寅乍浦殉难录》开列长长的死于英军野蛮残酷暴行之下的牺牲者的名单。

英军从乍浦转向吴淞。镇守吴淞的是江南提督、从艇盗时期就投身海军的猛将陈化成。守将虽然勇猛，但清军的防守设施根本无法抵御英国的坚船利炮，可惜名将陈化成与吴淞的命运同归于尽，壮烈牺牲。

很久以后，江南一个画师描绘一身戎装的陈化成的肖像，题为《吴淞殉节图》。雕刻为木版画出售，据说江南地区家家户户都张贴陈化成的遗像祭祀。其中有的版画上还印有“一战甬江口，督臣死提臣走；再战吴淞口，提臣死督臣走”的文字。在甬江口作战中死去的是督臣（总

① 而琦善……尚未归还中国：本书成书于20世纪80年代。1997年7月，中国恢复对香港行使主权。——译注

督）裕谦，逃跑的是提臣（提督）余步云；在吴淞口作战中，提督陈化成阵亡，两江总督牛鉴收罗残兵撤退。由于上海无险可守，继续后退。

就这样，英国的远征舰队进入长江，开始溯流而上。敌人的军舰在中国的大动脉上几乎没有遇到什么抵抗，大摇大摆地游弋示威。

舰队抵达镇江。镇江别称京口，意为古都南京的进出口。京口是保卫南京的门户，极为重要的军事要地。镇江位于长江南岸，对岸是瓜洲，再往前就是古称江都的扬州。那是与北面连接的大运河的起点。

只要控制镇江，不仅长江，南北运河也都在掌控之中。英军出兵七千攻打镇江。

如此重要的军事要地，清政府驻防的部队只有一千二百旗兵和两百青州兵。这是在自己的国土上作战，进攻的部队比守军还要多。英国远征军打算通过镇江一战告一段落。不论北京的清王朝怎么愚昧冥顽，总不至于愚蠢到不知道镇江失陷意味着什么吧。

英军为达到目的，就必须在镇江的作战中大获全胜，同时在这个地方刻下恐怖的印记。英军也在镇江实行与乍浦一样的恐怖政策，在乍浦实行恐怖政策的目的是减弱后面的抵抗，而在镇江实行恐怖政策的目的是让清政府全面屈服，所以更加凄惨残酷。沦陷的镇江化为一座杀戮、抢掠、奸淫的地狱。

在鸦片战争的各地作战中，英军遇到最顽强、最激烈抵抗的就是镇江。这大概与驻防满洲旗营副都统海龄的性格有关。海龄的性格偏执古怪，在英军攻打之前，他提出清洗内部，查究汉奸，据说逮捕、斩杀众多没有保证人的僧侣、道士、乞丐、流浪者等。然后关闭城门，禁止出入，他本人做好战死的思想准备，对英军勇猛作战，但平民百姓也被卷入战火之中。英国方面的史料记载“在清国遭遇到未曾有过的最为凄惨的战斗”。

抵抗越顽强，进攻越疯狂。英军攻破镇江后，一见妇女，都是奸杀。甦庵道人在《出围城记》中记述有宁死不受英军侮辱的刚烈妇女的名单。自杀的妇女达七十五人，当然这并没有全部网罗进去。据说为躲避凌辱而隐藏起来的妇女也有不少饿死。

驻防旗兵几乎全部阵亡。据说青州兵一半阵亡。海龄放火烧毁自家房屋，自缢而死。

军事要地镇江失陷，南京危在旦夕。英国表现出长驱直入北京的态势。两江总督牛鉴、耆英、伊里布等重臣也都向北京的朝廷送去英夷将要攻打天津的情报。

为防御英国舰队的军费开支已经非常庞大，加上严重的漏银，如果继续打下去，国家财政恐怕就会崩溃。道光帝终于屈服。

朕岂不思保全沿海生灵，聊为羁縻外夷之术。

国民的性命最为宝贵，虽然极不情愿，也只好和英国媾和。英国舰队逼近南京，清朝几乎完全接受英国的条件，缔结条约。

南京在当时的正式名称是江宁，标志鸦片战争结束的《南京条约》有时也称为《江宁条约》。

《南京条约》于1842年8月29日（道光二十二年阴历七月二十四日）在南京的英国军舰康华丽号上签订。第二年6月26日在香港交换批准书。英国代表是特命全权大使亨利·璞鼎查，清国代表是宗室（广义上的皇族）成员、时任广州将军耆英，另一人是乍浦副都统伊里布。他们都是满族。耆英历任工部尚书、户部尚书，鸦片战争爆发后任广州将军兼钦差大臣。镇江沦陷后，他最积极地向朝廷献策主和。伊里布是前任的两江总督，在义律归还舟山等问题上曾与英国交涉谈判。

《南京条约》由十四条组成，基本上以义律在广东向琦善提出的要求为基础。

英国政府要求清政府赔偿军费一千二百万美元、没收鸦片的原价六百万美元，此外还有公行的债务三百万美元，总计两千一百万美元。这其中的公行债务指的是两国商人在贸易中所发生的债务纠纷，由于公行商人的破产使得英国商人无法讨还的数额累计。清国没有现代性质的破产法，英国提出应以账簿处理这一笔无法收回的款项。其实这是英国对清政府蛮横的强取豪夺。另外，《南京条约》还规定撤销公行，英国商人今后与清国的任何人都可以自由通商。

问题是第四条的被没收的鸦片价格。英国政府对这一条的文字表达十分严谨。

一八三九年英国臣民因受到清国高官之监禁，并以死罪相威胁，被逼在广东交付鸦片以赎命。现清国皇帝陛下约定支付赔偿金洋银六百万美元。[①]

清国在《广州和约》中已经支付了六百万美元。义律在广东提出的要求中也已经包含对没收鸦片的赔偿。据《中西纪事》记载，义律起先的要求是赔偿一千二百万美元，经美国人调停后减半。但是，英国采取偷梁换柱的手法，说在广东得到的六百万美元不是鸦片赔偿金，而是“赎城金”。所谓赎城金，就是当时英军包围广州，而一旦攻陷后就会残暴掠夺获得巨额战利品，为不使这样的事情发生，清国必须支付六百万美元。在谈判《南京条约》的时候，清国方面提出鸦片赔偿金已经支付，但英国的马礼逊回答说：英国在广州得到的鸦片赔偿金不够数额，这是追加索赔。

前面说过，在虎门处理的鸦片的原价，包含运费在内，大约五百万美元。英国从清国得到的赔偿金中支付给鸦片被没收的商人的数额不超过六百万美元。英国向清国要求对没收鸦片的双重赔偿，但为粉饰掩盖这种行径，就把清国上一次在广东的支付说成是“赎城金”。由于这个偷梁换柱的伎俩没有让所有的人都知道，以至于马礼逊回答说是追加索赔。

《南京条约》第四条不是简明的文字，而是故意附带要求赔偿的“理由”说明。英国人伊姆斯批评道：《南京条约》中加入这一条使得整个条约变得丑陋。这一条完全无视鸦片在中国属于违禁品这个严峻的现实。这一条说英国人交出鸦片是“为了赎命”，这个说法完全是颠倒黑白。中国近代外交史的研究权威矢野仁一[②]这样指出第四条条文的不妥：

如果是即使将鸦片交给清国以后还受到监禁、以死相威胁的赎命钱，也许可以要求赔偿，但原本在清国就不许携带、必须交出来的鸦片在交出以后就解除监禁、停止以死威胁、生命得以解救的情况下，还以所谓的赎命钱为由提出赔偿，这还是正当的理由吗？

---

① 一八三九年……六百万美元：《南京条约》第四条中文原文为——因大清钦差大宪等于道光十九年二月间经将大英国领事官及民人等强留粤省，吓以死罪，索出鸦片以为赎命，今大皇帝准以洋银六百万银元偿补原价。——译注

② 矢野仁一（1873—1970年）：东洋史学家。京都大学教授，主要研究东方近世史、外交史。著有《蒙古近代史》等。——译注

还有，第三条的割让香港也是多余的前置说明。

鉴于英国臣民极其希望拥有一个港口以用于必要时对受损船舶之修理以及保存为此所需的材料，清国皇帝陛下准予将香港岛出让给英国女王陛下，英国女王陛下及其继承者将永久占有之，英国女王陛下将以认为合适的法律统治之。[①]

此外，《南京条约》的第二条还规定除广州外，还开放厦门、福州、宁波、上海作为通商港口。所谓通商港口，就是外国人可以在这块土地上毫无限制、毫无障碍地居住、经营贸易。以前不允许外国的妇女、小孩居住在广州，《南京条约》签订以后，上述五个港口就没有这样的限制。

第十一条规定英国高官和清国大员交往文书时，使用照会字样。以前英国都必须通过公行以“禀”的形式上呈清国官府，现在双方成为直接的对等关系。《南京条约》签订之后，公行不复存在。

过去清国一直将贸易视为“恩惠”，这种思想从根本上被颠覆。当然，长期形成的固定的思维模式不会因为条约的缔结就能马上转变，但无疑这是一条浓重的转换标志线。

我想稍加深入地阐述鸦片战争，因为这是宣告中国历史进入近代社会的标志性事件。

清王朝一直自视天朝，其他都是外藩、朝贡国、蛮夷，不是对等的国家。然而，这场战争充分暴露这不过是清王朝一厢情愿的虚构。任何人都坚信不疑天朝是世界的中心，自然强大无敌，这场与英国的战争把这个神话打得粉碎。不论是海上还是陆地，蛮夷的英国都获得压倒性的胜利。事实证明，两国不仅没有对等，就力量而言，对方远比清国强大。

第二年批准《南京条约》之后，在广东虎门又签订具体的追加性条约，同时公布《五口（广州、福州、厦门、宁波、上海）通商章程》。其实《南京条约》并没有涉及在中国近代史上成为大问题的“治外法权”，而是

① 鉴于……之：《南京条约》第三条中文原文为——因大英商船远路涉洋，往往有损坏须修补者，自应给予沿海一处，以便修船及存守所用物料。今大皇帝准将香港一岛给予大英国君主暨嗣后世袭主位者常远据守主掌，任便立法治理。——译注

体现在《五口通商章程》里。

倘遇有交涉词讼，管事官不能劝息，又不能将就，即移请华官公同查明其事，既得实情，即为秉公定断，免滋讼端。其英人如何科罪，由英国议定章程、法律发给管事官照办。华民如何科罪，应治以中国之法，均应照前在江南原定善后条款办理。

中国此前的做法是蛮夷的事情交给蛮夷自己去办，这是出于一种天朝意识、歧视意识，而实质上是对外国人治外法权的承认。然而，《五口通商章程》第一次正式承认这是外国人的权利。

1844 年，美国政府派遣全权委员顾盛和与清朝在澳门郊外的望厦村签订《中美望厦条约》，其内容与《南京条约》及其追加条约《五口通商章程》基本一样。只是在治外法权问题上，英国同意审判由中英两国官府会审，然后交由被告所属国进行处罚；而美国同意民事纠纷可按此办理，刑事案件的双方则由被告所属国分别审判、处罚。

《南京条约》对鸦片贸易没有规定，但《望厦条约》中加入美国政府对从事鸦片等非法贸易的美国市民不予以保护这一条。美国政府大概以此显示自己的理想主义。但是，后来美国商人也大肆进行鸦片买卖。

《南京条约》没有涉及鸦片贸易，既没有表示合法，也没有明确表示非法，然而，清政府对没收的鸦片予以赔偿，这给人认可鸦片贸易的印象。

英国要求清政府割让香港，其目的就是将其作为自由港，对船舶不课税，在英国国旗的保护下肆无忌惮地进行鸦片贸易。事实上，《南京条约》签订以后，鸦片贸易有增无减。

只比《中美望厦条约》的签订晚三个月，法国也与清国在广东的黄埔缔结通商条约。《黄埔条约》中有一条可以这样解释：法国人不服从中国依法规定的任何义务。根据这条最惠国国民待遇条款，法国人以外的其他外国人也均沾享受这个待遇。居住在中国的外国人免除纳税义务，无疑就是依据这个《黄埔条约》。另外，《黄埔条约》的中文文本与法文文本存在歧义之处，可以说不是严谨规范的条约。

《黄埔条约》还有一个特殊的条款。清国根据《南京条约》开放五港通商，但在具体的追加条约中规定英国人不得到乡村游玩，不得到偏远内地进行贸易。《黄埔条约》虽然保留上述禁止事项，却又规定：如果法国人违反禁令进入划定范围之外的地区，中国人不得对其殴打、伤害、虐待，应送交离得最近的法国领事。虽然有禁止事项，但如果违禁，也没什么了不起。法国提出这一条大概是为了方便天主教的传教吧。不言而喻，这一条也同样适用其他外国人。

鸦片战争的结果，清国从唯我独尊的“天朝”被拉到国际大舞台上。这个舞台上有很多对等国，但它们的坚船利炮都比清国先进。中国开始呼唤思想变革，向着近代社会，朝着近代社会进发。

西方列国通过《南京条约》《望厦条约》《黄埔条约》为获取在中国更大的利益逐渐开始竞争，这种获得权益的竞争在通商条约缔结时期就已经初露端倪。

反叛者

鸦片战争爆发点的广东地区战后的治安状况非常恶化。历来只知道作威作福的官府在人民面前惨败于英国，举着白旗，对英国人唯命是从。钦差大臣琦善对懿律逢迎献媚的传闻大概富于夸张性地在街头巷尾不胫而走。清朝官员把整个广州城拱手让给英国人，部队退却到白云山。于是，官府权威扫地，人民不再像以前那样害怕官府。

为迎合英国人之意，琦善解散了水勇。这当然不是有组织的解散，而是一哄而散，他们把枪支带走，武器散落民间。他们后来的情况如何呢？他们的生活越来越困难。参加水勇的年轻人原本都不是富裕阶层出身。他们必须努力活下去。

他们中的一部分成为汉奸。所谓汉奸，当时指的是受英国人雇用而工作的中国人。他们参加水勇原本是为自己的国家工作，如今却被攻打中国炮台的英军雇用拉大炮，筑土垒。伊姆斯等人不理解他们的心理，武断地做出中国人缺少爱国心的结论。

他们受雇于英军是为了养家糊口。那个时候，除了军队，其他英国人很少有能力雇人干活。至于说到爱国问题，清王朝这个政权是满族依靠武力建立起来的，对汉族实行残酷的镇压。这样的政权值得舍命保卫吗？由于严酷镇压舆论，不少人嘴上不说，但心里认为：爱这个国家，但不爱这个政权。对清王朝政权心怀敌意，或者憎恶仇恨的人们大概对英国的攻打不会发自内心地感到愤怒吧。

宣南诗社龚自珍的《己亥杂诗》中有这样一首诗：

九州生气恃风雷，

万马齐喑究可哀。
我劝天公重抖擞，
不拘一格降人才。

己亥是1839年，鸦片战争爆发的前一年。这是作者从北京回故乡镇江途中，顺路拜访镇江天都庙时创作的。九州，即指中国。这座庙祭祀风神、雷神，大概很多人前来参拜。难道中国的万物生灵就这样只是仰仗着风神、雷神而苟且偷生吗？诗人发出强烈的愤怒的质问。苏轼的诗、陈维崧的词都使用过“万马齐喑”的表现，形容廷臣（或政治家）压制一切，不许说话。现在正是这样可悲的时代。我请求上天奋发抖擞，为这个国家破格降人才。

这首诗洋溢着作者忧国的真挚情感，所以在长达一个半世纪的时间里为中国人民所喜欢。今天的书法家依然经常书写这首诗，在中国旅行期间能看到挂轴和匾额。据说龚自珍这个爱国诗人曾对好友说过：“即使以夷狄取代满族，同样不是汉族。”当然，这样的话不会见于史料记录，所以无法确定真伪。但他作为汉族知识分子，内心深处应该会有这样的想法。

爱国不等于爱清朝。鸦片战争以后，反清活动持续不断，但可以说他们以自己的方式热爱这个国家。

鸦片战争的另一个产物是基督教传教活动得到认可。外国传教士在街头宣讲教义，散发宣传宗教的小册子。如同白莲教之乱那样，宗教具有作为一种精神纽带团结民众、掀起反政府运动的力量。以前都是弥勒下生之类的改革社会的运动，鸦片战争以后，基督教这个新面孔登上舞台。

鸦片战争大约十年以后，标榜基督教的反政府运动在广东、广西燃烧起熊熊烈火，这就是震撼清王朝的太平天国运动。这两个地区多有落魄的旧水勇，治安混乱，而且人的性格热情如火，是著名的革命家的摇篮。

《南京条约》规定开放五港通商，造成广东地区失业人数的增加。原先外国人只能在广州进行贸易活动，现在还可以在其他四个港口，广州失去了垄断的特权。

尤其是上海的开埠对广东部分行业的打击甚大，例如运输业，原先长江沿岸的运输业者利用水陆两路经由内地将华南的物资运往北方，但现在利用可以装载大量货物的大帆船从华南运到上海，货物换载到别的船上，通过长江水系运送到内地。

原先运送货物到内地的小运输业者很快就没有了工作。烧炭业也受到影响。广东、广西天气炎热，木炭不是用来取暖，铁匠是主要的消费者，锻造农具等需要木炭。但是，这种手工作坊无论如何无法与产业革命以后的英国炼铁业抗衡，从农具到铁钉，各种铁制品如洪水般涌进来。铁匠的失业必然导致烧炭业者的失业，在各行各业引起连锁反应，社会出现动荡不安。

进士及第、在北京平步青云当上高官的曾国藩后来成为镇压太平天国的主将。他在奏文中将鸦片战争后平民百姓的“疾苦”原因归纳为以下三点：

第一，“银价要昂，钱粮难纳”。本书时常涉及漏银问题，白银的行情一升值，以铜钱缴纳的税金实质上增加，这样交不起税的人也随着增加。滞纳者受罚，无力纳税者只好逃跑，而接受他们的都是非法集团。

第二，“盗贼太众，良民难安”。由于上述原因，盗贼增多，因此治安恶化，人民不能安居乐业。

第三，“冤狱太多，民气难伸”。盗贼一多，官府为维持治安，采取严厉措施。警察以抓捕犯人的多寡评定业绩，自然冤案增加。那个时代的审判是钱能通神，相当不公平。明知冤案，无钱贿赂，也要坐牢。人民已经不相信政府。

曾国藩指出的三大疾苦无法解决，各地发生叛乱在所难免。

太平天国的主角洪秀全是客家人。所谓客家，就是后来来到这个地方的“客人”。由于战败或者其他各种原因，人们南下，条件优越的土地已经被当地人耕种，后来的客家人只好在当地人看不上的偏远贫瘠的土地上耕作，这需要付出更多的努力和智慧。当时的中国风俗习惯，妇女都要缠足。从幼小时候就用布裹脚，阻止脚的正常成长，结果走起路来摇摇摆摆、颤颤巍巍。如果不缠足，甚至都嫁不出去。但是，客家妇女几乎没有缠足的习惯。他们的生活环境十分艰苦，妇女也是重要的劳动力，不可能把脚裹得紧紧的。

广东人口稠密，于是一部分移居到尚未开垦的、土地辽阔的广西。移居广西的主要是生活状态艰难的客家人。当然广西也有当地居民，他们把这些新来的客家人称为“来人”。

《南京条约》虽然没有涉及鸦片贸易，但实际上是承认鸦片的买卖。英国把香港自由港化，其目的就是在米字旗的保护下从事鸦片贸易。这意味着漏银问题越发严重，银价继续暴涨。清政府为应对这种局面，只好加大力量开采各地的银矿。广西多有银矿，采矿是强度极大的重体力劳动，矿工主要是来人，即客家人。一说到矿工，必然就是客家人。

太平天国运动的爆发点是广西，发起者大部分是客家人。

珠江等水系在广东、广西密如蛛网，形成南方地区重要的交通系统，广西的主要物产木材捆成木筏顺流而下，也可以用来运送其他物资。五港通商以后，从事水上搬运的人们的工作骤然减少。

水夫之间同甘共苦的意识尤其浓厚，他们牢固地团结在一起，由于频繁移动，因此建立起自己的联络网。青帮是他们最大的组织。这与以李自成为代表的明末驿夫组织一样，鸦片战争以后，广东、广西的大量失业者都是具有严密组织的人。

这个时期的史料中频繁出现“艇匪”字样。这个叫法大概是为了与前一个时代以越南为据点的“艇盗”区别开来，但如果“艇盗”是“海贼”，那么“艇匪”就是“河贼”。可以想象，林则徐建立起来后被琦善解散的水勇的散兵游勇中的一部分变成了艇匪。他们解散的时候都携带着武器，应该说具有足够的条件成为艇匪。他们擅长驾船，具有高度的灵活性。

正如曾国藩在奏文中所说的那样，“盗贼太众”，所以有钱人必须自卫。各地的豪族富人开始建立私兵。在鸦片战争中，清政府鼓励各地建立“团练”以保卫本乡本土免受英军的侵犯。地方的权势者出钱对壮丁进行军事训练，这就是团练，但团练后来往往成为出钱的权势者的私兵。由于匪贼横行，被称为土豪的地方权势者自然必须拥有自卫的力量。解散时携带武器的水勇中的一部分也会加入到私兵里。

秘密结社的团体中，具有强烈的民族意识的天地会在华南、东南亚的华侨中具有潜在的势力。鸦片战争以后，天地会渗透到各行各业。相互扶助、结义兄弟这样的形式与青帮差不多，但青帮是行业组织的性质，天地会则具有“灭满复明”的强烈倾向。鸦片战争期间，二者在相当程度上交叉重叠。鸦片交易虽然几乎公开认可，但鸦片毕竟是违禁品，所以与鸦片打交道还是需要秘密的形式。鸦片除本身的毒害外，似乎还具有在整个社会中扩大秘密结社的隐然作用。仿佛大家都在偷偷摸摸地干着见不得人的事情，这是在时代的风潮中散发着腐臭的颓废现象。

身处这样颓废的时代，精神的廉洁成为人们所追求的高尚目标，有志之士更是如此。西汉末期，三国的动乱时代，人们除了从太平道、五斗米道这样的中国传统道教中寻求拯救外，还信仰从天竺传来的浮屠的教导（佛教）。鸦片战争后也是如此，人们除了依靠具有浓厚道教色彩的天地会等秘密结社外，有人还开始对从西方传来的基督教发生兴趣。

对现实生活感到不满的人们总想着加入某种组织，以求安身立命之处。属于秘密结社性质的组织在一定程度上可以满足他们的要求，但基督教仅仅作为个人信仰无法满足当时人们的精神渴求。鸦片战争造成人们排外情绪的空前高涨，所以即使成立基督教团体，只要是外国人领导，人们都不感兴趣。于是，中国人领导的、中国式的基督教团体形式的“太平天国”急速膨胀起来，力量骤增。

我将在下一章详述太平天国，现在先把目光从华南转向北方。河南、陕西、四川、山东等都发生过白莲教起义。但是，白莲教起义在嘉庆年间基本被镇压下去，嘉庆十年（1805年）解散讨伐军。以弥勒下生为信仰的这个教团具有很高的伦理，他们都是主张财产共有、消除恶德、素食主义的清教徒。大概正因为这个因素，似乎领导缺少政治手腕。虽然具有强烈的反满思想，但未能成功地将这个思想引导到政治上来产生更加强大的力量。另外，清朝采取的坚壁清野的政策十分奏效，白莲教势力被分割开来，只能开展零散的游击活动，末期则带有流寇倾向，基本被消灭。

鸦片战争以后在河南、山东、安徽等地出现称为“捻”的集团，如果视之为白莲教的体系，宗教色彩显得过于淡薄。从这个意义上说，潜伏的白莲教徒组成“捻”集团的说法缺少说服力。

清朝官府把“捻”叫作“捻匪”。“捻”还称为“捻军”“捻党”，本书称其为“捻党”。“捻”的意思是把人们搓成一团结成秘密结社，也就是结党。

其实，中国农村的村庄本身就是一个结社，甚至有的村子只是同姓人居住，也有的村子是与一个姓氏结为姻亲关系的几个姓氏的人们共同居住，具有同一个祖先的宗族共同体性质。当然，有的人离开这种传统的结社，加入白莲教这样的组织，其原因一般是出于信仰。另外，也有的人被赶出农村共同体，他们一般都是好吃懒做者；还有的人因为工作和粮食不足，为减少村子的人口而被抛弃的。捻党似乎是由于各种原因离开传统共同体的人们的去处。

捻党是一个流浪者集团，其中有的人是因为粗野暴行被共同体驱逐出来，它的诞生似乎并没有很好的名声。他们有的重操旧业，躲过官府的监视从事承包运送私盐的危险生意；有的开设也是官府禁止的赌场，赚取抽头。因此，捻党与白莲教不同，是一个具有游侠性质的集团。他们中有的人甚至还干绑架勒索的勾当。

不论哪个时代，都有一些人为社会所抛弃，他们以自己的方式聚集在一起才能活下去。他们没有结社的精神支柱，所以执政者觉得并不可怕。开设赌场，当然会有向地方基层官员行贿的事情。

捻党与具有强烈政治意识的团体联合起来以后，才成为社会问题。太平天国势力壮大起来，捻党与其配合呼应，清政府才把捻党视为危险的存在。

开放的通商五港出现各种各样的结社，这里有鸦片这种商品。青帮、天地会、捻党等各种倾向的结社围绕着鸦片层出不穷，聚合离散。这其中最著名的是上海的小刀会。在太平天国起义时期，小刀会势力壮大，长期占领上海县城。

具有强烈的民族意识、政治意识的人们另当别论，并不是所有的人都想反叛政府。被传统共同体驱逐的人、失业者、违禁品买卖者……就是说，受到官府监视的人才不得已起而反叛。

官府对他们时常取缔惩罚，警告威胁，把他们的非法买卖控制在一个适当的限度内。

对执政者来说，可怕的不是被迫反叛的人们，而是具有政治理念的主动反叛者。他们没有利用走私、贩卖私盐、赌场等非法手段挣钱。他们是具有信念的反政府集团。过去的白莲教是这样的集团，镇压下去半个世纪以后，又出现这种真正的反叛者的集团。这个集团采取标榜信仰基督教的“太平天国”这种形式，大概出于清政府的意料之外。

唐末黄巢之乱的领导人黄巢是一个科举落第的书生，太平天国的领导人洪秀全也是科举落第生。

洪秀全是广东花县的客家人。花县离广州市很近。我曾坐车从广州去过，大约只需要三十分钟。花县还保留着洪秀全出生的住宅、在他科举落第后为生活糊口教小孩子读书的私塾、洪氏宗庙等建筑物，其中一部分成为太平天国纪念馆。其实，太平天国被镇压以后，反叛者首领的洪秀全的住宅等建筑物全部被清政府夷为平地。现在我们在花县所看到的，除宗庙外，几乎都是后来复原重建的。

客家人的生活似乎要比周围的其他人清苦，但洪秀全还是勉勉强强接受过教育，他们家在客家人中算是稍微富裕的家庭吧。

洪秀全具有高度的伦理观念和极其强烈的感受性①。道光十六年（1836 年），洪秀全二十四岁的时候，去广州参加第二次考试。在广州街头遇到一个英国传教士，拿到一本《劝世良言》的小册子。教会为了争取更多的中国人信教，用中文解说基督教教义的要点。当时洪秀全只是浏览一下，似乎并没有引起很大的兴趣。

第二年，他又参加乡试，还是名落孙山。这是第三次挑战的失败，他悲愤交集，大病一场，回到花县。不知道他得的是什么病，但四十天卧床不起，肯定是危及性命的重病。由于高烧出现幻觉症状，迷迷糊糊地在梦中遇见一个老人，送他一把宝剑，说妖魔惑世，命他斩妖驱怪，并赐予“天王大道君王全”七个字。

这就是所谓的洪秀全升天。后来他谈到这件事，不同书籍的记述略有差异。他梦醒以后，觉得梦中的情景与《劝世良言》所写的场面十分相似，于是从书架上取下这本书重新阅读。据说他从此坚信：梦中的老人正是耶和华神，梦中的中年人正是基督。

洪秀全本名洪仁坤，幼名火秀。做梦以后，他从耶和华赐予的七个字中取“全”字，改名洪秀全。“全”字分解开来，就是“人王”。洪秀全认为，耶和华是天父，基督是天兄。他开始迷恋基督教，但此时并没有想到利用救世的教义发动改朝换代的反叛。鸦片战争结束之后的道光二十三年（1843 年），批准《南京条约》的这一年，洪秀全第四次参加乡试，第四次落榜。从此以后，他与孔孟之道绝缘。

① 感受性：人的感觉系统对刺激物的感受能力。——译注

如果这一次洪秀全乡试通过，更高一级的考试也及第，成为官员，他会怎么样呢？他作为信仰基督教的官员，也许会资助基督教的传道者吧。第四次的落第改变了洪秀全的人生方针。

洪秀全与学友王纶子一起研究《劝世良言》，也把幼时的朋友冯云山拉进来。不过，他们研究的目的是利用基督教发动革命吗？

《劝世良言》是老罗伯特·马礼逊的弟子、中国第一个牧师梁发（又名梁阿发，1789—1855 年）撰写的。马礼逊将《圣经》译成中文，中国人梁发是他的弟子，但据说他的中文水平不如马礼逊。《劝世良言》中的好文章部分都是直接引用马礼逊翻译《圣经》的译文。梁发似乎还没有完全理解消化基督教教义，他所写的地狱、因果报应中有的部分与佛教思想几乎一模一样。由于文章的力度不够，多有晦涩难懂之处。洪秀全通过这样的书籍研究基督教，难免很多地方是自己的解释。

洪秀全按照自我理解的《劝世良言》开始进行基督教传道活动。他还没有看过《圣经》，可以说其行为十分大胆。他通过自己写的文章传道，例如《原道醒世训》《原道救世歌》《原道觉世训》《百正歌》《改邪归正》等。这些文章中，也有宣扬贫富天定的浓郁的命运论思想。《原道救世歌》中有这样的句子：

黄巢、李闯安在哉？

还有：

聚党横行天不佑。

黄巢、李闯（李自成）都是在腐败的时代起兵推翻腐败政权的人物。“安在哉”是对他们的否定性评价。人的命运是命中注定，企图聚党改革自己的命运，上苍也不会帮助。这无疑是对革命的否定。

洪秀全直到后来很晚才具有革命思想。他开始倾心于基督教的时候，大概只是想建立一支外国宗教的流派，组织、领导自己的教团吧。

道光二十七年（1847 年），洪秀全和他的堂弟洪仁玕一起拜访以中国名“罗孝全”广为人知的浸信会的美国人牧师罗拔士。目的是更深入研究基督教。大概从这个时候开始，洪秀全才认真研读《旧遗诏圣书》（《旧约圣书》）和《前遗诏圣书》（《新约圣书》）。他住在罗拔士那里好几个月，他想接受洗礼，但罗拔士没有同意。有人认为，洪秀全的欲望是在教会里获得神职，罗拔士看穿他的动机不纯，拒绝为他洗礼。

洪秀全将自己的教团命名为“拜上帝会”。意为奉拜上帝耶和华的结社。洪秀全和冯云山奔走于广东、广西，努力扩充会员。洪秀全回广西在罗拔士那里进修期间，冯云山发展会员已经两千多人。太平天国的领导层广西的杨秀清、萧朝贵、韦昌辉、石达开等都是这个时期入会的。会员的一半是银矿的矿工。在组织教团方面发挥卓越才能的杨秀清出身极其贫寒，不会读书写字，曾经当过烧炭工、搬运工。

拜上帝会的据点是广西省桂平县的紫荆山一带。洪秀全自我解释的基督教教义中，否定偶像这一点没有对原教义产生误解。他很早以前就把摆放在私塾里的孔子牌位撤去，这引发很大的问题。学生的家长之所以让孩子上私塾，就是要学习孔孟之道。然而，私塾的先生说这不过是一块木头，将如此重要的孔子牌位扔掉，这样的先生实在荒唐至极。家长不让自己的孩子前来上课，结果洪秀全这个私塾只好关门了事。

洪秀全喜欢捣毁偶像，他和冯云山在象州将州官供奉在甘王庙里的神像身上的衣裳撕破，砸烂泥塑，在墙上写诗痛批神像，第一句是“奉天讨伐此甘妖”。听说那个州官胆小怕事，装作不知道的样子。这种大胆无忌的行为提高了拜上帝会的名声，会员不断增加。

保守派自然看不下去，愤愤不平。桂平县生员王作新向官府控诉说拜上帝会阳为拜教，阴为谋反，为此冯云山还被抓起来。生员是初级考试及第，但没有当官，地方多有此类生员，用以监视村子的风气纪律。对于踩踏孔子牌位、捣毁神像等为非作歹的家伙，王作新绝对无法容忍。

为营救被捕的冯云山，洪秀全跑到广州。这件事发生在道光二十八年（1848年），《南京条约》已经签订，清政府在外国的逼迫下，解禁基督教。在广州的基督教教会看到两广总督的奏章以及带有道光帝御批的文件。如果发生反基督教活动，这不仅有违总督的命令，更是违背皇帝陛下的心意。

不能以信仰基督教为由随意抓人，而且牵涉外国人，清朝官员都害怕事情闹大。冯云山虽然被捕，当时拜上帝会的文书所写的宗旨只是敬天戒淫欲，所以很快就被释放。冯云山获释的时候，洪秀全还在广州为他奔走，但冯云山回到广西发现洪秀全还没回来，又特地前往广州接他。两人之间的深厚友谊令人感动。他们是拜上帝会的最高领导，如果不在，会对这个组织造成巨大的不安。

拜上帝会已经成为拥有数千会员的大集团，而且两个领导都不在，会员的情绪开始躁动不安，整个组织都有分崩离析的危险。

这个时候，杨秀清出来稳定人心，他自称天父耶和华附身，向人们传达命令。这种形式称为“天父下凡”。这一年的 4 月 6 日（阴历三月三日），杨秀清传达耶和华的命令。谁也不能违背天父的命令。从此以后，天父肯定都是通过杨秀清下凡宣布命令，所以杨秀清实际上比教团第一把手洪秀全更握有实权。

洪秀全回到广东花县，加上父亲去世，所以待在老家的时间很长，直至第二年的 6 月左右才与冯云山一起回到广西桂平县的拜上帝会基地。这两个领导人有一年半时间不在基地。这期间，继杨秀清之后，1848 年 10 月 5 日（阴历九月九日重阳节），发生救世主基督附身萧朝贵教导会众之事。此事称为“天兄下凡”。后来这一天定为“哥降节”。

杨秀清传达耶和华的指示，萧朝贵传达基督的指示，洪秀全和冯云山这两个领导人回到基地，似乎已经无法完全掌握教团。就这样，拜上帝会成为主要体现杨秀清意志的集团。

从这个时候开始，拜上帝会的革命色彩逐渐浓厚起来，原本只是捣毁神像、扔掉牌位的信仰行为朝着造反的方向倾斜。

洪秀全和冯云山回广西那一年，广西粮食歉收，发生大饥荒，饥饿的贫民组成集团开展“抢米”活动。被抢对象的富人豪族自然加强私兵的力量。穷人为了活命，最简单有效的方法就是袭击富人。在政府看来，各地穷人为吃饭而掀起的暴力“抢米”行为无疑就是反叛。

这是反叛的季节，当过搬运工、烧炭工的杨秀清实际上掌握领导权的拜上帝会也开始走向反叛。虽然洪秀全对黄巢、李自成等历史上的著名反叛者没有什么好感，但为了实现基督教理想的社会，仅仅依靠祈祷是做不到的，必须下决心走上反叛之路。

各地动荡不安，天地会系统到处发动反叛，艇匪在江河湖海上飞扬跋扈。

太平天国的旗帜

道光三十年十二月十日，拜上帝会自称“太平天国”举兵起义。从公历来说，已经过了年是1851年1月11日。当然不是这一天突然举兵，而是经过长时间的酝酿准备。

生活困苦以后，为争夺生活基础的武斗就时有发生。道光三十年，广西省发生大规模的“械斗”。械就是武器，集团对集团使用武器的打斗，有的是村对村，有的是姓氏之间——例如李姓对张姓的武斗。械斗多在中国南方，最频繁的是台湾。

为什么南方多呢？因为当时华南还有正在开垦的土地。北方地区的土地所有权都已经固定，而南方的习惯是耕者占有土地，土地所有权则有极大的流动性。例如八年前A耕种一块土地，感觉比较贫瘠，就放弃了。八年后B在同一块土地上耕种，收成不错。于是A对B说那是我的土地。A有A的家族，B有B的团伙，双方就“械斗”起来。

道光三十年广西发生的是本地人与客家人之间的械斗。前面说过，前一年大饥荒，发生“抢米”运动。在这种歉收的年头，都是最大限度地利用可耕地，精耕细作，争取好收成。勤劳的客家人辛辛苦苦地耕种当地人原先扔弃的土地，可是当地人说“这是我们的土地”，逼迫客家人归还。客家人当然不惜性命地守卫自己用血汗开垦出来的田地。于是发生械斗，客家人寡不敌众，终于不得不离开这片土地。据说当时离开的客家人男女老少总共三千人。他们向何处去呢？

——听说桂平的紫荆山里有拜上帝会，那是我们客家人成立的。到那里去，总会有办法活下去的。

失去土地、身无分文的客家人奔向紫荆山，投靠传说中的拜上帝会。

他们并非基督教信徒，只是去投靠同样是被压迫阶层的客家人。洪秀全对他们灌输拜上帝会的精神。他们都是在农村生活的思想淳朴的农民，比较容易接受信仰。

听说桂平山中有人多势众的反叛集团，天地会便主动前来联系接触。但是他们之间存在一些问题。

天地会中的许多人具有强烈的民族主义思想，他们的口号是“反清复明”。拜上帝会的思想认为现在的执政者是“妖”。这个认识也具有民族意识。洪秀全在说教时也说我中国人“自秦汉至今一二千年，几多凡人灵魂被这阎罗妖缠捉魔害”。反对上帝思想的人，即使是汉族政权，也是妖怪。但是从上下的文脉来看，这里的“妖”指的是非汉族的满族。拜上帝会也要推翻清王朝，在“反清”这一点上，与天地会心情共通。天地会在“反清”后面加上“复明”，明是两百多年前已经灭亡的王朝。天地会的这个口号大概可以理解为不是恢复明王朝，而是希望建立以汉人为皇帝的统治全中国的政权。

拜上帝会的想法有点不一样。它重视信仰胜过汉族政权，目标是要建立一个以信仰基督教作为政治纲领的政权。在他们看来，“复明”毫无意义。

虽然终极目标不同，但“反清”这一点是共同的，所以拜上帝会对与天地会的合作并不反感。当然，这也因人而异。杨秀清具有战略家的眼光，他认为必须兵强马壮才能举兵起事，否则立即被镇压下去。既然双方有共同点，就应该广泛开展合作，以壮大反叛的力量。仅仅依靠拜上帝会的现有力量举兵，会被官军轻而易举地消灭。

洪秀全的想法有所不同。他认为反叛集团如果缺少信仰这根精神支柱，就会腐败，拜上帝会就会受到腐蚀。在他看来，即使与其他集团联合夺取天下，如果精神信仰出现腐败，就失去反叛的目的。他赞成接受天地会，但要对他们进行彻底的宗教教育，发展为信徒，至少也应该充分理解宗教信仰。

总而言之，人才齐聚，以贫穷的客家人为主体，也有一些当地的豪族。太平天国的重要领导、后来当上北王的韦昌辉就是桂平县的大地主，还经营典当铺，可以说是富甲一方的豪族。石达开也是桂平县的邻县贵县屈指可数的大地主之一。他们参加拜上帝会的反叛各有各的原因。

发生饥馑那一年，韦昌辉打开自己家的粮库，救济灾民。当地人都盛赞他的豪爽侠义，他还组织一支名叫“保良攻匪会”的私兵。拜上帝会大概想收编韦昌辉的私兵，就邀请他入会。韦昌辉虽然也入会，但感觉情感上更接近天地会。他的入会，固然因为受到拜上帝会的热情邀请，但据说也有经常受到当地官员以及竞争对手的豪族刁难的原因。

石达开的家族也拥有私兵，但他二十出头就加入拜上帝会，大概还是因为理想主义者的原因吧。他向往中国古代的圣人政治，入会与其说是信仰，不如说是为实现自己的理想的一种手段。石达开也是客家人，他的母亲是少数民族侗族，可以想象这是他参加反叛的动机之一。怀着各种不同想法的人们聚集在一起，举兵造反。

虽说广西桂平县金田村是僻远的小村子，但毕竟数千人准备反叛，动静还是很大，官府不会不察觉。既然要造反，就必须制造武器，还要隐藏起来。制造武器，铁匠就要加班加点，敲打锻造的声音很难隐蔽。韦昌辉的大宅第有一部分变成武器制造厂，据说养很多鹅，用鹅的叫声掩盖制造武器的响声。

各地拜上帝会的会员在举兵的半年之前就逐渐集中在金田村周边。即将举兵的时候，数千官军反水投奔拜上帝会，他们都是客家的部队。各路人马集结大约一万人，定于洪秀全生日这一天行动。

参加举兵的所有人都把全部财产交到圣库，每个人再从圣库分到均等的生活费。由于很多都是全家人参加，如果家属留在后方，害怕会遭到清军的报复，所以“太平大国”成立妇女部队，称为“女营”，与男性部队隔离开来。即使是夫妇，也不能同居。如果男子接近女营，或者与女性相会，即使他们是夫妻、兄妹关系，其罪论死。这样严格苛刻的军纪是根据摩西的十诫制定的，甚至令人感觉窒息。

天地会的气氛具有侠义肝胆，如同水浒人物那样的磊落豪放，还带有浪漫主义情怀。天地会看重侠义的秩序，而不重视纪律，这潜藏着容易四分五裂的危险。与这样的天地会共同行动，无论洪秀全对太平天国的纪律怎么严格，恐怕都不会过头。洪秀全决心不仅不能沾染天地会的习气，还要把拜上帝会的清教徒主义传播给天地会。

清政府接到广西骚乱的报告后，再次任命林则徐为钦差大臣前往镇压。林则徐本来打算辞去云贵总督的职务，告老还乡，但时局使他未能如愿。林则徐带病从故乡福建前往广西途中，道光三十年十月十九日在广东潮州病殁。这在太平天国的金田村举兵（十二月十日）之前不久，此时的广西已经乱成一团。

由于林则徐在赴任途中病死，可以说清政府的广西反叛的对策在最初阶段遭受挫折。

清军对金田村举兵的以拜上帝会为中心的太平天国军的讨伐显得举棋不定，犹豫不决。太平军里还有天地会系统的集团和艇匪，只要讨伐军得到增援，战局对官军有利，他们中有的人就会倒戈。这不仅仅因为力量对比的失衡，更是身在太平军里，就要被迫向耶和华祈祷、执行摩西的十诫，他们感觉受到极大的约束。所有的战利品都要上交圣库，不能个人所有。在艇匪看来，这样子的话，豁出性命干还有什么意义？

虽然有逃兵，但太平军每次转移都有新兵参加，参加者多是下层的客家人。太平天国后期领袖李秀成等就是太平军经过藤县的时候参加进来的一名新兵。

太平军穿越拜上帝会的根据地紫荆山，于公历9月占领永安州城。永安就是现在的蒙山县，在桂平县与桂林的正中间。太平军驻扎永安大约半年。

林则徐病死之后，清朝廷任命曾担任两江总督的李星沅为钦差大臣，但此人来到广西武宣的时候也病死。两个都是高龄老人，路途跋涉艰苦，病死其实也很正常，但对清军来说，钦差大臣接连死去，实在是不吉利的征兆，对士气大有影响。迷信的人也许以为是“太平军作祟”，胆战心惊。李星沅的后任钦差大臣是赛尚阿。

永安失陷，赛尚阿受到朝廷的斥责，他向广西提督向荣求援，但向荣行军到离永安五十多公里的平乐府，就称病前往桂林。特地从北京派来的都统巴清德也同样称病离开战场。

太平军驻扎在永安期间，制定各种制度，授予官爵，基本形成一个政权的框架。太平天国内部的各种秩序也趋于完善，洪秀全正式称为太平天王。天王下面封五个领导人为王，他们是：

东王 杨秀清

西王 萧朝贵

南王 冯云山

北王 韦昌辉

翼王 石达开

从上面的顺序来看，与洪秀全一起创立拜上帝会的冯云山的地位比较低，令人感觉奇怪。按理说，他本应该是第二把手，却成为第四把手。这是因为杨秀清和萧朝贵分别握有“天父下凡”和“天兄下凡”的武器，可以行使权力的缘故。耶和华和基督的话是绝对权威，而他们的话正是由杨、萧二人分别传达。广西地方自古相信神谕，这两个人也许利用了群众的这个心理。

太平军驻扎永安的时候，发生周锡能的内应事件。他是离桂平大约一百五十公里的博白县人。拜上帝会里博白人会员相当多，但金田村举兵的时候，大概因为距离较远的缘故，博白的参加者不是很多。从金田村向永安进军途中，周锡能提出回博白把会员带过来，得到允许。然而，他只带来几个博白会员。其实他带来很多会员。当时失业者很多，集中会员并不难。因为他在回博白途中看到清军的大队人马正从四面八方包围永安，于是做出悲观的判断，断定太平天国的命运肯定是失败的下场，便与清军达成交易，将带来的会员大部分编入清军部队，自己只带几个人进入永安，装作从博白带人过来的样子。他已经与清军约定，当清军完成包围，发动攻击的时候，他们在城内呼应。

但是，清军内部也有太平军的密探。周锡能回永安以后，感觉内应的人手太少，劝诱拉拢其他人，举动引起别人的怀疑，加上密探的报告，周锡能与清军里应外合的阴谋暴露无遗。背叛革命必然受到严厉的惩罚。东王杨秀清在处理这起事件时利用了“天父下凡”。

周锡能反骨偏心，串同妖人回朝，内应谋反……立即发令擒拿，押候……分断。

这是耶和华的指示。以前杨秀清的“天父下凡”、萧朝贵的“天兄下凡”一般都是遵从天命扶主，同心协力之类激励斗志的话，这一次却是指名道姓的责难，而且命令处死。可以说，杨秀清掌握着太平天国的生死予夺大权。当然，周锡能事件有真凭实据，绝非冤假错案，但是对他的处刑，不是通过审判，而是利用耶和华神谕的形式，这意味着太平天国内部的权力结构流动逐渐发生很大的变化。

清军包围永安城，尽管士气低下，但还是想在这里显示官军的威力。首先是钦差大臣以及提督等大小官员都害怕一旦失败被朝廷治罪法办。太平军自然是极力防守，清军的进攻也气势汹汹。

1852年4月，太平军冒雨突围，虽然损失严重，但清军更是付出惨重的代价。包围永安城的清军由广西提督向荣和特地从广州搬来火炮的副都统乌兰泰指挥，他们手下还有几个总兵，率领大军猛烈攻打。然而，天津镇总兵长瑞、闵州镇总兵长寿、河北镇总兵董光甲、郧阳镇总兵邵鹤龄四个总兵战死。总兵是仅次于提督的将领，一下子丧失四个，惨败的鸦片战争也没有这样。

突围成功的太平军并不是逃离永安，而是“主动攻打”广西的省城桂林。现在广西的政治中心是南宁市，当时是桂林。在永安被围的太平军突围以后反过来包围桂林。在桂林城外的将军桥，清军副都统乌兰泰被太平军的大炮打死。朝廷痛感太平军与以前的农民暴动大不一样，非常棘手，命令湖南提督余万清和两广提督徐广缙率兵奔赴桂林，采取从南北两面救援桂林的态势。

太平军对桂林的攻打也出现焦躁情绪。他们把大炮架在象鼻山上，向城内开炮，但清军将射程以内的巡抚官署后撤，打算进行持久战。持久战对太平军不利，敌人则可以等待各地的援军。太平军长期待在一个地方，无法增加兵员，只有在移动的过程中才能从各村招募新兵，扩充队伍。

如果太平军解围退却，对方立即出兵追击，这样对自己不利。太平军只在炮台上留下少数兵员，时常开炮，造成部队还在原地的假象，实际上从水陆两路悄悄离开桂林，往东北方向前进，进入湖南。

太平军首先攻占桂林东北面大约一百三十公里的全州城。这不是事先的计划，本来打算如果没有遇到抵抗，只是从这里路过，不作停留。进入全州之前的兴安县城也没有遇到抵抗，所以只停留一天，就继续赶路。然而全州开炮攻打太平军，冯云山身负重伤，太平军为了复仇才攻陷全州，而且下令“屠城”——烧杀抢掠三天三夜，似乎是杨秀清下达的命令，这成为太平天国历史的一大污点。

杨秀清下达这个命令，除了为冯云山报仇外，也许还以此警告其他城市，胆敢阻挡太平军者，就是这个下场。从这一点来说，他又是一个战略家。

太平军缴获二百多艘船只，打算利用湘江顺流而下，从广西省进入湖南省。从广西的全州前往永州（零陵）途中，有一处名叫蓑衣渡。湖南人江忠源在这里伏击太平军。他率领义勇军曾与清军一起包围永安城，但为了增加兵员，他回到湖南，带着新招募的义勇军返回永安途中在这里遇到太平军，结果在蓑衣渡大破太平军。在全州身负重伤的南王冯云山在这里死去。

太平军忙着在全州“屠城”的时候，桂林方面得知包围的部队已经撤退，于是派兵追击太平军。但是，实际上他们故意行动缓慢，来到离全州二十公里的地方停下来，全州派人前来要求紧急救援，但他们还是按兵不动。清军不想打仗。只要太平军离开广西省，那就是湖南省管辖，与自己无关，所以没必要非要与太平军打一仗不可。可见清军的腐败到了无可救药的地步。太平军只是在蓑衣渡作战中遭到失败，打败它的不是清朝的正规军，而是江忠源个人募集的义勇军。蓑衣渡之战的事实证明，官军已经失去战斗力，而义勇军还能勇猛作战。

太平军进入湖南后，突然南下。本来应该夺取湖南省城长沙，然后北上。这个南下行动史称“湘南扩军”。由于在蓑衣渡战斗中损失严重，所以必须补充兵员，增强战斗力。湖南省南部是天地会势力强大的地方，他们期待在这里休整扩军。太平军在道州招募壮丁两万多，在郴州吸收更多的兵员。郴州有煤矿，一千多矿工加入太平军。太平军本来就有很多广西的银矿工，加上湖南的煤矿工，增强了工兵队的力量。太平军建立“土营师帅”也正是这个时期。工兵部队在攻城作战时挖战壕坑道成为太平军的看家本领。补充兵员、休整体力后，太平军在西王萧朝贵总司令的指挥下开始北上奔向长沙。

在湖南南部养兵的时候，太平军中有人主张回到广西建立地方政权，割据一方；还有人认为湖南土地比广西肥沃，不如直接留在湖南，看来这个时候的太平天国还没有树立明确的政权构想。

长沙之战打得极其惨烈。湖南巡抚骆秉章是非常出色的官员，英勇善战，指挥得当。其实当时他正受到弹劾，准备奉命前往北京受审，但太平军攻打长沙，他停止启程，坚守城池。这一场作战，清军丧失总兵福诚等高级将领，太平军的西王萧朝贵也身负重伤，不久死去。这个时候，天王洪秀全和东王杨秀清还在湘南的郴州，听到西王阵亡的消息，立即率军赶赴长沙。

10 月 13 日，太平军主力部队抵达长沙，双方展开报仇雪恨的殊死拼搏。清军顽强坚守，太平军久攻不下。不仅如此，在浏阳门外的战斗中，太平军战死约五百人，这是继蓑衣渡之后的第二次大败，而且浏阳门外的对手还是上一次那个江忠源率领的义勇军。

太平军打算运用最拿手的挖地道的方式爆破城墙和城门，但清军集中长沙城内的所有盲人，让他们探听地下的动静。盲人视觉障碍，但听觉敏感，将空水缸倒伏在地面上，可以听出来挖掘地道的声音的方向。判明地道方向以后，清军从地面挖下去，然后往里面灌水。

前面说过，持久战对太平军不利。11 月 30 日，太平军解除一个多月的包围，冒雨往西退去。12月3日，太平军占领益阳，缴获民船数千艘。太平军可以从水路前进，向岳州进发。

身在岳州的湖北提督博勒恭武听到太平军逼近的消息，弃城逃跑。12 月 13 日，太平军不费一兵一弹占领岳州。太平军占领岳州意义重大。首先，在这里获得民船五千艘。提督仓皇逃跑，事先没有把这批船只处理掉。为什么这么多船集中在这里呢？原来长沙打仗，从长江经由洞庭湖前往湘江的大量船只奉命全部在此停泊。太平军在这里得到大批的水军。岳州的战利品不仅仅是这五千艘船只。

前面说过，吴三桂引满族入关，被封为平西王，封疆云南，但晚年反清，发动所谓的三藩之乱。当时吴三桂的部队已经进入岳州，因他病死，叛乱被平息下来。这是太平军进入岳州之前一百七十年的事情。当时吴三桂军队的大炮、弹药等武器原封不动地留在岳州。按照现在我们的感觉，一百七十年前的武器应该无法使用，但正由于当时的武器不是很先进，老东西照样可以使用。

太平军趁热打铁，一举攻下武昌。武昌是清朝的湖广总督（林则徐被任命钦差大臣之前，就担任该职）的所在地。1853 年 1 月 12 日，武昌失陷。湖北巡抚、布政司、按察使、提督、总兵等全部战死，而太平军的领导人无一伤亡，获得压倒性的大胜利。

太平军在湖南、湖北两地的扩军不计其数，大概领导层也无法知道其准确的数字。不仅湘南扩军，一路北上，各地都踊跃参军，当然其中不排除抱有“看这势头会成为下一个朝代的君主”这样想法的投机分子。

湘南扩军中，主要是吸收天地会系统的人们，这样太平军的基督教要素就变得薄弱，有必要突出民族主义理念，否则，就无法与具有生理性排外意识的人团结在一起。太平军进入湖南以后，颁布几篇极具民族意识的檄文，具有代表性的是《奉天讨胡檄》，就是奉天命讨伐胡（满族）。

嗟尔有众，明听予言！予惟天下者，上帝之天下，非胡虏之天下也；衣食者，上帝之衣食，非胡虏之衣食也；子女民人者，上帝之子女民人，非胡虏之子女民人也。

以上是开头部分，文章语调逐渐严厉激越：

夫中国有中国之形象，今满洲悉令削发，拖一长尾于后，是使中国之人变为禽犬也。中国有中国之衣冠，今满洲另置顶戴，胡衣猴冠，坏先代之服冕，是使中国之人忘其根本也。中国有中国之人伦，前伪妖康熙，暗令鞑子一人管十家，淫乱中国之女子，是欲中国之人尽为胡种也。中国有中国之配偶，今满洲妖魔，悉收中国之美姬，为奴为妾，三千粉黛，皆为羯狗所污；百万红颜，竟与骚狐同寝，言之恸心，谈之污舌。

即使作为煽动性的文章，也相当露骨，读之令人热血沸腾。

不仅文章如此，太平军的演说也令人热潮澎湃，情绪激动。武昌名叫阅马台的一个地方是他们的演说场所，市民被迫去听讲。在太平天国的历史中，与全州屠城并列为两大污点的就是“选妃”。他们把武昌所有的年轻女子集中起来，挑选美女作为领导的妻妾。有的女人害怕被选中，故意把自己的脸弄脏，在选妃的时候被太平军逼迫把脸洗干净。

太平军有妇女部队（称为女营或女馆），在武昌城外的战斗中，妇女部队奋力作战，九人阵亡。现在武昌的东湖公园里立有纪念这九个女烈士的纪念碑——九女墩。

攻取武昌后，太平军顺长江而下，攻打南京。2月9日出发，一万多艘船只在长江上遮天蔽日，帆樯如林，浩浩荡荡。另有陆地部队，水路两路士兵合计号称五十万。一路上照样年轻人踊跃参军，逼近南京时号称达到一百万。

3月19日，太平军优秀的工兵部队用地雷炸开南京的仪凤门，部队蜂拥入城，城内也有人里应外合，很快就扫荡整个南京城。根据“不留官兵，勿伤百姓”的方针，满族驻防的旗兵全部被杀，据说多达两万乃至三万。

3月29日，洪秀全进入南京城，改两江总督府为天王府，南京（江宁）改称“天京”。

太平天国定都南京，翻开了新的历史一页。

军阀诞生

关于太平天国定都南京，后世的史学家多持批评意见。有观点认为：如果以当时摧枯拉朽、所向披靡之势继续北伐，也许就能攻占北京，推翻清王朝。

其实在占领南京的时候，太平天国内部也分为北伐攻取北京和割据南京两种不同意见，最后，占据南京，先控制半壁江山，养精蓄锐后再考虑北伐的意见被采纳。两派意见相持不下的时候，水军司令唐正财等认为如果北伐，可利用的河流很少，河南又是土地贫瘠的地方，无法保证军粮的供应。据说杨秀清赞成他的意见。

太平天国的革命最终失败，他们的文件资料大部分都被清政府销毁湮灭，所以尽管是19世纪后半期的事情，很多具体情况不明真相。

唐正财原先在湖南驾船做木材买卖，太平军放弃攻打长沙转而陷落益阳，缴获大量民用船只的时候，他才参加太平军，成立水军。虽然是资历不深的领导，但毕竟是太平天国水师的创建者，具有相当大的发言权。也许因为商人出身的缘故，他考虑问题十分现实。

金田村举兵的时候，兵员的地域结构基本是广西人，另有部分是广东人。虽说是广西人，多半是从广东移居过来的客家人，统称为“粤人”。官府称他们为“粤匪”。他们反对满族的头顶剃光留长辫的风俗，一般都是整个留长发，由于剪掉长辫，所以又被称为“长毛”“长发”，后来叫作“发贼”“发匪”。就是说，举兵时候的兵员都是南方人。湘南扩军时的新兵也没经受过严寒的冬天。占领武昌以后，队伍从五十万猛增到一百万，也都是江南人。可以说太平天国是南方人的政权，而且绝大部分是在水乡长大的。的确正如唐正财所说的那样，南方人不适合北方的水土气候，所以北伐会遇到很大的问题。

以长沙战役为例，长沙告急的时候，清政府从陕西调动军队南下救援。这是一支北方人的部队，他们喜欢面食，主食是馒头，可是来到湖南以后，这里是稻谷产区，大米有的是，他们却吃不习惯。陕西兵来到粮仓地区，却饿得面黄肌瘦，浑身无力。说起来似乎令人不敢相信，但史料明确记载。与现在不同，当时的人们一般孤立地生活在封闭性的地域社会，所以个人的饮食生活的范围极其狭窄。

太平军北伐时候肯定也会发生水土不服的情况。广西到南京这一路是中国富裕的地方，但如果过长江往北，正如唐正财所言，是一片贫瘠的土地。太平军的闪电战都是依靠水战获胜，尤其是最后从武昌向南京的迅猛攻击，虽然是水陆并进，但主力还是水路，帆樯如林，万船竞发，遮天蔽日。北伐就没有这样的江河。黄河与长江无法相比，难以行船，与其说是通途，不如说是天堑。一旦进入河北平原，南方人就很难适应，气候干燥，土地辽阔，冬季则寒气袭人，难以忍受。太平天国虽然号称百万大军，大部分是占领岳州、武昌以后急速扩充膨胀起来的，没有经过严格的训练，对太平天国的理念还不甚理解，所以在军纪作风方面问题不小。

如此想来，占领南京之后继续北伐是极其危险的。

然而，太平军占领南京以后，意气风发，情绪高昂，很多人主张一鼓作气，乘势北上，即使有一些困难，也能克服。一过长江，清军防守薄弱；再过黄河，北京的朝廷不攻自破，分崩离析。这样的论点虽然过于极端，但发生雪崩现象也不是没有可能。

太平军后来断然北伐，然而以惨败告终。事实证明，北上的政策是错误的。但是，因为缺少乘胜追击这个重要的因素，也不能断定这个证明就是正确的。

总之，当时是决定南京作为根据地驻守下来。太平天国留在永安州城的时候，完善各项制度，但毕竟是一个“移动的政权”。占领岳州、武昌后，并没有留下部队守卫，而是全军转移，所以很快被清军收复。

这个移动政权决定扎根南京。政权的第一把手是洪秀全，但手握“天父下凡”武器的杨秀清几乎掌握所有的实权。洪秀全在政权内部十分孤立。

蓑衣渡失去冯云山，这是洪秀全巨大的不幸。而且祸不单行，西王萧朝贵又战死长沙。萧朝贵丧妻后，娶洪秀全的妹妹洪宣娇为妻，他既是洪秀全的妹夫，又具有“天兄下凡”的强势。虽然天兄耶稣基督比不上天父耶和华，但能接受神谕的人具有相当的力量。萧朝贵健在的话，或许能够在一定程度上为妻兄天王洪秀全牵制东王杨秀清的专横跋扈。地主出身的北王韦昌辉是一个机会主义者，见风使舵，看到杨秀清拥有绝对的权力，就投靠他那边。

洪秀全将两江总督府改为天王府，但东王和北王都有各自的办公处所和宅邸，称为东王府和北王府，这样洪秀全就失去召集领导议事的统率权。各王府之间也有人员和文件来往，但与举兵的时候相比，感觉团结涣散。

各人的性格也不尽相同，洪秀全属于思考型性格，喜欢把自己封闭在天王府里研究基督教和著书立说。杨秀清属于行动型，政治和军事两方面的大权都紧抓不放。

清政府对南京失陷大惊失色，深知这太平天国不是一般的暴动。让北京朝廷震惊的不仅仅是太平天国的强悍，还有官军的虚弱完全超出想象。

官军的骨干力量八旗由于特权和世袭变得衰弱不堪。所有的满人的户籍都在旗营里，原则上都是军人，所以禁止参加文官通往仕途的途径——科举。军人民族的八旗军队却如此弱不禁风，据说骑兵不会骑马比比皆是。

除八旗军队外，还有汉族部队，称为“绿营”。清军入关后，模仿明朝的军户制，从编入军户的家庭中征兵，后来逐渐演变成实质上的招兵制度。士兵的社会地位低下，甚至有人编造顺口溜说“好铁不打钉，好男不当兵”。不论怎么穷愁潦倒，也不能去当兵，人们认为人渣才去当兵。实际情况也是如此，绿营的士兵大半都是半死不活的废人吸毒者。

八旗和绿营都是正规军，其不堪一击的虚弱在鸦片战争的时候就已经暴露无遗。前面说过，太平军解围桂林撤退以后，桂林的官军磨磨蹭蹭地追击。一旦赶上就要打仗，所以故意减慢速度。全州遭受太平军攻打时，清军援兵在离全州二十公里的地方止步不前，见死不救。

太平军占领南京之前，在蓑衣渡和长沙浏阳门外遭受失败。这两次失败的对手都是江忠源率领的称为楚勇的义勇军，而不是正规军。

江忠源是湖南新宁的举人。省级的乡试及第的是举人，有资格参加三年一次的北京会试。他受钦差大臣赛尚阿的委托，在当地招募义勇军，取湖南古名“楚”，命名为“楚勇”。正规军或是惨败，或是逃避，只有非正规军的楚勇还能打几场胜仗，这应该令朝廷深思。

鸦片战争时候曾努力扶持过“团练”，现在朝廷打算再次加强团练的力量。团练用来防止贫民暴动（鸦片战争时主要针对英军）很有效果，但也容易成为地方权势者的私兵、打手，甚至变成反政府武装。可以说，团练是一把双刃剑。所以清政府对扶植团练显得三心二意。但是，正规军如此窝囊，一无所用，当前除了加强团练的力量外，别无他策。

清政府认为：不过是举人的江忠源都能够组织起强有力的楚勇队伍，职务更高的官员如果认真组织，应该会建立起更强有力的军队。太平军在湖南作战的时候，朝廷给湖南巡抚送去一道指示，命令他与正在故乡的曾国藩一起办理湖南团练。

曾国藩是湖南省湘乡人，生于嘉庆十六年（1811 年），道光十八年（1838 年）进士及第，时满二十七岁。他出生那一年，林则徐二十六岁进士及第。曾国藩进士及第那一年，林则徐的长子林汝舟二十三岁也及第进士。林汝舟是二甲六名，成绩排在第九名，所以比曾国藩的分数高得多。但曾国藩也进入翰林院，也属于高分及第。同样是进士，成绩优秀的留在北京，在翰林院研修，其他的到地方从知县（从七品官）开始做起。曾国藩进入翰林院，自然是精英路线，道光二十九年（1849 年），他升任礼部侍郎。

道光三十年（1850 年）一月，在鸦片战争中受尽磨难的道光帝死去，由曾国藩负责操办大葬仪式。林则徐也在这一年死去，年末，太平天国在金田村举兵。

咸丰二年（1852 年）六月，曾国藩丧母。清朝官员遇到父母死亡，称丁忧，原则上二十七个月离职回乡服丧。按照这个规矩，曾国藩回到湖南的湘乡。来到武昌的时候，湖北巡抚常大淳对他说“发匪”围困长沙，劝他避开水路迂回回乡比较安全。这个常大淳后来在太平军占领武昌的作战中殉职。

曾国藩听从常大淳的建议，迂回回乡。上述命令于阴历十二月中旬送达湖南，此时曾国藩回乡已有三个月左右。朝廷命令服丧中的官员执行任务称为“夺情”。夺取哀悼父母之死的儿子之“情”，可想而知必定是万分紧急的任务。虽然太平军放弃攻打长沙，但很快占领武昌，这的确是清帝国的紧要关头。

曾国藩不是很情愿，和朋友以及弟弟曾国荃商量以后，还是奉命前往长沙，会见巡抚张亮基，协商加强团练之事。此时，张亮基的幕僚里有一个名叫左宗棠的举人，此人后来成为中国近代史的主角之一。

说是加强团练，其实就是组建一支能打仗的军队。现有的正规军根本毫无用处，因此要创建一支新型的军队。如果按照以往的招募方式，招募来的肯定还是那些吸毒者。部队里只要有少数品行不端的坏分子，就会像细菌一样把腐败蔓延到全军。所以，招募新兵必须进行严格的挑选，设定的标准是“朴实而有农夫土气为上”。就是土里土气纯朴老实的年轻人，换言之，就是朴实的乡下人。当然要身强力壮。而“油头滑面，有市井气者，有衙门气者概不收用”。

曾国藩批评正规军的缺点之一就是官兵之间缺少人情的交流。为克服这个缺点，他把弟子放在自己这个总司令下面担任各级领导。曾国藩既是高官，也是宋学桐城派的卓越学者，门生众多。担任礼部侍郎以后，门庭若市。他是乡党中最有出息的人，家乡的曾氏宅邸在这三个月里也是让晚辈们（朋友的弟子等）踏破了门。心情高兴的时候，他也会对年轻人讲解经书，不少人慕名而来。曾国藩让他们担任自己组建部队的军官。

这些军官自然也把自己的亲信安插在身边，他们有的是做学问的门生，有的是在家里干农活、做家务的帮工。总之，上上下下都彼此熟悉了解，情感的交流也很融洽。曾国藩认为这种牢固的关系才是军队强大的关键。他的想法应该说是正确的。

就这样，曾国藩创建了一支新型军队，与旧正规军大不一样。他取湖南的别名“湘”，把这支义勇军叫作“湘军”或者“湘勇”。这支军队不是以部门机制，而是以人际关系进行管理。

说得极端一点，湘军就是“曾国藩的军队”。五年后的咸丰七年（1857年），曾国藩的父亲死去，他又要回乡服丧，但这时正在和太平天国打仗，朝廷只给他三个月的服丧期。曾国藩不在部队期间，朝廷派人代理指挥，但湘军不服从命令，战斗力顿时减半。

上行下效，曾国藩如此，下面的军官也一样。小队长或战死或因事不在的时候，这个小队就停滞不动，新来的小队长如果与部下的关系不密切，这个队伍的战斗力就迅速下降。

后来李鸿章按照湘军的模式组建自己的军队。李鸿章可以说是曾国藩的追随者。李鸿章是安徽省合肥人，那里流淌着一条名叫“淮水”的河流。于是将自己的军队叫作“淮军”或“淮勇”。

与人心涣散的正规军相比，新军的确发挥强大的力量，最后镇压太平天国的主要还是湘军和淮军的力量。但是，这两支新军分别是曾国藩和李鸿章的军队，不是为清王朝卖命苦战的军队。他们是为自己的老师，或者老师的老师而战的军队，应该说是军阀。

李鸿章后来兼任北洋大臣，从那个时候开始出现“北洋军阀”这个叫法。但是，军阀之父应该说是曾国藩。

清王朝的主要敌人自然是太平天国，但连吃败仗，束手无策，面子丢尽，权威失落，所以各地频频发生小规模的造反暴动以及匪贼的烧杀抢掠。

曾国藩考虑，要镇压太平天国，首先必须稳定太平天国尚未占领地方的局势。为此他采取极其强硬的方法。他的故乡湖南省以前就多有天地会等秘密结社，江河湖泊纵横交错，从事水夫、搬运工等这样移动性职业的人很多，所以秘密结社也就遍布各地。曾国藩决心对这样的反体制集团严惩不贷，为此设立一个名叫“审案局”的机构。

汉语的“案”就是“事件”的意思。审案局是审理案件的机构，其实就是拷打审讯的场所。据说一旦进入审案局的大门，就没有活着出来的。严刑拷打惨绝人寰，就是为了让被捕者供出同伙的姓名、住所以及活动的计划等。因为秘密结社，尤其是天地会的会员守口如瓶，绝不轻易招供，所以使用这样的恐怖手段。审案局的密探密如牛毛，不遗余力地盯梢抓捕反体制分子。

不到半年的时间，死在审案局监狱里的就有三千多人，据说被处死的人接近狱死者的五倍，其中大概不少是与秘密结社毫无关系的无辜者。

按照清朝的制度，一般性的案件在府县审判，重罪由省审判。对于死刑罪，由省判决后，报北京裁定后方可执行。曾国藩认为时局异常，需要超法规的机构，所以设立这个审案局。这个审案局无须等待北京的裁定即可杀人。审案局实际上等同于杀人局。

由于太平军在湖南扩军，湖南天地会的主要成员大都参加太平天国前往南京。湖南只留下诸如串子会这样的小党派，他们不遵守太平天国的纪律，具有强烈的土匪倾向，所以多有令人发指的掠夺暴行。曾国藩决不允许这些家伙为非作歹，为了全力以赴与太平天国决一雌雄，必须先铲除后顾之忧。

天地会参加太平军以后发生什么变化呢？以西方基督教为革命原动力的太平天国与具有鲜明时代特色的民族主义倾向的天地会之间还是无法做到同心同德，当然也有罗大纲这样彻底忠实于太平天国的原天地会领导，但是他们无法接受对基督教的信仰。

仅仅“灭满”这个共同点还无法形成牢固的团结，从举兵初期开始，天地会就不断有人因为讨厌纪律的束缚或离去或投敌。

攻取南京之前的作战中，天地会系统付出了巨大的牺牲，但这并非太平天国故意安排天地会成员参加最激烈残酷的战斗，而是因为拜上帝会的军队纪律严明，服从指挥，团结合作，所以损失较小，而游侠习气浓厚的天地会在战斗的时候也是纪律松弛，一哄而起，犹如江湖豪杰的搏斗，损失自然惨重。

换言之，天地会缺少优秀的指挥员，其领导都是小党派的头目，没有统领大部队的能力，而且侠客式的作战都是头目身先士卒打头阵，往往最先战死。

清军在永安抓俘一个名叫洪大全的天地会小头目，本名焦大或焦亮，并没有自称的那么重要角色。起先清军以为他是洪秀全，欣喜若狂。此人身上似乎集中了天地会所有的缺点，自称大头目，是为了卖个好价钱，还说自己有剿灭太平军的锦囊妙计。清政府也不是那么好糊弄的，最后将此人处死。

清军抓俘这个洪大全的时候，奇怪的是他被铁链锁在一个地方。看来他在太平军内部违反纪律受到处罚。投奔太平军的人其实有不少投机分子。

并不是天地会的所有成员都参加太平军，或许天地会也在制订庞大的造反计划。咸丰元年（1851 年）六月左右，广州街头张贴出“捉拿两广总督徐广缙者悬赏一万两”的布告，悬赏人是“奉天吊民伐罚明室世袭亲王朱”，日期是天德二年六月二十五日。此时太平军已经举兵，太平天国从来没有使用过天德这个元号，后来在清军占领的武昌城内发现日期署为天德三年的奇怪文件。那个洪大全自称天德王，毫无疑义是胡说八道。

这份奇怪的文件是恶作剧，还是泄愤，还是个人的反清行为，还是存在某个组织进行的宣传活动，现在不得而知。但是从当时华南地区的气氛来看，由于有很多秘密结社，很有可能是某个组织所为。太平军举兵很早，也有可能是反体制政权的组织构想没有完整形成就胎死腹中。从秘密结社的性质来说，需要一个可以形成大同团结的、统率力出类拔萃的领导人，但这样的领导人难以出现。福建的黄威、广东的陈开、新开放的港口上海的刘丽川等都是相当著名的领导人，但没有形成太平天国那样的规模。这些小造反集团大概缺乏理念和纪律。在太平天国的影响下，出现在北方地区的捻党势力大增引人注目。

如果说曾国藩创建的湘军是一支新型军队，那么太平天国的军队也是新型军队，因为它是一个依靠信仰走到一起的具有理想的集团。清政府方面的史料记载说“贼至争迎之，官军至则皆避闭门”。可见人民多么害怕官军，这是因为官军杀人放火、掠夺暴行、无恶不作的缘故。太平军只是对本地的权势者、充当政府走狗的所谓“土豪劣绅”加以制裁，没收其财产，分发给贫民，而且当众烧毁贫民对土豪劣绅的租地、借钱的字据。太平军纪律严明，除全州外，没有在其他地方施行暴虐行为，平民百姓不害怕太平军。这样的军队在当时令人感觉惊讶。但是，由于太平军站在基督教的立场上，破坏寺庙的神像、佛像、牌位等，这样的行为肯定让保守派深感不快。拥有女馆（或称女营）妇女部队可以说是太平军的一大特点。男人之间互相称兄道弟，妇女之间以姐妹相称，体现出浓厚的平等观念。

这么一说，似乎太平军是一支理想的军队，其实太平军内的军阀化现象也日益严重。东王、北王、翼王等都各有自己的部队，形成自己的体系。本体系外的指挥员指挥不动这支部队。太平军与它的对手湘军有很多相似之处。

曾国藩非常重视练兵。北京朝廷再三催促，他也会以训练不足为由推迟出兵。曾国藩明白自己所要攻打的是以面对长江的南京为首都的太平天国，所以非常重视水军。他拒绝催促出兵的理由之一是兵船尚未备齐，其实他在夜以继日地赶造兵船。

等到准备充分，湘军出兵的时候，曾国藩发表一篇著名的《讨粤匪檄》。这篇檄文的特点是慎重回避本应该大书特书的“勤皇”。皇帝是满族，汉人听到“勤皇”这个词未必精神振奋。他在檄文中重点批判太平军破坏中国传统、强迫信仰基督教、束缚人民自由。

逆贼洪秀全、杨秀清称乱以来，于今五年矣。荼毒生灵数百余万，蹂躏州县五千余里。所过之境，船只无论大小，人民无论贫富，一概抢掠罄尽，寸草不留。

这是讨贼檄文的套话，但是逆贼的首领不只是洪秀全，还有杨秀清，这说明曾国藩的情报部门对太平天国的内情了解得相当准确。

农不能自耕以纳赋，而谓田皆天王之田；商不能自买以取息，而谓货皆天王之货；士不能诵孔子之经，而别有所谓耶稣之说、《新约》之书。举中国数千年礼仪人伦，《诗》、《书》典则，一旦扫地荡荆。此岂独我大清之变，乃开辟以来名教之奇变，我孔子、孟子之所痛哭于九原。

太平天国起义不只是对清这个王朝的“变”，即使是汉、唐、宋、明这样的汉族政权，对名教之奇变也要受到镇压；太平天国的檄文则没有涉及基督教，着重批判胡（满族）对汉族的统治、侮辱，二者形成鲜明的对照。曾国藩的檄文还说粤匪（广西、广东）“安富尊荣”，而强迫两湖三江的人们参加太平军，受到“犬豕牛马之不若”的痛苦。这显然是利用乡党意识煽动敌意。

太平天国对传统文化的破坏的确过头，虽然后来有所改正，另外，对人民的强制性行为也很多。太平天国满腔热情地创立前所未有的新型的理想社会，所以必须采取强制性的行为。太平天国宣扬男女平等，但是在南京驱赶妇女参加体力劳动，弄得怨声载道。它对这个新政权没有做好足够的准备，没有对人们进行必要的教育就予以“指导”，必然招致人民的反对。

太平天国占领南京后很快就颁布“天朝田亩制度”的文件。这是根据“凡天下田，天下人同耕”的思想建立的制度。按照收成多寡将田地分为九等。这个规定十分完整详细，但究竟在多大程度上付诸实施，不得而知。从现存的资料来看，这个朴素平等的平均主义制度似乎几乎未能实行。太平天国从建都南京到灭亡，一天到晚忙着和清军殊死作战，根本不可能安下心来落实这个划时代的土地均分政策。

平均思想，从社会主义的观点来看是反动的、空想的，但是从资产阶级民主主义的观点来看又是革命的。

这是列宁的名言，但太平天国的土地思想还过于朴素，谈不上社会主义的要素。

“天朝田亩制度”与其说是政策的布告，不如认为是太平天国阐述建国理念的文件。

曾国藩在檄文中列举太平天国的“暴虐”行为之一是废除妇女裹足，如“不肯解脚者，则立斩其足以示众妇”。是否如此，真伪不明，但妇女裹足不是传统，只是恶习，所以予以废除是正确的主张。这与妇女解放密切相关，但保守派认为男女平等违背礼教。

太平天国在土地问题上未能如愿实行，在妇女问题上也有言行矛盾之处。武昌的“选妃”得丽姝六十人，这种行为与太平天国所倡导的男女平等完全背道而驰。太平天国的领导对自己的一夫多妻搬来“奉上帝之命”这样的借口。

光荣与挫折

太平军对桂林、长沙这样清军顽强坚守的城市解围撤退，对岳州、武昌、九江等一度占领的土地也全部放弃，全军进入南京。太平天国只守住南京这个“点”，没有其他“面”的支持，所以这是一个“缺陷政权”。太平天国为获得“面”不得不继续作战。

按照杨秀清的意见，太平天国定都南京以后，可以暂时告一个段落。放弃南京、北上直取北京的意见未被采纳，在攻取北京还是割据南京的两种声音中，决定暂时留在南京。但是，敌人（太平天国称之为妖贼）的根据地是北京，所以北伐终归是必需的。

一鼓作气的北伐论未被采纳，但对定都南京后的北伐方针也有两种不同意见。

一种意见是主力北上，天王或东王亲征，将大本营设置在开封，大规模渡河，直奔河北。这是天地会的罗大纲的主张。

另一种意见是派遣部分太平军直扑北京。这无疑是在南京休整之后的一气呵成的作战方针。东王杨秀清支持这个意见，所以被采纳。这支部队尽量选择捷径，不把时间消耗在沿途的攻城略地上，“疾趋”北京。

于是组成李开芳、林凤祥、吉文元三人为司令的北伐军。然而，这次北伐遭到惨败，是造成太平天国短命的一个原因。这可以说是杨秀清的策略失误。

太平军之所以能够一举攻下南京，大概得益于清政府的麻痹大意。朝廷知道广西发生暴动，但未曾料到竟然会攻陷南京。其实太平军也没有这个预见，在进军途中，还有人提出回广西割据，也有人建议在湖南建立地方政权。清朝的地方官出于自己升迁的考虑，往往瞒报或者轻报地方叛乱的情况，所以当北京朝廷听到太平军从武昌进攻南京的消息时，一定如闻晴天霹雳。

武昌和南京的高官全部被杀，清政府这才意识到事态的严重。太平军攻占南京以后，清政府调动东北的部队前来北京防守，盛京军八千、察哈尔军四千、吉林军两千、黑龙江军两千，共计一万六千的士兵布防在北京周边，同时命令各地部队做好准备，随时都可以前来增援。

太平天国的北伐军五万人，这些人马攻打北京实在是势单力薄。金田村举兵的时候不过数千一万的少数人，占领南京的时候发展到号称百万大军，也许他们有一种先入为主的偏见，以为一路上会不断扩军，增加兵员。华南各地因为存在天地会各个派别的组织，成为“扩军”的主要对象。长江以北，天地会的势力极其微弱。

北伐军路过的河南、山东地区有捻党活动，但他们具有浓厚的土匪性质，很少有天地会那样的民族主义倾向，可以说是从农村共同体中被排挤出来的流浪汉结成的团伙。天地会都无法融进拜上帝会的氛围里，捻党更不可能。

太平天国也听说捻党的性质，所以起初没有表现出合作的积极性，只是希望捻党在各地发动骚乱，起到牵制清军力量的作用。捻党是乌合之众，没有联合的基本条件。后来，捻党也学着太平军的样子，剪掉辫子，蓄起长发，显示出反体制的姿态。即使如此，清政府也没有把捻党视为太平天国那样的革命势力。

广西与两湖（湖南、湖北）的风俗习惯多有共同点，方言的差异也不是很大，可以说属于同样生活方式的文化圈。但是，一过长江、淮河，生活模式就全然不同，从稻米主食的社会进入种植小麦的面粉生活圈，南北的语言也差异很大，甚至产生思想沟通的困难。在这样的条件下，不可能像以前那样在进军途中招兵买马，扩充兵力，而且南方人也不适应北方的气候水土。

太平天国的北伐军于五月穿过安徽的凤阳，进入河南；六月攻取开封；七月过黄河，攻打怀庆。由于原则上规定不把时间花费在攻城略地上，发动攻击以后，发现难以攻克，便掉头绕道前进，但由于人生地不熟，尽管命令“走近道”，却不知哪一条路是捷径。结果怀庆未能攻陷，北伐军进入山西，兵员却减至两万。一路进攻，不仅没有增员，反而减员。随着临近北京，清军越来越多，北伐军艰难苦战，向南京紧急求援，虽然得到两万的援军，依然相差悬殊。南京方面也处境维艰，除了北伐军以外，还要照应西征军。曾国藩在西面频繁训练湘军。

北伐军于十月进入河北大平原，攻打天津。天津与北京近在眉睫，清军重重布防，严密把守，熟悉地形，以逸待劳。太平军攻打的时候，清军决堤水淹，太平军退到静海，但失去最为宝贵的时间。随着严冬的来临，南方人的北伐军无法忍受大雪和酷寒，不少人被冻伤，同时粮食也开始紧张。第二年二月，太平军放弃静海，向南撤退，其实就是败退。

指挥清军的是蒙古族猛将僧格林沁参赞大臣，他拥有众多不怕寒冷、善于骑马的蒙古族将士。北伐军被机动灵活的蒙古族铁骑打得叫苦不迭。从静海败退阜城的时候，北伐军丧失一员司令吉文元。清军采取分割北伐军的战术，不谙地形的北伐军被各个击破。

林凤祥的部队在连镇全军壮烈阵亡，李开芳的部队在冯官屯被围，清军引运河水淹灌，全军覆没。杨秀清一举攻取北京的如意算盘以惨败告终。李开芳部队的覆灭是咸丰五年（1855 年）四月十六日（公历 5 月 3 日），北伐军从扬州出发是公历 1853 年 5 月 8 日，在这二十五个月里，北伐军一路惨烈苦战。在连镇的战斗中，北伐军无一人投降。北伐军的战略是“疾驱”，从一开始就轻装上阵，而且不允许把时间浪费在攻城上，但如果一路上攻占一批城市，以此为基地，立足稳固，战争应该对自己会更加有力。北伐军没有立足之地，变成到处游动的军队，结果是悲惨的。

太平天国在北伐的同时开始西征。咸丰三年（1853 年），不顾北京朝廷的催促按兵不动的曾国藩终于在第二年夏天开拔湘军。上面谈到的《讨粤匪檄》就是在这个时候颁布的。湘军分水陆两路穿过岳州、武汉，进入江西。太平军攻占这些城市后，一旦放弃，又重新占领。在太平天国战争最激烈时期，武汉等城市经常城头变幻大王旗。

湘军进入江西后，目标是直取九江，但身在安庆的太平天国翼王石达开巧妙地派遣援军，击败湘军。曾国藩绝望之余，投水自尽，被部下救起。败军之将曾国藩逃进江西的省城南昌。

咸丰五年是太平天国的北伐军覆灭的年头，但西征军再次夺回武昌。

清军在南京城附近设立“江南大营”，无异于将一把匕首对准太平天国的心脏。不过，江南大营对清军来说也是在危险的地方设立基地，经常遭到太平军的袭击。

东面的上海发生天地会系统的“小刀会”的起义，1853 年 9 月（本书此后使用公历纪元时为阳历，使用清代元号时为阴历），杀上海知县，占领上海县城。

上海开埠以来，多有福建、广东的移居者，他们背井离乡，必须依靠互助团体才能立足，秘密结社活动十分活跃。上海有小刀会、青巾会、编钱会等各种组织，小刀会的首领刘丽川成为这些组织的领导。但是，它们毕竟都是小团体，即使联合起来，也不过是小会党，难以掌管一个县城。他们经常联系南京的太平天国，希望得到支援，但未能成功。

由于属于天地会系统，这些组织既有反满的民族主义倾向，又有游侠习气。新开埠的上海，鸦片买卖相当兴旺，小刀会的成员多有参与。太平天国规定买卖鸦片者、吸食鸦片者皆判死刑，所以在他们看来，小刀会中的不良之徒太多，而在小刀会看来，太平天国强迫信仰基督教、服从教规，不少人不愿意密切合作。据说上海送往南京的密件被清军截获，这恐怕不是双方未能联合的主要原因。这个时期，太平天国和清政府都加强情报收集的工作。上海与南京之间的联络途径大概不会只是传递密件这一种方式。

小刀会占领上海县城十七个月，但因为粮食被切断，只好于 1855 年 2 月弃城退出。清军频繁攻打小刀会，在上海居住的外国人采取中立态度，组织自卫队。清军与外国人部队在一个名叫泥城的地方还发生过冲突。总体上说，法国似乎比英国更接近清朝政府。

那么，外国人对太平天国是一种什么态度呢？由于太平天国信仰基督教，外国人起初怀有期待，表示好感。

太平天国一占领南京，英国便立即派遣香港总督文翰前往访问，法国公使布尔布隆、美国特使麦莲也相继来访。国家之间的外交始终将本国利益置于第一位。他们来南京的目的就是判断现在的王朝和可能成为新王朝的太平天国哪一个对自己的国家更有利。

英国、美国、法国分别与清朝签订有《南京条约》《望厦条约》《黄埔条约》，都是对本国极其有利的条约，换言之，从中国来看，就是不平等条约。如果政权更迭，太平天国会原封不动地承认这些对本国不利的条约吗？外国高官访问南京的目的就是试探太平天国的态度。美国的麦莲向国务院汇报说“这是极为困难的问题”。

太平天国首脑似乎无意承认妖贼政府与外国签订的条约，对于开放的商港问题，回答是以后再定。以后再定的意思无疑就是重新缔约。另外，对贸易问题的回答是：禁止予人危害的交易。没有彻底禁止交易，但已经在太平天国所控制的地区内实行曾经为林则徐所支持的黄爵滋主张的贩卖、吸食鸦片死刑论。如果中国成为太平天国的天下，会绝对禁止鸦片贸易。各国对华贸易中，鸦片所占的利润比例依然最大。禁止鸦片贸易，无疑会沉重地打击各国的对华贸易。

清政府也没有将鸦片贸易合法化，但因为多个条约的存在，鸦片无法禁绝。只要在香港注册过船籍，飘扬着米字旗，清政府就束手无策。清政府在国内也难以禁止鸦片的买卖、吸食，这是一个软弱无能的政权。

中国君主懦弱无能的政权是外国人求之不得的。正如曾国藩在讨伐太平天国的檄文中所说的那样，太平天国对领导人民采取过于严厉的姿态。只是一个强势政权。

英国等外国表面上采取中立的态度，内心希望清朝继续维持下去。法国之所以相当露骨地偏袒清朝，因为涉及宗教问题。前面说过，法国与清政府签订的《黄埔条约》的特点是允许法国人比较容易进入内地。这是出于对天主教神父提供方便的考虑。法国神父在长江沿岸积极开展传教活动，发展相当多的信徒。如果太平天国控制这个地区，必然与中国的天主教信徒产生矛盾纠纷。看似同样都是基督教徒，应该关系密切，其实水火不相容。南京、扬州的天主教信徒认为自己是法国神父直接传授的正统派，而太平天国的基督教是异端邪教。实际上，洪秀全被罗拔士拒绝洗礼后，以自己独特的方式解释基督教教义，创造出拜上帝会的信仰。信仰的正统与异端的争论非常激烈。天主教徒感觉受到太平天国的压迫。

法国的布尔布隆公使经过观察，得出这样的结论：如果太平天国取得对中国的统治权，法国神父孜孜不倦苦心传道的成果就要付诸东流。因此，为了阻止这样政权的诞生，就必须支持清政府。

不平等条约、鸦片问题、宗教问题……不论从哪一个问题看，外国人都不喜欢太平天国掌握全中国的政权。在这样的背景下，上海的外国人部队后来才会被李鸿章雇用派往镇压太平天国革命的第一线。

太平天国的西征基本上占据优势，毙命江忠源，围困曾国藩于南昌，但北伐惨败，由于太平天国过于清高，未能与小刀会联合，从而失去占领上海的机会。各国使节接二连三前来南京访问，他们经过对国家利益的慎重考虑，做出支持太平天国的敌人清朝的判断。在这个至关紧要的时候，太平天国发生内讧。也许可以说也是预料之中的事情。

曾国藩在檄文中把洪秀全和杨秀清并称逆贼，但还是两雄不并立。杨秀清是一个野心家，总想着有朝一日取而代之洪秀全。从他的言行来看，他正紧锣密鼓地为篡权做准备。

1853 年 12 月，北伐军正在河北殊死搏斗的时候，杨秀清进行“天父下凡”，其内容却是不可思议的天父耶和华对洪秀全的责难。

“天父下凡”本是拜上帝会的最高领导不在的时候为团结会员所采取的一种手段，杨秀清却由此成为耶和华的代言人，在永安作为识破反叛者阴谋的骗术之前，“天父下凡”的内容只是在精神上鼓励人们团结奋进。杨秀清利用“天父下凡”显示自己的权势，他身为太平天国的第二号人物，感觉到只有让头号人物洪秀全威信扫地才是显示自己权势的最有效的方法。

杨秀清的姑姑杨长妹、石达开的家族石汀兰等一些年长妇女都在天王府工作，洪秀全对她们似乎不是很关心，杨秀清大概听到姑姑的牢骚不满，于是就想报复一下，让洪秀全丢人现眼。天父耶和华对洪秀全的指责竟然具体到“对女官宽容”。

“天父下凡”的时候，连天王洪秀全也得下跪聆听。耶和华命令对洪秀全的过错杖罚四十。

天王受到杖罚，简直不可思议，而且不是出于信仰的原因，只是如何对待女官这样的小事，令人感觉其中的异常。北王韦昌辉看不下去，主动要求代天王受罚。杨秀清大概通过天父下凡观察大家的态度，看到在场的领导都对天王表示同情，立即再次传达天父的旨意：这一次特殊处理，予以宽恕。他大概感觉到如果对天王强行杖罚，自己就会变成反面角色，于己不利。从这件事可以看出，杨秀清具有敏锐的观察力。

天父表示宽恕洪秀全，这件事就算过去了，但洪秀全清楚地知道杨秀清要把自己赶下台。虽然洪秀全喜欢深居天王府里思考问题，著书立说，看似对权势不感兴趣，但他毕竟也是血肉之躯。洪秀全是一个知识分子，与烧炭工出身的文盲杨秀清在性格气质上格格不入，大概从这个时候开始考虑反击。

杨秀清是行动型的性格，为实现野心，可以不择手段。他一方面觊觎第一把交椅，同时对第三号人物韦昌辉也不放过。韦昌辉在自己后面，必须做到无后顾之忧。杨秀清信奉以力量说话，害怕韦昌辉手中掌握武装，便尽量不让他上前线。上前线打仗，是掌握武力的捷径。然而，韦昌辉是北王，不让北王上战场，显然说不过去，于是杨秀清想出一个办法，对韦昌辉下达出征的命令，但立即把他叫回来。其理由是天王不同意北王出征，制造天王不信任、戒备北王的假象。

但不管骗局设计得多么巧妙，总有暴露的时候。东王杨秀清过于自信，虽然考虑周密，但也不是没有疏漏。北王也不是凡庸之辈，心里明白自己被杨秀清警戒，弄不好会有性命之虞。

于是，天王洪秀全与北王韦昌辉结成同盟共同对抗东王杨秀清乃事所必然。

翼王石达开大多在前线，杨秀清听说他在安庆深孚众望，便把他叫回南京，与韦昌辉共同负责首都的防卫。这次人事调动的目的是削弱韦昌辉在首都防卫的过大权力。杨秀清感觉一切都在自己的掌控之中，大概心满意足，同时他使用恐怖政策这种原始的方法，对中层领导滥施淫威。从没有对自己的亲戚敬礼的马丁严加处罚，到对秦日纲、黄玉昆也应该属于高层领导的人物施加杖刑，褫夺爵位，无论是谁，都对杨秀清畏惧万分。大家似乎感觉天王等最高领导对杨秀清束手无策，至少杨秀清是这么认为的。

虽然北伐军全军覆没，但战局总体上还是对太平天国有利。清军的江南大营和江北大营被太平军打得落花流水，钦差大臣向荣败逃死于丹阳。这是清朝遭受的沉重打击。江南大营正式名称为孝陵卫中军大营，在明太祖的孝陵附近，与南京城近在咫尺，所以也可以说对太平天国首都的包围圈逼近眉睫。江南大营于1856年6月被歼，太平天国称之为“天京解围”。

发布攻打江南大营命令的是杨秀清，所以他认为自己为“天京解围”

立下头功，判断凌驾于天王之上的时机即将来临，第一个步骤还是“天父下凡”。他把洪秀全叫来，跪着聆听耶和华的指示：你和杨秀清都是天父之子，现在杨秀清立下大功，为什么喊“天王万岁”，而对他只是喊“东王九千岁”呢？

这是耶和华对洪秀全的质问。按照太平天国的规矩，对天王喊万岁，对东王喊九千岁，低一级减一千岁。

洪秀全回答道：东王平定天下，对他也应该喊东王万岁。

洪秀全也只能这么回答。天王的世子与父亲一样喊万岁，而东王的世子只有九千岁。杨秀清大概对此不满，假托天父之言质问洪秀全。

洪秀全继续回答道：既然东王万岁，其世子自然也是万岁，应该世世代代称万岁。

耶和华说道：很好，我很满意。那我回天上去了。

耶和华的话自然出于杨秀清之口，很满意的无疑是杨秀清。

不仅称号的变化，后来杨秀清通过“天父下凡”一步步要求天王与东王平起平坐，再进一步要求自己与洪秀全调换位置。杨秀清自以为得意，玩弄阴谋得心应手，殊不知权术谋略并非杨秀清的垄断，此时洪秀全已经下决心铲除杨秀清，也在密谋策划。

曾国藩手下的谍报头子张德坚收集的情报后来编成一本书《贼情汇纂》，据其中记载，1855 年 8 月，即太平天国发生内讧的一年多以前，清朝的谍报部门就预测太平天国必定内讧。

有关 1856 年的流血内讧事件，多有不明之处。后来被清军俘虏的忠王李秀成在自述中说，对万岁事件深感愤慨的韦昌辉和石达开合谋杀掉杨秀清一伙，天王洪秀全不知情。这是将洪秀全置于圣城之说，不足为信。发生内讧的时候，石达开人在湖北，韦昌辉人在江西，难以合谋。

应该说天王洪秀全命令江西的韦昌辉诛杀杨秀清这样的推测比较合乎逻辑。在江西前线的韦昌辉于公历 9 月 1 日深夜至翌日率领三千亲信部队悄然回到南京，9 月 2 日拂晓对东王府发动突然袭击。过分自信的杨秀清对派往江西的韦昌辉的动静放松了警惕，被打了个措手不及。

韦昌辉这个人性格残忍，而且心口不一，表面上对杨秀清追随巴结，甚至跪拜他脚下表忠心说自己之所以有今天，完全是东王的恩惠。杨秀清虽然对他怀有警戒，不让他拥兵过重，但大概万不会想到他会发动政变，杀害自己。

这是一场悲惨凄绝的政变。杨秀清及其家族、亲戚、部下等数千人在东王府遭到虐杀。李秀成自述说，韦昌辉与石达开合谋时，决定只杀东王及其心腹兄弟三个人，其他人一律不杀。虽说是韦昌辉与石达开商量的结果，其实应该是天王的意思吧。韦昌辉虽然是奉洪秀全之命，但是他做得过头了。

只杀东王及其兄弟三人的想法其实是不现实的，只要攻打东王府，就必须与几千守卫的士兵作战。虽然韦昌辉做得过分，但在你死我活的紧要关头，恐怕也不能心慈手软。

太平天国内部的口径统一是天王没有参与这起政变。虽然东王府的几千卫兵已经被杀，但还有众多东王的部队，必须安抚他们。天王对东王之死敬礼哀悼，把这一天定为“东王升天节”。但这样做并不能证明天王与事件无关。

北王受到谴责，与协助政变的秦日纲一起受到四百鞭笞的刑罚。为了让东王的大约五千个部下亲眼观看杀害他们的主君以及同事的北王受鞭笞的景象，惩罚的场地特地选择在离刑场很近的、叫作朝房的两座大屋子里。杀害国家最高领导的韦昌辉只受到四百鞭笞的刑罚，这本身就是一场闹剧，不过，也许东王的部下愿意观看北王受鞭笞痛苦的样子，或许甚至期待他被折磨而死。

其实这是韦昌辉的阴谋。朝房是观看国家举行盛典的地方，那个刑场的广场大概是举行宗教仪式、阅兵游行的地方。观看这样的盛典，自然不许带武器。因为国家领导人要出席国家盛典，也是为了防止暗杀的措施。东王旧部五千多人按照规定赤手空拳进入朝房，而北王韦昌辉的部下包围朝房水泄不通，把里面的人斩尽杀绝，东王直属的部下主力全部被消灭。

这个时候，太平天国的第四号人物（东王死后，成为第三把手）石达开正在武昌的红山指挥战斗。没有发现石达开在政变之前带兵回京的迹象，所以感觉他与韦昌辉之间的关系并不密切。他听到南京发生大屠杀的消息后，急急忙忙赶回去。

石达开在太平天国的高层领导中最富有文采，精通儒家经典，年轻有为，是一个二十多岁的将军，人称儒将。他虽然对杨秀清的飞扬跋扈看不习惯，但不能容忍这样疯狂的屠杀，他的回京似乎是为了质问北王和秦日纲。然而，这样的正义感在现实面前显得懦弱无力。

回到南京的石达开发现自己的处境十分危险，韦昌辉和杨秀清一样，上逼天王，同时对掌握实权的石达开异常警惕。杨秀清过分自信，做事游刃有余，而韦昌辉缺少自信，做事毛躁性急，不会像杨秀清那样使用人事调动等曲折的手段压制竞争者，他打算直截了当地清洗石达开。石达开终于意识到事态的严重，千钧一发之际逃命躲过一劫。石达开翻越小南门附近的城墙，逃回他的老巢安庆。据说这时南京各个城门都已经被韦昌辉的部队把守。

韦昌辉包围翼王府，石达开虽然逃脱，但是他的家属还在府内，他的年轻的妻子和幼儿都被杀。不仅如此，石达开主要部下的家属也都在翼王府，都被杀得一个不剩。韦昌辉的恐怖政策比杨秀清有过之而无不及，凡不是本系统的大小领导全部铲除，据说当时被杀的大小革命领导多达两三万，整个南京只剩下北王韦昌辉系统的人。

这个时候天王洪秀全的情况又是如何呢？那个要求与自己同样称万岁的傲慢不逊的杨秀清被杀掉，本以为地主出身的韦昌辉比他稍好一点，事实上韦昌辉远比杨秀清残忍恶毒。洪秀全无法阻止这种以血洗血的骨肉相残，可以说已经失去了统率力。

就在南京的太平天国流血内讧时，广东发生亚罗号事件。关于这起事件，我将在后面详述。

韦昌辉得知石达开逃出南京，命令秦日纲出城追击。

妻儿以及家族都被杀绝的二十五岁的石达开悲愤交集，发誓复仇。他在麾下大军集结的安庆发布檄文，宣告“回师清君侧”。

东王死后，他的驻守前线的部队群龙无首，无计可施，接到翼王的檄文后，纷纷加入翼王的部队。与翼王关系最亲密的天地会领导罗大纲此时已经死去，他的部下自然全部投靠到石达开麾下。

奉命追击翼王的秦日纲认为北王的口碑实在恶劣，于是故意回避与翼王的部队作战，专门找清军打仗。太平天国的主要敌人是清军，遇到清军，不能不打，谁也不会有意见。秦日纲尽量寻找有清军的地方走，仿佛是给在安庆集结兵力、准备回天京讨伐君侧之奸的石达开扫清道路。

向南京进发的不只是石达开的大军，还有在镇江的石达开的族人石镇吉，镇江位于南京的进出口，又称为京口。石镇吉的亲属也在南京被韦昌辉杀害。东王杨秀清的堂弟杨辅清在江西，他当然考虑为堂兄报仇。于是，南京周边的太平军都逐渐围逼南京。

北王韦昌辉山穷水尽，后悔让秦日纲带走一万五千人马。他大概也知道秦日纲只打清军、不打政敌的情况。如今各路部队正向南京进发，如果手头有这一万五千人马，心里就有把握。

从对东王府大屠杀开始，北王韦昌辉大概就处在某种疯狂状态，也许在此之前就已经发疯。当他听到各路大军逼近南京的消息时，又采取疯狂的举动。

南京城的南门聚宝门外有一座大报恩寺，寺里有一个高塔，人称天下第一塔。高约八十米，比因玄奘法师而闻名的西安的象征大雁塔还高二十米。还有的记载为三十二丈九尺，超过百米，不过这大概把高塔地基的高度也计算在内。外国人对这座高塔都惊叹不已。日本的象征是富士山和奈良大佛[①]，而 19 世纪中叶之前，对于外国人来说，中国的象征是这座天下第一塔。有关这座塔的各种史料保存至今。高度为八十米是根据《大英百科全书》记载的实际测量二百五十英尺换算的。

北王韦昌辉害怕高塔被石达开占领，居高临下炮轰南京城内，就摧毁这座塔。据说天下第一塔的外层使用白琉璃敷贴，塔顶是五色琉璃瓦，极为壮观精美。连以基督教为国是、对寺庙不感兴趣的太平天国也没有破坏这座塔，但北王为了自身安全，将其彻底摧毁，这不能不说是疯狂的行为。

焦躁万分的韦昌辉打算在以石达开为首的反北王军抵达南京之前先攻占天王府，篡夺太平天国的大权。天下第一塔的彻底摧毁据说是在 1856 年 11 月，也正是在这个时候，韦昌辉攻打天王府。

---

① 奈良大佛：指奈良东大寺大佛殿里的华严宗毗卢舍那佛铜像，高 14.85 米。按照圣武天皇的宏愿建造，天平胜宝四年（752 年）举行开光仪式。现在的铜像身体部分铸造于镰仓时代，头部铸造于江户时代。基座的部分莲瓣和大佛殿前面的金铜大灯笼为原物。奈良大佛是日本最大的金铜佛像。——译注

攻打天王府是韦昌辉的巨大失误，他未曾料到天王府的抵御如此顽强激烈。天王府里虽然有很多女官，但他们都是广西客家人，没有裹脚，平时勤奋工作，与男人没什么两样，作战的时候，也是全副武装，和男人一起并肩战斗。韦昌辉的第二个错误是未曾料到自己的部队士气如此低落，临阵纷纷逃脱。

北王的部下在攻打猖狂嚣张的东王的时候表现勇猛，勇猛过头以至于杀人过头。然而，他们对天王没有任何怨恨，天王洪秀全没有暴戾残忍的言行，是精神信仰的领袖，对他满怀敬仰之心，现在要攻打天王府，他们当然不会上心，也许心里觉得这次攻打无正义可言。他们未能冲进天王府，就包围起来，打算明天继续攻打。

可是第二天上午，包围天王府的部队背后遇袭。袭击者并非远道而来的部队。逃过韦昌辉严厉残酷镇压而幸免于难的东王系统的几个领导残存在南京城内，其中一个名叫傅学贤，他收罗东王的残兵余党，立志诛灭韦昌辉。韦昌辉对其他系统的人都毫不留情地镇压，所以很多人对他怀着深仇大恨。不仅仅东王旧部，这些人也都加入傅学贤的反韦昌辉部队。然而，韦昌辉对此毫无察觉，可见他失去人心。

傅学贤的部队从背后袭击，天王府大门敞开，守卫军勇猛出击，韦昌辉的部队受到前后夹击。本来就士气低落，腹背受敌，无心恋战，立即四散败逃，没有一个人护卫首领韦昌辉逃命。韦昌辉筋疲力尽地坐在原地，被抓俘，受到“肢解”的极刑。

专横无道的杨秀清还只是要求与天王同称万岁，不敢动用武力攻打天王。攻打天王是大逆不道，罪当肢解。所谓肢解，就是身体四分五裂。韦昌辉的肉被切割成两寸见方，悬挂在南京城内各处，旁边立一牌子，上书：“北奸之肉，只准看，不准取。”

对韦昌辉最恨之入骨的是全部家族被杀的石达开。石达开的部队正逼近南京。太平天国已经失去东、南、西、北四个王，如今只有依靠翼王石达开。

石达开接到天王的“归京辅佐太平天国政治”的诏书，同时还接到韦昌辉和秦日纲的首级。秦日纲率领一万五千士兵专门与清军作战，但是当部下得知南京的真实情况后，将他交给天王派来的部队，被杀。

石达开马不停蹄地进入南京。

太平天国迎来一个新时代，南京的人们满怀期待。杨秀清将洪秀全作为一个摆设，自己利用“天父下凡”的手段专横擅权，在严厉的刑罚专制下，人们重足而立，被压得喘不过气来，而后来的韦昌辉更是变本加厉地实行恐怖政策。南京市民在这样的桎梏下苦不堪言。正是在这个时候，石达开登上政治舞台。

石达开是太平天国中最富有学识的年轻儒将。太平军曾在各地狂热摧毁寺庙的佛像、神像、牌位，但石达开的部队很少这样做，他也因此深孚众望。石达开推行稳健的政治路线，使人民看到希望，充满期待，无论走到哪里都能听到对他的评价。

洪秀全对此很不高兴。太平天国的主人毫无疑义是天王洪秀全，但是他被杨秀清当作傀儡，又无法制止韦昌辉的暴行，事实上南京市民已经对他不抱任何幻想，不可能再次掀起洪秀全热潮。

洪秀全的亲信自然也心怀不满。洪秀全有两个胞兄：洪仁发和洪仁达。虽然是天王的亲哥哥，但在太平天国里一直没有重要的职务，也没有功绩。就是说，是两个无能之辈。

杨秀清和韦昌辉都是金田村一起举兵的老战友，但都背叛自己，这使得天王洪秀全失去对人的信任。尽管他知道石达开的为人与杨秀清、韦昌辉不一样，但心底还是不相信他，这也与他的两个哥哥灌输“还是骨肉同胞信得过”的观念有关。

杨秀清死后，可怕的“天父下凡”已不存在。要是以前洪秀全给自己的两个不学无术的哥哥任命重要职务，一定会受到“天父下凡”的责备，但如今可以为所欲为。

1856 年 12 月 19 日，太平军占领的武昌被湖北巡抚胡林翼包围，攻陷。天王的亲信——两个胞兄及其党徒指责翼王石达开对武昌陷落也要负责，批评他身为最高司令却擅离职守。这个指责可以说是蛮不讲理，因为颁发诏书命令石达开回京辅佐的正是天王洪秀全。

过年以后，洪仁发和洪仁达分别被封为安王和福王，既然拥有王爵，就可以与石达开平起平坐地对抗。于是在太平天国内开始形成亲信派和翼王派。

南京人民对宗派斗争早已深恶痛绝，而最感到绝望的还是儒将石达开。洪仁发、洪仁达比无能更可怕的是贪婪，他们利用天王哥哥这个特殊身份，到处攫取权益，受贿索贿。由于“天父下凡”不复存在，他们的受贿已经是明目张胆，无所顾忌，南京市民无人不知。他们到处毁谤攻击石达开，诋毁石达开在人民心目中的形象，但大家不相信公开受贿的人所散布的鬼话。

如果石达开再成熟一点，也许他对这种事还可以容忍，但年轻人缺少更大的耐性。他参加太平天国是因为胸怀热血青年的理想，然而南京的现实与他的理想相去甚远。我个人的推理，也许石达开认为理想王国不必依靠别人，依靠自己的双手就可以建立起来。年轻的石达开对实行亲贵（任人唯亲）政治的洪秀全也已经失望。

石达开回京担任宰相辅政仅仅半年后，率领二十万大军退出天京。这当然不是洪秀全的命令，而是他对南京政治厌恶绝望的离去，他还呼吁其他系统的部队也一起离去。当时正在安徽北部作战的合天侯李秀成和予天侯陈玉成没有响应石达开的号召，他们分别被封为忠王和英王，成为太平天国后期的两根支柱。

石达开退出南京以后，太平天国的军队濒临毁灭，李秀成和陈玉成两人重建军队，但太平天国无疑已经陷入困境。被太平军打得落花流水的清军江南大营重新建立起来。

后来，安王和福王被削去王爵，因为他们实在作恶多端，人民怨声载道，天王害怕人民把怨恨转向自己，因此采纳蒙得恩的进言。蒙得恩是洪秀全在亲戚之外最信任的人，虽然没有战功，但管理女营的事务。历代皇帝都把内宫交给宦官管理，不过太平天国没有宦官。蒙得恩担任与宦官无异的角色，此人的品行大体可以知道。

后来，太平天国由蒙得恩、李秀成、陈玉成三人掌权，相当于宰相的正掌卒首席是蒙得恩。蒙得恩出于战略上的考虑，让安王、福王退下来，但实际上放在自己身后。他们毕竟是天王的哥哥，蒙得恩需要他们的支持。

太平天国发生流血内讧的时期，广东发生亚罗号事件，清王朝正是多事之秋，也许太平天国因此稍微延长了寿命。

翼王石达开率领大军离开天京，但和以前的北伐军一样，没有固定的根据地，成为四处游荡的军团。太平天国劝他回来，被他拒绝。1859年，石达开亲自制定官制、礼制，这意味着建立不同于太平天国的另一个政权。但是，由于这件事，部下纷纷离去，吉庆元等众多领导重返太平天国。

1861 年，李永利在四川举兵起事，石达开与之呼应，在四川获得二十万大军，但在大渡河遭受挫折。由于清军攻击和河水暴涨，伤亡巨大。他为拯救部下官兵性命，不得已降清，在成都被处以磔刑。此事发生于 1863 年，大渡河成为阻挡石达开前进的天险。大约七十年后，中国工农红军长征时也从这里过大渡河，经过激战，终于强渡成功。

石达开战败的两年前——1861 年，二十六岁的咸丰帝死于热河的避暑宫。因皇后无子，懿贵妃叶赫那拉氏所生的儿子、六岁的载淳即位，第二年改元同治，这个少年皇帝后来称为同治帝。无子的皇后称为东太后，皇帝生母称为慈禧太后，幼帝由这两个太后共同监护。

前面说过，太祖努尔哈赤统一部族的时候，顽强抵抗到最后的是叶赫部。叶赫部甚至不惜借助明朝的支援，坚决拒绝努尔哈赤的霸权。因此坊间流传说叶赫部的女人当上皇后之时，就是清朝灭亡之日。实际上，入关以后，叶赫部的女人从没有当过皇后。同治帝的生母是叶赫部人，也不过是咸丰帝的贵妃，但如今亲生儿子当上皇帝，她就与过去的正皇后并列为东、西两太后。于是野史之类的书籍记载说清王朝气数也就尽了。无论如何，清朝进入了慈禧太后时代。

1859 年 4 月，洪秀全的堂弟洪仁玕从香港来到天京，辅佐政治。同样都是亲戚，洪仁玕与洪仁发、洪仁达不同，很有才能。他被封为干王，统管政务。太平天国从内讧的满身疮痍中重新站立起来，在新的领导人陈玉成和李秀成的不懈奋斗下，于 1860 年占领杭州、苏州等要地。这一年，亚罗号事件后英法联军进逼北京，火烧圆明园，逼迫清政府签订《天津条约》。第二年，南下的英国舰队提督何伯访问南京，太平天国对他承诺年内不打上海，不妨碍长江沿岸的贸易活动。

但是，1861 年 9 月，石达开开辟的太平天国重要据点安庆被清军夺回。天王洪秀全撤销洪仁玕和陈玉成的职务以追究责任，再次起用无能的洪仁发和洪仁达，分别封为信王和勇王，太平天国的政治再次混乱不堪。

承诺期限过后，太平军于 1862 年 1 月开始攻打上海，但遇到华尔为队长的“洋枪队”的抵抗。这支洋枪队与小刀会占领上海县城时外国人组织的自卫队完全不同性质，当时的外国人自卫队持中立态度，这时的洋枪队完全站在清朝一边，其实就是清政府的雇佣军。清政府把这支外国人的部队命名为“常胜军”。

太平军攻打上海异常激烈，判断站在虚弱的清朝一边符合本国利益的各国军队顽固地抵抗太平军的进攻。结果法国提督卜罗德战死，英国提督何伯负伤，“常胜军”副队长法尔斯德被俘，后来以武器弹药交换释放。太平军方面，原先是石达开的部将，后回到太平天国的吉庆元阵亡。

这一年的6月2日，日本的千岁丸抵达上海。这是著名的贸易实习船，长州藩的高杉晋作[①]、萨摩的五代才助[②]等以随从的名义乘船而来。他们的日记有当时火焰照亮西边的天空、翌日闻见炮声等记述。此时正是李秀成在松江一带攻打蒙特戈梅里大校率领的英军。此仗太平军获胜，缴获步枪五百支、弹药三十六箱。

眼看着太平军就要占领上海，但是南京被清军包围，天王洪秀全对李秀成“一日三诏”，催促他立即参加解围南京的战斗。洪秀全不具备高瞻远瞩、纵览全局的气魄，他不知道占领上海对全局的好处。李秀成万般无奈，只好停止攻打上海，为解围天京奔走于苏州和南京之间。

“常胜军”队长华尔在浙江与太平军作战时身负重伤，死去，戈登继任队长。华尔是一个无赖流氓，出任队长完全就是为了金钱。戈登是一个正统的英国正规军军人。华尔死后，“常胜军”进行改组，据说李鸿章以改组以后的常胜军为样本建立起自己的“淮军”。

太平天国的战局越发不利，1863年12月，苏州失守；1864年，杭州被清军夺回。攻打苏州的主力部队正是新“常胜军”。

1864年7月19日，太平天国的首都天京终于沦陷。洪秀全在天京失

---

① 高杉晋作（1839—1867年）：幕府末期的志士，常州藩士。文久三年（1863年），组建奇兵队，抵御外国舰船攻打下关。翌年与四国联合舰队媾和。1865年掌握长州藩的领导权，打败第二次讨伐长州的幕府军队。——译注

② 五代才助（1836—1885年）：五代友厚，关西经济界的重要人物。庆应四年（1868年）戊辰战争爆发后，与西乡隆盛、大久保利通等进行倒幕活动。明治元年（1868年）参加明治新政府，历任外国官权判事、大阪府权判事等，在大阪成立造币寮，首任大阪海关关长。退出官界后，致力于纺织业、开矿、盐业等，成立大阪证券交易所、大阪商法会议所、大阪商业讲习所、大阪商船等，建构大阪工商业的信用秩序。——译注

陷前病死，有人说他服毒自杀，据说他死于6月1日，在失陷的四十八天之前。

天京陷落时，太平军官兵有人被俘，但无人投降。据说数千宫女自杀。李秀成护卫幼主洪天贵试图突围，被俘杀。曾国藩将纸笔递给李秀成，让他写供述，并印发。前些年，李秀成自述原稿在曾国藩旧宅发现，引发激烈争论。印发的自述中有卑躬屈节之辞，也有奉承献媚清朝的表述，因此有人说这是曾国藩的伪作或篡改，原文发现以后，伪作或篡改的说法不能成立，不过还是有人为李秀成辩护，说李秀成为东山再起，才不得不这样忍辱负重。与两年前殉职的陈玉成相比，对李秀成的评价相当低。

但是，内讧结束，石达开离去以后，李秀成和陈玉成一起为重建太平天国发挥巨大的作用，这是不争的事实。石达开也是忠实于自己的感情和思想。各地流传着许多关于石达开的传说故事，看来他在民众心中受到景仰、尊敬。

洪仁玕、洪仁发、洪仁达等洪秀全的家属全部被杀。

曾国藩的弟弟曾国荃身先士卒，率领湘军攻进太平天国的根据地。据说哥哥曾国藩带兵冲锋陷阵总是失败的厄运。天京失陷后，各地的太平军孤立无援，被各个击破。江北的太平军在赖文光的率领下成为捻党，一直坚持反体制的武装斗争。太平天国的梁王张宗禹率领的西捻军坚持斗争的时间最长，1868年在黄河边被清军包围，全军覆灭，但本人生死不明。这一年，日本王政复古，改元明治。

本章相当详细地叙述太平天国战争，因为我认为这是中国革命的一种模式。

火烧圆明园

在太平天国战争最激烈的时候发生亚罗号事件，中国称之为第二次鸦片战争。这是西方列强为满足十五年前的鸦片战争的成果而发动的战争，是对走私鸦片船进行检查引发的问题，所以称为“第二次”或“后续”是妥当的。

亚罗号是中国的鸦片走私船。那个时代的鸦片走私都是在香港注册英国的船籍，挂着英国国旗，毫无顾忌地进行走私活动。亚罗号是一艘罗查（Lorcha）型的所谓“西方型中国船”。船主方亚明，船员十五人，全部是中国人，只有船长是爱尔兰系的英国人托马斯·肯尼迪。1856年10月8日，广东水师巡逻船对停泊在广州海珠岛河面的亚罗号进行检查，理由是涉嫌海盗。大约一个月前，一个遭受海盗抢劫的人向水师巡逻船报告说在航行时看见抢劫自己的那个海盗就在亚罗号上。巡逻船对亚罗号检查后，逮捕海盗疑犯李明太，还带走其他十一个人。

当时英国驻广州领事是巴夏礼，此人后来担任驻日公使。在日期间，他支持明治政府，赢得称赞，但逼迫明治政府严格恪守外国人的治外法权以及不平等条约，是一个毁誉参半的外交官。在中国，他被视为彻头彻尾的恶棍。他对两广总督叶名琛提出：清国官员检查悬挂英国国旗之英籍船只并捕人，此乃违约行为。而且清国兵员扯下英国国旗，这是对英国的严重侮辱。要求清国立即释放被捕人员，进行赔偿，并赔礼道歉。

检查该船的时候，肯尼迪船长不在船上。亚罗号果真是悬挂英国国旗，中国巡逻士兵将其扯下吗？清国方面坚称亚罗号没有悬挂英国国旗，各持己见。当时的广东的清国官员已经认识到侮辱外国国旗会酿成大事，都谨慎对待，不可想象会故意挑衅。还发生过由于清国炮台没看见在远处航行的美国小船上的国旗而炮击、总督为此向美方道歉的事件。巴夏礼的上述要求完全是挑起事端的寻衅行为。

即使船上挂着英国国旗，亚罗号也没有资格从事这种活动。因为亚罗号是 1855 年 9 月 27 日注册的，有效期一年，已经于十天前到期。虽然只要支付十美元就可以延期，但亚罗号没有履行这个手续。亚罗号已经不是英国籍船只，巴夏礼也就无权提出上述要求。然而，清国当局根本就没有查验亚罗号的注册证，所以一直认定是英国船。驻清公使包令向巴麦尊首相的报告中有这样一句话："船只当时并不在我们的保护之下，但清国人不知道。上帝保佑，这件事绝对不能告诉他们。"

这起事件成为英法联军发动远征清国的导火索。其实西方各国早就有再一次敲打清国逼迫签订对本国更有利条约的图谋。即使不发生亚罗号事件，他们也会利用别的事情作为发动战争的借口。

法国利用天主教神父沙普德莱纳（马赖）煽动中国人信徒谋反被判处死刑一事对清国责难，要求赔偿。其实，这个法国神父沙普德莱纳无视中国法律，非法潜入外国人禁止进入的地区。外国神父和传教士中，有的人扩大解释领事裁判权，隐匿罪犯，干涉诉讼，从而引起中国人的反感。沙普德莱纳的很多作为令中国人目不忍睹。据中国方面的资料记载，沙普德莱纳这个人可以说是无恶不作。

英国利用亚罗号事件，法国利用沙普德莱纳事件，两国联合向清国出兵。英国议会不赞成巴夏礼的暴力手段，提出选派调查委员的动议，并获得下院的通过，但巴麦尊首相解散议会，并在大选中获胜，决定任命额尔金爵士为驻清国特命全权大使。法国任命葛罗男爵为驻清国特命全权大使。

1857 年 12 月，英法联军五千六百人攻打广州，29 日陷落。两广总督叶名琛被俘，送往加尔各答，两年后在该地死去。叶名琛观看英法联军的兵力部署，认为不过是虚张声势的威胁，采取不抵抗主义，结果招致惨败。他错误地把对方视为绅士。

两广总督是不抵抗主义者，富有抗英斗争经验的三元里人民使用燃烧瓶、陷阱等各种方法与英法联军进行斗争。香港举行罢工，造成商业活动的瘫痪。

英法联军占领广州，大肆抢掠暴行。美国领事于联军占领半小时后进入广州，联军官兵正在大肆抢劫，英国提督西摩竟然对他说：“您也可以拿点东西做纪念啊。”

尽管广州发生如此重大事件，但清政府认为是地方性问题，不太介意。因为有了上一次鸦片战争的经验，英法联军直接北上。美国、俄国虽然没有直接参加战争，但也想获得英法联军所要求的修改条约的利益，于是派观察员参加在上海举行的谈判。由于上海谈判无法达成协议，美、俄不断劝说回广州与新任两广总督黄宗汉会谈。但英法联军心里明白，回广州也谈不出名堂，根本不想继续坐在谈判桌旁，于是进一步北上。他们知道，只有舰队逼近北京，才有可能修改条约。

四国使节继续北上，英国军舰十几艘，法国军舰六艘，此外不知何故还有非交战国的俄国军舰一艘。

1858 年 4 月，舰队到达天津白河口，对北京的朝廷蛮横要求立即派遣全权大使来大沽（天津的外港）谈判，并威胁道：如果不能满足这个要求，将采取断然行动。

只要夷狄逼近首都，朝廷总是惊慌恐惧。朝廷任命谭廷襄为钦差大臣，但赋予他的任务是“斟酌情理，设法说谕”，根本没有缔约的权限。递送各国使节的文件依然采取上对下的“谕”的形式，所以被拒接受。于是，非交战国的俄国公使普提雅廷装作好人会见谭廷襄，劝说道，如果拒绝各国的要求，其后果不堪设想。美国也利用中立国的立场，会见钦差大臣提出建议。原来美、俄都是英法联军带来的所谓居中调停者。

清朝政府对事态的严重性认识不足，总之不能让夷狄待在离北京这么近的天津，要让他们尽快从大沽撤走，但对方既然来了，总不能空手而归，所以送给他们一点小礼物就行了。

同意在广东、福建增加开放两个小港口，同意减税——对天津等北方港口的开放、内河航行权、扩大领事裁判权、赔偿金等只字不提。

英、法两国的全权大使对这种哄小孩的“礼物”根本不放在眼里，发出通告：我们相信，继续大沽谈判已无必要，因此，决定溯航白河，进入天津，将大沽炮台交给联军。

清政府自然不会把大沽炮台交给他们。上述通告其实就是“攻打”的通告，经过两个小时的激战，大沽炮台失陷。这是一场小规模的战斗，但充分显示出清政府以后对外战争的模式：底层官兵不怕牺牲，殊死搏斗；上层官员狼狈周章，束手无策。这次作战最先逃命的就是最高负责人直隶总督兼钦差大臣谭廷襄。

大沽炮台沉默以后，英法舰队溯航白河，于5月30日进入天津。虽说是英法联军，但美、俄的全权使节一路同行，应该说是“四国全权使节”进入天津。

清朝政府只好派遣大学士桂良和吏部尚书花沙纳作为钦差大臣前往谈判，他们于6月4日在天津城外的海光寺会见额尔金。

咸丰帝任命这两个人为钦差大臣的第二天，重新起用下台的耆英为钦差大臣。耆英是签订《南京条约》的谈判代表，因此以为大概会受到英国方面的信赖。年轻的咸丰帝考虑问题不够成熟。《南京条约》是在武力逼迫之下缔结的，清政府不得不签，耆英也好，其他人也好，谁当代表都得签。英法联军攻陷广州俘虏总督的时候，从两广总督公署的机要文件中发现耆英奏文《诸外夷使臣接遇办法》的抄件，将其没收。这份奏文叙述操纵驾驭诸外夷的各种方法，可见根深蒂固地存在视外国人为夷狄的观念。例如其中具体说到，或时而不做任何解释突然颁布命令，或时而以平等之礼相对令其感动喜悦。英法联军的领导命人翻译出来，感觉自己受到愚弄，大为恼火。然而，咸丰帝还以为外国人对耆英怀有好感，这种想法实在过于天真。咸丰帝的想法是分两步走。第一步的桂良、花沙纳如果达不成协议，就走第二步，让与外国人熟悉的耆英出马，所以咸丰帝告诉耆英没必要与桂良协商。

英、法全权大使与桂良等寒暄后，就把谈判交给两个翻译威妥玛和李泰国，显然只是向清朝强加条件，没有谈判的意思。据清朝史料记载，李泰国“来往公所咆哮”。一介翻译，敢于对钦差大臣咆哮怒吼，这是帝国主义势力豢养下的典型下人。桂良等感觉“无礼已极”，咬牙坚忍。中国人今后就要被这种粗野蛮横的外国人欺侮。英国通过李泰国提出的要求如下七条：

一、派遣使臣常驻北京。

二、赔偿远征费以及广州洋馆烧毁的损失。

三、开放中国内地通商、游行，开放长江通商。

四、承诺保护基督教传教士和信徒，不禁止传教、信教。

五、任命委员修改税率表。

六、为镇压海盗相互合作、援助。

七、清国提交给英国的正式文件使用英文，条约以英文为正式语言。

咸丰帝极其厌恶夷狄，第一条就非常为难。日本的孝明天皇①也不喜欢外国人靠近自己，因为兵库比神奈川等地开港要晚。天子对不同肤色的人似乎都会产生拒绝性的反应。桂良和花沙纳提出变通的办法，在北京常驻全权大使难以实现，但如遇到重要事情，可以申请前往北京。关于第二条，由于需要查核金额，以后在广州继续谈判。至于其他五条，没有什么意见。说是开放长江沿岸通商，当时正与太平天国激战，签订《天津条约》的时候，清军刚刚完成重建江南大营。实际上在战火纷飞的长江沿岸无法开展正常的贸易。

英国方面同意除第一条和第二条外的五条达成协议，写进备忘录。这是外交谈判的惯例，桂良也表示同意。然而，就在此时，耆英冒出来，横加干涉，不同意写进备忘录。

那个粗野的翻译李泰国怒不可遏，把耆英的那份秘密奏折抖搂出来，说耆英不把夷狄当人看，极力攻击他的思想观念。耆英万万没想到绝密文件被外国人看到，大惊失色。于是，英国人坚决回避耆英，采取不认可这个钦差大臣的态度，连翻译李泰国都拒绝和他接触。耆英万般无奈，只好回京。耆英连工作都没有接上头，咸丰帝大怒，赐死。本来要斩首，念他是与皇室有亲缘的宗室，允许其自尽。

《南京条约》的签订人耆英就这样结束一生。

桂良的谈判对手终于从翻译上升为领事普鲁斯。普鲁斯是全权大使额尔金的弟弟。但是，英国的基本态度依然坚持清政府必须全部同意七条要求才能签约。就在钦差大臣与英、法两国谈判的时候，俄国和美国同意可以撤销第一条，这样就很顺利地和清政府签订了条约。因为美、俄两国没有战费以及赔偿问题，与第二条无关。他们没有坚持全权大使

① 孝明天皇（1831—1866 年）：日本第 121 代天皇（1847—1866 年在位）。激进的攘夷主义者，反对倒幕运动。—— 译注

常驻北京这一条，因此谈判顺利完成，但条约中有“最惠国待遇”这一款，这是让英、法两国努力争取。如果英、法能够逼迫清政府同意第一条，美、俄两国也会自动地获取这个利益。美国历史学家丹涅特这样评价当时美国的态度：手拿笼子，静静地等待着爬到树上的朋友摇落果实。

清政府终于全盘接受英、法的所有要求，签订条约。英国在 1858 年 6 月 26 日、法国在第二天分别与清政府签约。

《天津条约》的第五条容易被人疏忽，以为只是事务性的规定，其实修改税率表，其实具有非常重要的含义。因为在税率表里加上“洋药”这个商品名称。所谓“洋药”，就是西洋的药品，其实指的就是鸦片。

我们不要忘记《天津条约》的目的就是鸦片贸易的合法化。

为敦促清政府尽快批准《天津条约》，一年以后的 1859 年 6 月 17 日，英法舰队出现在大沽海面上。英国特命全权大使是普鲁斯，法国特命全权大使是布尔布隆，与去年都不一样。英国舰队提督是何伯大将，率领十六艘军舰。条约已经签订，他们这一次进入大沽的目的是交换批准书。交换条约批准书，需要动用舰队吗？

现在地图上标注的“海河”当时一般称为“白河”，大沽位于白河的河口，天津位于其上游大约五十公里。清政府派直隶总督恒福去北塘迎接英、法代表。白河河口有大沽、塘沽、北塘三个城镇。

白河河口横亘有木筏、铁戗等前一年没有的障碍物，炮台的数目也有所增加。普鲁斯看到这些后，指责说这是清政府无意批准条约的证据。这完全是普鲁斯荒唐的逻辑。

其实清王朝是真心批准条约。如果无意批准，也不派遣直隶总督这相当于英国首相的人选亲往北塘迎接。

当时顺天府尹正在寻找适合外国人居住的舒适的房子。一方面忙着寻找外国人的居所，一方面王有礼等把熟悉外国和外交的专家召集到北京，这都是为迎接外国使臣做准备。咸丰帝直至最后还是反对外国使臣“派员驻京”，但在江北大营被太平军摧毁、战局不利的情况下，应该尽量与外国保持友好关系，也就只好同意使臣驻京，同时对白河河口的军队发布不要理睬外夷挑衅的命令。

英国舰队进行挑衅，开始清除白河河口里的障碍物。外国舰队在别国领土上未经许可为所欲为无疑就是公然的入侵。然而，清军遵从命令，忍耐克制，没有进行反击。

英国方面的史料说清军先炮击，清国方面的史料说英军先炮击。清国方面除正规军外，还有民勇，有可能没有获悉政府的命令，但即使民勇首先开枪，英国的所作所为是侵犯，民勇开枪也是极其正当的行为。

6月25日下午两点半开始的炮仗持续一昼夜，以英国舰队惨败告终。清军在这样的作战中获胜实为少见，民勇英勇奋战，发挥很大作用。清军击沉四艘英国军舰，俘获两艘，据说英军伤亡近五百。英军总数为一千二百人，可知败得如何惨重。提督何伯大将身负重伤。英国舰队扔下无法航行的军舰，丢弃大量枪炮弹药，仓皇逃往上海。

英国人丢了面子，第二年（1860年），英、法两国第三次派遣远征军，这一次英国出动军舰一百七十三艘、兵力一万八千多人，法国出动军舰三十三艘、兵力六千三百人，于7月末又一次出现在白河河口。

约翰•W. 福斯特在外交评论中指出：此时中国人在学理上具有正当的立场，英国的第三次远征始于不正当的伦理。

卡尔·马克思在题为“新的对华战争”评论中这样说道：

> 中国当局不是反对英国使节前往北京，而是反对英国武装船只上驶白河。他们曾经表示普鲁斯先生应由陆路入京，不得用武装护送。……难道法国公使留驻伦敦的权利就能赋予他率领一支法国武装远征队强行侵入泰晤士河的权利吗？肯定可以这样说：……他们抵抗英国人的武装远征队也是完全有理的。中国人这样做，并不是违背条约，而是挫败入侵。

谁都看得清清楚楚，英国在大沽海口事件毫无道理，但是大英帝国的舆论叫喊着为这次失败复仇。发动鸦片战争的罪魁祸首巴麦尊外长如今是英国首相。他发表极其情绪性的演讲：攻打、占领北京，赶走清国皇帝，必须让我们的全权大使长驻那里。

一国的首相如此情绪化，第三次远征军也是报复性的情绪高涨，这就明白无误地表明：这次战争是发生在人类文明史上可耻的事件。

英法报复集团于4月占领舟山群岛，6月底抵达上海，然后继续北上，7月30日抵达北塘海面，8月1日登陆。守卫此地的是蒙古族勇将、曾大破太平天国北伐军的僧格林沁。他的强悍勇敢成为街头巷尾的传说，但面对英法联军的炮火，还是感到力不从心。

僧格林沁判断天津无法扼守，便将天津炮台的大炮运往北京，小型炮与部队一起撤到通州。天津市民被抛弃。天津置于英法联军的军政管理之下，巴夏礼被任命为民政主任。

巴夏礼是鸦片战争时帮助英国占领舟山的臭名昭著的帝国主义牧师古兹拉夫（郭士立）的妻子的表弟。巴夏礼少年时成为孤儿，便投靠已经嫁给古兹拉夫的表姐前往澳门，跟随马礼逊学习中文。古兹拉夫具有白色人种的优越感信仰，轻蔑东方人，尽管是牧师，却是彻头彻尾的种族歧视论者。鸦片战争前，他向国内寄回不少文学性的报告，宣称“英国的一艘护卫舰就能击沉清国海军全部一千艘兵船”，给主战派打气。古兹拉夫夫人的表弟巴夏礼和古兹拉夫如同一个模子刻出来的，对中国人极其傲慢无礼，难以想象的蔑视。连英国政府后来都觉得太不像话，点名告诫他“与清国人打交道要温和一点”。在帝国主义鼎盛显赫时期的英国大概都对巴夏礼目中无人的狂妄态度看不下去。这种人负责英法联军的对外事务，自然只是单方面的强迫命令。

增加了《天津条约》里没有的天津开埠，赔偿额度的增加自然也把这一次远征军的费用计算进去，同时还加上交换批准书时，全权大使率军队进入北京。这一项条款的增加无疑就是证明前一年侵犯白河的非法性。

清朝高层领导非常清楚英法联军拥有绝对优势的武力，连最强悍的僧格林沁蒙古铁骑军团也都溃败。如今正在和太平天国激烈作战，绝对不能让战火蔓延到皇帝所在的北京的周边，所以只好忍气吞声地接受一切条件。

清国已经做好屈服妥协的打算，9 月 17 日，巴夏礼来通州进行最后的协商，又节外生枝。清国表示全部接受英国的要求，但“亲呈国书”成为大麻烦。

国书由维多利亚女王的代表额尔金亲手呈送给清国皇帝。清国方面要求额尔金呈送的时候要跪拜，因为这是“国体”问题。

这个要求自然遭到额尔金的拒绝，那样做就等于维多利亚女王向咸丰帝跪拜。但清国坚持说，不论什么人，不行三跪九叩之礼，就不能见皇帝。

前一年美国公使来交换批准书，也拒绝三跪九叩之礼，最后只好采取将国书交给钦差大臣桂良转交皇帝的方式。美国元首总统的代表没有在清国皇帝面前下跪。那么，英国也可以仿照美国的做法，但遭到巴夏礼的拒绝。清国方面的首席代表是皇族怡亲王载垣，据说巴夏礼手指指着他的鼻子大声叫骂。

既然都同意英国率兵进京，免去三跪九叩之礼其实也没什么，但事关“国体”，这似乎是清朝绝不能退让的底线。于是，谈判破裂。

朕今亲统六师，直抵通州，以伸天讨而张挞伐。

咸丰帝一边表示亲征通州，但言犹在耳，他就把所有国事委托给弟弟恭亲王奕䜣，自己急匆匆逃到热河去了。恭亲王一直主张对外强硬，一旦大敌临门，却畏首畏尾，惊慌失措。这样的人在朝廷掌管政治，老百姓就要遭殃。

9 月 22 日，咸丰帝携后妃、带随从逃往热河。10 月 13 日，英法联军占领北京的安定门。

在此之前——10 月 6 日至 9 日，英法联军大肆掠夺、点火焚烧圆明园。

圆明园是位于北京城外西北大约十公里的离宫。雍正帝还是皇子时候，在父亲康熙帝赐给他的这块荒地上建造庭园。乾隆年间，增修长春园和绮春园（后改名万春园），圆明园是这三园的总称。原本的圆明园东西长 1.6 公里，南北长 1.3 公里。长春园具有异国情趣，乾隆帝宠爱维吾尔族妃子，为她修建模仿凡尔赛宫的欧洲风格的海晏堂，还建造有喷泉。

乾隆以后的皇帝都将紫禁城作为正式的执政地点，将圆明园作为私生活的场所，由于离北京很近，往返方便。这里收藏有皇帝珍爱的无数藏品，书画古董、贵重善本、金银财宝，应有尽有。也许这是当时全世界首屈一指的美术馆、图书馆，只是对一般民众不开放罢了。

英法联军对这个圆明园进行最彻底的掠夺，一件也不放过，搬不动拿不走的东西就毁坏。如果保存下来，应该是世界瑰宝的陶瓷，就因为太大搬不走，就砸得粉碎。这次大掠夺的主角是以文化引为自豪的法国的军队，英军的部分军官也参加掠夺。英军的格兰特将军将掠夺品进行拍卖，拍卖所得平均分配。

英法联军丧心病狂地大肆掠夺，他们一下子就可以成为富翁。英法联军之所以推迟进入北京城，就是因为忙于抢劫，在堆积如山的巨大的金银珍宝面前，进城算得了什么。尤其是10月7日这个星期天，疯狂的官兵从早到晚穷凶极恶地搜罗抢夺财宝。

巴夏礼从通州回来途中，由于谈判决裂已经开战，被英军俘虏。北京朝廷不懂得近代国际法，打算以巴夏礼作为人质与英国讨价还价。联军威胁说如不放巴夏礼就攻城，清朝方面反过来也威胁说如攻城就杀掉巴夏礼。后来，清朝方面释放巴夏礼，但杀掉同时被俘的联军官兵中的二十人。

英法联军登陆以后，在各地烧杀抢掠，强奸暴行，猖狂野蛮，但认为俘虏被杀是受到野蛮的虐待，所以他们要进行报复。

这个报复就是火烧圆明园。火烧圆明园是英国全权大使额尔金做出的决定。他在给拉塞尔勋爵的报告中这样说道：

这对比较无辜的人民没有影响，只是对负有直接责任的皇帝予以惩罚。

火烧圆明园大概是为了销毁大肆掠夺的罪证。法国是掠夺的主角，但似乎没有参加放火。圆明园烧了三天三夜。法国全权大使葛罗一边眺望冲天烈焰，一边给本国外长书写报告，其中有这样一段话：

我不愿意在这场无益且危险的报复之举中与他（额尔金）合作。他要把圆明园宫殿化为一片焦土。我劝说他不要这样做，但不行。我拒绝参加这次行动。孟托邦（联军的法国司令）将军与我采取同样的立场。我从这里眺望着吞噬宫殿的火焰，感到难过。

我真想问看到圆明园火焰感到难过的葛罗男爵：你对大肆抢掠圆

明园是否感到难过呢？

在这些事件发生以后，经过俄国公使伊格那季耶夫的调停，终于签订了《北京条约》。对前一年签订的《天津条约》予以确认，并增加天津开埠。

外国使节就要开始常驻北京，清国只承认条约当事国的英、法以及作为观察员紧紧跟随的美、俄这四个国家。当然，这个原则很快就倒塌，从中可知清国所重视的究竟是什么。英国通过这个条约得到九龙。《北京条约》第五条[①]这样规定：

清国人愿去英国殖民地以及其他海外各地求职者，可与英国臣民签订契约，本人或携带家属在清国通商口岸完全自由搭乘英国船只。

清政府解除本国人出国禁令这一点值得肯定。但是，由于英国的殖民地缺少劳动力，经常在广东、福建进行人口买卖，这些人被称为“猪仔”。《北京条约》的这一条实质上就是将贩卖奴隶合法化。新加坡的一个名叫乳车水的地方至今还保存着当年被卖到这里来的“猪仔”拥挤不堪的住所。这与明治时代被卖到此地的日本“南洋女”[②]的居住地基本是同一地区。

清国向英、法两国分别支付赔偿金八百万两。据史料记载，没收的天主教教堂也归还给教士。在《北京条约》谈判时担任翻译的法国人神父德拉马擅自在条约的中文文本中塞进法文文本没有的“承认传教士在各省租买田地，建造自便”这句话。条约以法文文本为正式文件，按理说这一条完全无效，但清政府未就此事提出交涉。中国人从这件事知道天主教的神父未必都是公正的人。

为应对四国在北京开设公使馆，清政府于1861年在北京设立总理各国事务衙门。这是统管外国事务的衙门，简称总理衙门。以前一直都

① 《北京条约》第五条：中文原文为——大清大皇帝允于即日降谕各省督抚大吏，以凡有华民情甘出口，或在英国所属各处，或在外洋别地承工，俱准与英民立约为凭，无论单身或愿携带家属一并赴通商各口，下英国船只，毫无禁阻。——译注

② 日本“南洋女”：指明治至昭和初期九州天草诸岛去南洋等地谋生的女子，多沦为妓女。——译注

是礼部和理藩院管辖外国事务，但从名称也可以知道，并非对等关系。

总理衙门类似清国的外交部，由侍郎以上的高官大约十人组成。首席是皇族，采取合议制，不设专职，所有的人都有自己的本职工作，只是兼任。不设专职外交官，也是表示对外国的不满。1901 年，根据义和团议定书，撤销总理衙门，设立外务部。总理衙门持续了整整四十年。

发端于亚罗号事件的战争产生许许多多的影响，但最引人关注的应该是隐藏于“修改税率表”背后的鸦片贸易的合法化。这无疑就是第二次鸦片战争。

俄国与美国一起，利用英法远征军这个机会，于 1858 年 6 月 13 日与清政府签订内容基本相同的《天津条约》，其实在十六天之前，清、俄两国已经签订了《瑷珲条约》。签订地点在黑龙江省的瑷珲，当时没有快速通讯手段，身在天津的普提雅廷不知道这个情况。

根据《瑷珲条约》，清政府将吉林管辖的黑龙江左岸的地段割让给俄国。英、法、美三国在《北京条约》中对《天津条约》予以确认，并追加其他条款。俄国不仅在《北京条约》确认《瑷珲条约》，而且将原本是共同管理的乌苏里江右岸的辽阔土地划入俄国领土。在太平天国战争中精疲力竭的清国开始成为列国任意宰割的俎上之肉。签订《北京条约》那一年，俄国的第一次移民团就进入称为海参崴的这一块土地，改名为意为“东方统治者”的符拉迪沃斯托克。签订《瑷珲条约》的清朝代表是鸦片战争时就相当活跃的皇族宗室奕山。

外患艰深

太平天国在中国近代史上产生巨大的影响。1864年天京沦陷后，各地还继续存在太平天国的抵抗力量。这个时候——1866年，孙中山在广东省香山县诞生。他出身于客家的家庭，从小就听到有关同样是客家人的洪秀全的各种传说故事，胸怀大志，经常说自己要“成为第二个洪秀全”。孙中山的辛亥革命从某种意义上可以说是太平天国革命的继承。

出生于四川的中国共产党的领导人朱德对美国女记者史沫特莱讲述自己幼年时代的回忆，就是从关于太平天国翼王石达开的传说讲起。

从太平天国的终结到辛亥革命，大约经过半个世纪，这期间中国历史的主要人物都或多或少与太平天国有着一定的关系。中国的有识之士从两次鸦片战争的惨痛教训中开始认真思考照此下去中国就会亡国的危险。清王朝面对西方列强的坚船利炮，不得不忍气吞声接受他们蛮不讲理的要求，割让大片土地，签订不平等条约，丧失许许多多的东西。

经受如此奇耻大辱而奋发图强的人们认识到能够用武力夺回的东西必须使用武力夺回，因此，必须增强国家力量。为了自己也能拥有坚船利炮，就要向西方学习。其先决条件是吸收外国文明，尤其是以技术为主的物质文明，赞成这个观点的志同道合者称为“洋务派”。

那么，谁是中国的主要敌人？在这个问题上，洋务派内部也有不同看法。什么事情简单地分门别类并不好，但为了容易理解，姑且分为“塞防派”和“海防派”。就是敌人从陆上来还是海上来的问题。

因为从陆上来，所以必须加强国境线的守备，这是“塞防派”。此派的鼻祖可以说是林则徐，在广东与英国交手的时候，他不是海防派，而是塞防派，这也许有点令人感觉意外。但是，通过与英国严重的对立，他感觉到英国最关心的是通商利益。他被问责，贬到新疆。伊犁与俄国接壤，中俄有着漫长的国境线，林则徐在新疆期间认真研究俄国问题，在任命为陕甘总督之前的三年里，走遍新疆的山山水水，一直考察思考，认真收集关于俄罗斯的资料。清末李元度所撰《国朝先正事略》记述，担心西洋（英国）侵略中国的晚辈向林则徐请教对策，林则徐回答道：西洋并不可怕，对中国最终为患的大概是俄罗斯。我已年迈，你们可以亲眼看到。

林则徐的判断，其实并非假想敌，最应该戒备的对手，与其说是英国，不如说是俄国。

林则徐与英国进行过针锋相对的斗争，他的话具有说服力。

就林则徐的性格而言，喜欢把自己知道的事情、收集的资料等毫无保留地告诉志同道合者。他在左迁途中，将自己在广州收集的资料全部交给宣南诗社的同人魏源。魏源根据这些资料撰写的《海国图志》对幕末的日本产生很大的影响。

林则徐左迁新疆，后来重新登上政治舞台，在一些地方担任地方长官，最后是担任云贵总督。他通过部下、担任知府的湖南人胡林翼打算招聘左宗棠，但因左宗棠的个人原因未能实现。致仕后从云南回福建途中，在长沙第一次与左宗棠见面。据说六十五岁的林则徐与三十七岁的左宗棠在舟中彻夜长谈。

此时林则徐护送死于云南的夫人的灵柩返回故乡，三个孩子一路陪同。左宗棠登舟拜访，五个人在一起畅谈。左宗棠致友人信中写道：“江中谯谈达曙，无所不及。”高拜石根据林家人的叙述撰写《林则徐左宗棠湘江夜话索秘》，其中说两人主要谈论西北局势，林则徐将自己收集的资料送给左宗棠。

当时左宗棠只是举人，无论年龄、身份，都与林则徐相去甚大，但已撰有专注《究心舆地兵法》，是一个著名的舆地学者。舆地学研究天下之地理，是类似地政学的学问。对舆地学感兴趣的林则徐肯定看过他的著作，所以想招募他到云南作为自己的幕僚。第一次见面就彻夜长谈，还把自己收集的资料送给他。可以想象，左宗棠聆听林则徐的宏论，阅读他的资料，对“塞防”的观点大概顿开茅塞。

林则徐的次女普晴的丈夫沈葆桢是著名的塞防派，也是政府高官，自然深受岳父的影响。

海防派的代表人物是李鸿章，他的政治思想的出发点是基于对现实的认识，鸦片战争的对手是英国，第二次鸦片战争的对手是英国和法国，他们都是从海上来。占领北京、抢劫火烧圆明园的敌人不是越过陆地的国境前来侵犯。

前面说过，朝廷为处理外交问题，设立总理衙门。但北京朝廷的人很讨厌夷狄，尽量在北京以外的地方处理外交问题。总理衙门的成员都是兼任，希望就在发生问题的地方（商港）处理，因此往往把事情推给天津、上海。

直隶总督以前一直在保定，现在移到天津，并兼任北洋通商大臣，两江总督（江苏、安徽、江西）兼任南洋通商大臣。

直隶总督兼任北洋通商大臣——简称北洋大臣是在 1870 年，当时的直隶总督是李鸿章，兼任南洋大臣的两江总督是曾国藩。两江总督后来换成左宗棠、沈葆桢、曾国荃，但直隶总督一直都是李鸿章。准确地说，直至日清战争[①]失势之前，李鸿章在这个位置上二十五年，不仅如此，后来为处理义和团问题，又恢复直隶总督的地位，死于任上。

海防派的李鸿章自然致力于加强海军的力量。当时清朝的国力，难以进行两面作战，为了防备海上来犯的英、法、美等列强，必须采取亲俄政策。可以说李鸿章是亲俄派的巨头。

同样，既然国家无法两面作战，塞防派主张对俄国加强防备，就必须与英、法、美等国友好相处。

塞防派和海防派这两种思想也许持续至今，依然是现实的问题。虽然两派的看法不同，但相同的都是一个“防”字。防御外敌，忧国之情是共同的。

太平天国战争的时候，年轻的咸丰帝听到曾国藩的湘军大破太平军收复武昌的消息，自然大喜过望。但据说军机大臣祁寯藻上奏道：

匹夫居闾里，一呼，蹶起从之者万余人，恐非国家福也。

① 日清战争：日本称中日甲午战争为日清战争，本书此后译为甲午战争。——译注

曾国藩为服丧而辞职，不过是一个民间人——匹夫，然而他一号召，就有万余人跟随他打仗，这对国家而言未必是福。这其中大概包含有军机大臣对曾国藩的嫉妒心态，但他说的话也是事实。曾国藩的湘军与太平天国的部队勇敢作战，而事实证明，正规军完全不堪一击。正规军少有的战果可以说只有击败太平天国北伐军的僧格林沁的部队，但这支部队不是满族，而是蒙古骑兵队。

太平天国的天京失陷以后，有人猜测曾国藩会率领湘军北上推翻清朝建立新王朝。如果从湘军的强大与满洲八旗的懦弱来看，不是没有这种可能性，而且他在《讨粤匪檄》中也没有提到勤皇。如果曾国藩想干的话，反清北伐，登基称帝，完全是可能的，但这不是他的性格。平定太平天国后，他收到协同他作战的彭玉麟送来的一封信，寥寥十二个字，犹如谜语：

东南半壁无主，老师岂有意乎?

半壁是半块玉。中国的东南部还是无主之地，先生您想当皇帝吗?成为东南“半壁”的皇帝后，再发动北伐，就成为“完璧”的皇帝。这是彭玉麟催促他下决心，但曾国藩不为所动。

曾国藩对自己的身体缺少信心，他的日记这样写道：

余自三十之时起不能多说话，说至数十句，即气不接续，神亦困倦。

也许心脏或者呼吸器官患有疾病。大约三十五岁开始头部长癣，十分苦恼，至死不愈。他还有极强的反省癖。五十二岁之前，患有失眠症，他反省一定是自己心中有鬼。失眠症治愈后，睡眠很好，他又怀疑可能是因为精神衰弱的缘故。他在年轻的时候就在日记里反省自己围棋下得太多，入闺房太多，等等。他还和朋友互换日记，结果互相进行反省竞争。打败仗就投水自杀也是由于这样的精神结构。

盛世创业垂统英雄，襟怀豁达为第一义。末世扶危救难英雄，心力劳苦为第一义。

曾国藩把英雄分为两类，他属于后者，而能当皇帝的应该是前者。

虽然他无意当皇帝，但功高盖主，还是遭到朝廷的猜忌。攻陷天京，是曾国藩的夙愿，如今已经实现，大概也很想亲自去看一看，然而他待在安庆一动不动，总是让弟弟曾国荃站在第一线，是因为觉得自己不吉利，或许刻意低调，避免过于显眼张扬。

不论怎么谨慎，毕竟手里掌握着全国最强大的军队，被皇帝视为危险人物也很正常。镇压太平天国以后，曾国藩解散湘军，将湘军优秀的领导送给李鸿章。李鸿章也仿效曾国藩，建立自己的军队——淮军。但淮军的规模比湘军小，不至于引起朝廷的疑心。

为什么不把优秀的领导送给弟弟曾国荃或者湘军系统的其他将领，例如左宗棠呢？如果那样做，所谓的解散就徒具形式，湘军继续存在，曾国藩就有嫌疑。而且不知何故，左宗棠与他的出道老师曾国藩之间关系不和，经常争吵。按照曾国藩的分类，左宗棠应该属于英雄豪杰型，而且傲慢不逊。太平天国末期，左宗棠率兵平定浙江，建立大功。左宗棠也是湖南人，和曾国藩还是亲戚，他不是进士，却在曾国藩的推荐下担任浙江巡抚。同治三年（1864 年），二人终于绝交。大声叫骂的自然总是左宗棠。

镇压太平天国以后，曾国藩依然留在江南担任两江总督，没打算上中央。他担任的最高官职是直隶总督，但尽量不待在这个位置上，不到两年，就让给李鸿章，自己回到江南继续担任两江总督，同治十一年（1872 年）死于任上。

清王朝是满族政权，但在太平天国战争中，无法依靠本民族的军队，只能依靠汉族的武装力量，这个事实已经尽人皆知。曾经手握大权的军机大臣开始逐渐减弱影响，手中无兵，说话不硬。

手握重兵的总督远比军机大臣、六部尚书力量强大，有的总督只管一省（如四川），有的管辖两省（两广、湖广、闽浙、云贵），而两江总督管辖中国最富裕的江苏、安徽、江西地区，直隶总督管辖国都所在地的直隶（今河北省）、山东、山西、河南四省。由于拥有军队，从 1870 年开始，直隶总督和两江总督分别兼任北洋大臣和南洋大臣，甚至管辖外交和通商。

因此，清末的实质上的宰相是直隶总督，长期身居此位的李鸿章就是事实上的宰相，是国家政治的最高负责人。

太平天国的天京失陷那一年，浩罕汗国的阿古柏侵犯新疆。这是一种“撞车”现象。

当时中亚有希瓦汗、布哈拉汗、浩罕汗这三个汗国，居民多为乌孜别克族，都是信奉伊斯兰教的国家。由于帝俄推行扩张主义政策，这些汗国无法生存。1868年，以撒马尔罕为中心的布哈拉汗国被俄罗斯吞并。接着，塔什干失陷，浩罕汗国也被俄罗斯占领；1873年，希瓦汗国成为俄罗斯的保护国。保护国的叫法似乎显得体面一点，其实就是被俄罗斯占领。浩罕汗国的将军阿古柏可以说是有先见之明吧，在被俄罗斯消灭之前，就进入新疆建立新的国家，开辟另外的世界。英国认为在与俄罗斯之间建立缓冲地带符合本国利益，所以支持阿古柏。俄罗斯也派遣军事顾问团，其中有后来日俄战争的败将——当时年轻的大尉库罗帕特金。

1864年，继《瑷珲条约》之后，俄国与清国缔结塔尔巴哈台（塔城）通商议定书，夺走斋桑淖尔（今斋桑泊）以西四十四万平方公里的清国领土。

西北地区风云告急，1866年，闽浙总督左宗棠调任陕甘总督，赋予他驱逐侵犯新疆的阿古柏出境等重任。他作为塞防派，大概觉得这里比浙江、福建更有用武之地。调拨军粮，只能依赖江南地区，由于他甩给两江总督曾国藩绝交书，心想很可能江南的军粮不会运来，但事实并非如此，曾国藩不是那种心胸狭隘的人。

1875年，左宗棠作为钦差大臣奉命出征新疆，此时曾国藩已经死去，海防派的直隶总督李鸿章担任宰相的职务，果然原定增派的军队没有来到甘肃。因为前一年（明治七年）日本以琉球岛民被杀为借口派遣西乡从道[1]率领远征军进入台湾，李鸿章将原本派给西北增援的部队调到南方。虽说是因为台湾事件，但部队调动顺序的变更也是根据海防派的李

---

① 西乡从道（1843—1902年）：明治时期的军人。西乡隆盛之弟，明治维新后曾赴欧洲考察兵制，后历任海军大臣、内务大臣、海军大将、元帅。——译注

鸿章的“心脏保护论”做出的安排：新疆地处偏远，兵力欠缺一点无碍大局，东南沿海地区距离中国的心脏很近，是兵力布置的重中之重。据说海防派中甚至有人主张放弃新疆。如果没有左宗棠这样具有强烈个性的塞防派，可想而知新疆的命运岌岌可危。

新疆之所以重要，是因为守卫蒙古，而守卫蒙古就是守卫首都——按照左宗棠的这个逻辑，西北也很接近首都这个心脏。1877年，左宗棠率领精兵大破阿古柏，阿古柏败逃至库尔勒自杀，残部逃往俄罗斯。

在阿古柏进犯新疆的时候，俄国以新疆政局不稳为由，占领清国领土伊犁地区。阿古柏之所以进犯新疆，是因为三个汗国受到俄国欺凌压迫的缘故，所以俄国所谓保护性占领的理由实在荒唐可笑。也许俄国断定清国的力量根本无法平定阿古柏之乱，所以正式宣布，阿古柏之乱一旦平定，立即归还伊犁。

这个结果大概出乎俄国意料之外，但清国业已平定阿古柏之乱，于是要求俄国归还伊犁。然而派去交涉此事的崇厚简直是一个无可救药的人物，他同意将伊犁以西和以南的广阔土地割让给俄国，并支付俄国军队在伊犁的驻军费用五百万卢布（清国并没有请求俄国驻军）。这就是中俄《里瓦几亚条约》。据说崇厚去俄罗斯谈判之前，给自己算了一卦，算命的对他说几月几日之前如不回国，就有大凶，命丧黄泉。崇厚的谈判不是如何努力保护国家利益，而是急于要在几月几日前回国，所以对俄国的要求全盘接受。

这种屈辱外交引起公愤，清政府也拒绝批准，崇厚回国后被捕，判处死刑。

清政府派驻英公使曾纪泽（曾国藩之子）赴俄进行修改条约的谈判，同时请求英、法两国出面调停。俄国不会轻易把吞进去的东西吐出来，但是那个时期俄国在柏林会议上失去巴尔干战争的胜利成果，脱离三帝（德国、俄国、奥地利）同盟，想和法国缔约。俄国打算给法国一个面子，让他欠自己一份人情，于是以取消对崇厚的死刑为条件，同意修改条约。这就是《伊犁条约》，以签订地命名，又称为“彼得堡条约”。该条约规定以额尔古纳为国界，清朝收回伊犁的东半部，但西半部终于成为俄国的领土，至今依然如此。清政府作为收回伊犁东半部的代价，支付给俄国的驻军费增加到九百万卢布。

没有料到清政府会平定阿古柏之乱、收复新疆的不只是俄国，试图在南疆的喀什、莎车、和田一带制造缓冲地带的英国也很失望。在左宗棠攻打阿古柏的时候，英国驻清公使托马斯·F. 威妥玛频繁劝说朝廷停止攻打。朝廷就此事征询左宗棠的意见，左宗棠愤慨回答道：如果英国如此希望建立一个用以缓冲的独立政权，印度土地辽阔，可以割出一部分建立好了，清国肥沃的土地绝对不能割出去。

左宗棠态度强硬，并继续攻打阿古柏。他在这份奏章中同样表述守卫蒙古的新疆也就是守卫首都心脏的观点。

另外，中文长期使用、现在还依然经常使用的威妥玛式罗马字汉语表记法就是这个托马斯·F. 威妥玛发明的，他退出外交界以后，就任剑桥大学的教授。

由于左宗棠镇压太平天国革命，现在中国对他的评价不好。但是，如果没有左宗棠，真不知道新疆会成什么样子。那个时代有他这样头脑清醒的塞防派人物可以说是中国的幸运。

《伊犁条约》签订三年后的 1883 年，爆发清法战争。

瓜分中国的战争已经拉开序幕。英国以香港为基地，以上海、天津等主要是东南地区的商港为立足点，从中国的大门闯进来。俄国沿着从东北到西北的国境线开始南下。法国以越南为基地，计划从中国的西南，即云南往内地侵入。

法国的侵略总是以保护天主教徒为借口。1858 年法国以这个借口出兵越南，参加洗劫圆明园的法军三千五百人从清国调去进攻越南南部。

受到法军巨大压力的越南政府向太平天国的一个派别刘永福求援。刘永福率领的军队称为黑旗军，于1873年12月击退已经占领河内的法军。

1882 年，法国兴兵试图再次占领河内。第二年 5 月，越南军队和黑旗军共同作战，在河内城西纸桥大破法军，击毙法军司令李维业。不甘失败的法国于12月的议会上通过追加军费以及增援一万五千人士兵。清法战争从此开始。

法国远征军总司令是孤拔，凭借压倒性的武器和兵力，攻占山西、西贡、顺化、河内等城市，控制红河三角洲。应越南政府的请求，清国出兵。

越南和清国属于藩属与宗主国的关系，这与朝鲜和清国的关系一样。越南接受清国的册封，在进贡的名义下进行贸易，清国不干涉其内政。但是局势危急的时候，例如国内发生叛乱、受到外敌侵略等情况下，作为宗主国的中国要拯救藩属国于危难。然而这是极其少见的。从明朝到清朝的五百年间，朝鲜与中国一直保持这样的关系，但只有在丰臣秀吉侵略朝鲜那一次请求宗主国出兵救援。

出兵救援是宗主国的义务，不可思议的是清朝正规军与当年反清的太平天国系统的黑旗军能够并肩为越南而战，而且正规军不堪一击，望风溃逃，黑旗军英勇善战。

新疆的战争刚刚结束，无法继续开展大规模的军事行动，但李鸿章从一开始就不打算和法国认真较量，一心只想着尽快结束战争。1884年5月，李鸿章在天津会见法国代表福禄诺，缔结所谓的《中法简明条约》（《中法关于友好睦邻的临时协定》），规定出兵越南的清国军队撤回国境线，承认法国对越南的保护权。

此时的李鸿章对帝国主义列强的手法似乎还不熟悉。修改崇厚所签订的《里瓦几亚条约》、缔结《伊犁条约》都以为有赖于曾纪泽的努力，其实是左宗棠对阿古柏取得压倒性的胜利才逼迫俄国做出让步。

《中法简明条约》签订以后，法国立即开始进攻清军，理由是清军违反撤至国境线一侧的承诺。条约的确规定清军撤回国境线一侧，但没有规定具体日期。这也许是法国设下的圈套。清军对法军蛮横无理的进攻予以反击，伤亡其百余人。

驻北京的法国公使要求清政府赔偿战费一亿五千万法郎，并立即撤回清军。清政府慌慌张张地表示准备一个月之内全部撤军，但就在这期间，法国舰队攻打福州马尾军港。当时的船政大臣何如璋曾担任第一任驻日公使，担心酿成外交问题，便禁止还击。法国舰队没有遭到任何抵抗，不慌不忙地开炮，全歼福建水师。投资两千万两银子、承载着洋务派的期望建造起来的中国最大的马尾造船厂也变成一片废墟。

福建水师覆灭三天后，清政府对法宣战。战局朝着对清军有力的方向发展，攻打福州的法国舰队登陆台湾失败，只能困在海上。第二年，

1885年3月，法国舰队进犯浙江沿海，宝山炮台进行还击，提督孤拔负伤，6月死于澎湖岛。

杂牌军出身的老将冯子材在越南对法军展开猛烈进攻，攻取谅山。法军司令尼格里身负重伤，仓皇败退。黑旗军也在西部战线痛击法军。

由于法军名誉扫地的败战，法国茹费里内阁倒台。

这个时期已经进入电信时代，通过电信通报战况。谅山大捷两天后的1885年3月31日，身在欧洲的曾纪泽给李鸿章发来一封电报。曾纪泽身兼驻英国、俄国、法国的三国公使。电文说道：

凉山克，茹相革，刻下若能和，中国极体面，虽稍让亦合算。似宜趁法新执政初升时速办。

获胜之后议和的确条件对自己有利，而且敌方的内阁已经倒台。李鸿章抓住这个机会，议和很快达成协议。

然而签订的条约似乎让法国大吃一惊，因为新约承认法国在控制红河三角洲的鼎盛时期所签订的《中法简明条约》的有效性。

评价清法战争，可以说清国军事获胜，外交失败。然而，李鸿章另有想法，他出于自己的利害考虑必须千方百计地阻止战争继续下去。

福建水师全军覆没，其创建人是林则徐的女婿、塞防派的沈葆桢。沈葆桢已经死去，船政大臣是何如璋，但他不是李鸿章的人。既然福建水师已经覆灭，如果战争继续下去的话，李鸿章必定要出动自己的王牌军北洋水师。北洋军队是李鸿章真正的政治资产，因为有这个武力做后盾，他就具有强大的发言权，其地位稳如泰山。如果在对法作战中受到挫折，他的政治影响力就随着减弱。正是出于这种一己私利的考虑，在军事获胜的情况下，还对法国认可那个对清国不利的简明条约。

将个人利益置于国家利益至上，这是晚期症状的表现。

马尾造船厂在法国舰队的攻击下化为灰烬可以说是洋务派挫折的标志。仅仅吸收西方技术，是否就能拯救中国呢？许多人开始思考这个问题。技术的背后是思想哲学，抽去深厚的思想基础，仅仅吸收技术，这是浅薄的做法。

面对西方的技术，思考为什么会诞生这样的技术的时候，自然会关注其深层次的思想和哲学。从某一方面来说，这种技术是政治体制的产物。

原封不动地保留清朝腐败的政治体制，只是肤浅地吸收西方的科学技术，认为这样就可以使中国得以新生，这样的想法不是太天真幼稚了吗？通过洋务运动，研究外国学问的人大量增加，其中有的人开始认识到必须改变政治体制，这是极其自然的。甚至几乎没有触及西方思想学问的太平天国也断定现有的体制无法拯救人，必须改变政治体制。

按照李鸿章的意图，清法战争的媾和于 1885 年匆匆忙忙地缔约。这一年，二十岁的孙中山在香港的中央书院毕业，第二年进入广济医学校学习。他的自传中有这样一段话：

自乙酉中法战败之年，始决倾复清廷创建民国之志。由是以学堂为鼓吹之地，借医术为入世之媒。

考虑“倾复清廷”者，当然不只是青年孙中山一个人。广济医学校的管理者是美国牧师凯尔博士。孙中山在这里结识郑士良，成为至交。后来他转到香港医学校学习，又结识陈少白、尤少纨、杨鹤龄、陆皓东这些志同道合之士，在一起纵谈阔论中国革命。这说明中国正在诞生与太平天国不同的革命家团体。

清法战争的影响也波及东面地区。由于清国忙于与法国打仗，无暇顾及其他地区，日本趁机在朝鲜发动政变，结果以失败告终。这就是“甲申之变”。公历 1884 年 12 月，日本支持亲日派政客，试图在朝鲜建立亲日政权。

在讲述甲申之变之前，先讲述壬午兵变。壬午兵变发生于 1882 年，两年后的甲申之变是壬午兵变的延续，十年后的甲午战争（日清战争）依然与壬午兵变有关联。

当时的朝鲜是李氏天下，最近似乎称其为汉阳政权的人多起来。汉阳是现在的汉城，朝鲜王朝定都于此。

1388 年，曾致力于讨伐倭寇的李成桂推翻高丽王朝，建立新王朝。这是一个持续了大约五百年的古老政权，以儒教为国教的官僚体制国家。

它承认明朝、清朝为宗主国，当然维持独立的政治态度。清朝没有干涉朝鲜的内政，也没有在朝鲜强制推行剃发留辫的政策。

李氏朝鲜第二十五代哲宗无子，1863 年拥立旁系的李熙为第二十六代国王。但李熙的父亲李世应还健在，由于是国王的父亲，所以称为“大院君”。国王李熙性格优柔寡断，无法抑制其父对政治的介入，也无法抑制其妻闵妃对政治的干预，于是朝鲜的政局就出现大院君派和闵氏派的斗争。

除了这种人际派系之外，还有政治思想上的派系。主张继续奉行清朝为宗主国、避免与列强直接接触以保持国家政权的一派称为“事大党”，主张断绝与清朝的藩属关系、接受列强的援助、改革政治的一派称为“开化党”，两派对立斗争。

以图解形式说明大院君派、闵氏派、事大党、开化党之间错综复杂的关系十分困难。闵氏派有时显示出开化党的态度，后来又倾向事大党，但不久又离开，其原因据说是政敌大院君派成为事大党。其间的关系难以理解，当然如果抓住要害，也可以条分缕析。开化党中还有亲日派、亲俄派等派别。

壬午兵变发端于站在开化立场上的闵氏派邀请日本军官训练朝鲜军队实行近代化，这个举动刺激了旧军队的军人。如果新军训练成功，旧军队的军人就会丢掉军职。在这样担心忧虑的时候，加上军饷迟迟未发，甚至以大米代替军饷，而且大米里还掺杂有大量的沙子。虽然也许是奸商所为，但旧军官兵郁积的愤怒不满由此爆发出来。对训练新军的不满当然针对闵氏派，官兵们也许受到对闵妃家族窃据高位不满的政客的煽动。

闵妃利用王子出生的机会，把大院君从摄政的位置上拉下来，实行国王亲政，但亲政徒有虚名，实际上组成了闵妃内阁。

对闵妃怀着深仇大恨的大院君利用军队的不满，发动叛乱。这就是壬午兵变。壬午兵变既是对闵妃政权的反抗，也是反日暴动。他们打砸火烧日本公使馆，打伤日本人，弄得花房公使连忙逃回日本。不久，他乘坐军舰返回朝鲜，以武力逼迫朝鲜道歉和赔偿。

清国认为壬午兵变的原因在于大院君，便将他绑架到清国，与朝鲜的政治隔离开来。起先有人主张暗杀大院君，最后由李鸿章做出上述决策。当然，同时将倾向于亲日的开化主义的闵氏政权改变为事大主义是清国的方针。为镇压壬午兵变，清国第一次派遣三千军队进入朝鲜。二十四岁的袁世凯作为随军幕僚进入朝鲜，后来就留下来对朝鲜进行事大化的工作。

日本当然很不高兴，为了缓和朝鲜的反日情绪，也开展减少赔偿金额、邀请高官考察日本等工作。

不久发生清法战争，日本抓住这绝好时机，急急忙忙地发动政变，推翻变成事大党的闵氏家族政权，建立亲日政权。然而，可以说日本过于轻视清国驻朝鲜特派员这个年轻的袁世凯才导致政变的失败。

当时的日本公使是竹添进一郎（后来成为东京大学教授），朝鲜亲日派的巨头是金玉均。以金玉均为首的亲日派政客在竹添公使的支持下于 1884 年 12 月发动政变。

这一天是汉城邮政局落成典礼，举行祝贺宴会。政变者在邮政局周围纵火，搅乱会场，并且闯进昌德宫，将国王转移到景佑宫，请求日本公使保卫王宫。金玉均等闯入王宫后，把闵氏家族的主要成员叫出来，在王公内尽行杀害，闵泳穆、闵台镐、赵宁夏、李祖渊、尹泰骏、韩主稷、柳载贤等重臣皆被杀。

竹添公使率领一个团的日本兵进入王宫，在日军的刺刀下诞生了亲日政权。但是，当时清国军队有一千五百人驻守在朝鲜。由于发生清法战争，传言说这支军队将要调防，竹添公使对此寄予希望。但由于李鸿章采取尽快与法国媾和的方针，所以没有调动驻守朝鲜的清军。竹添公使以为采取迅雷不及掩耳的快速行动应该有成功的把握。

袁世凯采取接受逃过劫难的重臣沈舜泽请求出兵的形式，立即对政变派展开反击。清军以绝对的兵力优势迅速粉碎亲日派的政变。洪英植、朴泳教等亲日派要员被杀，金玉均、朴泳孝等狼狈逃往仁川，与竹添公使一起乘坐千岁丸亡命日本。

竹添公使本人也是死里逃生，日本公使馆被烧，几十个日本人被杀。自从颁布防谷令以后，人民中深藏着烈火般的反日情绪。朝鲜米价便宜，日本商人大量购买囤积居奇，造成朝鲜大米不足，按照朝鲜的一般收入水平计算，米价极贵，出现饥馑现象。于是朝鲜制定防止日本商人疾风暴雨般疯狂抢购大米的法令，但日本商人置若罔闻。朝、日两国发生贸易摩擦。

关于金玉均等人亡命日本，起先竹添公使不同意他们上船。如果他们留在朝鲜，必定遭到在政变中被杀的闵氏家族的报复，身首异处，四分五裂。其中一个亡命者李圭完这样叙述当时的情景：一悲祖国之命运，二恨友邦日本之薄情。

千岁丸船长辻胜三郎出于侠义之心，不忍把他们丢下不管，让他们上船。这与后来孙中山的情形一样，对于亡命者，日本政府的态度非常冷漠无情，而民间伸出热情的双手。

竹添公使成为东京大学教授以后，绝口不提甲申之变，据说曾经偶尔流露一句“自己不明，以至于被袁世凯算计”。

关于甲申之变的事后处理，日本派遣外相井上馨①为全权大使前往朝鲜，朝鲜赔礼道歉，并承诺支付赔偿金、对杀害日本人的犯人判处死刑、为新建被烧毁的公使馆提供地皮等，双方签订所谓的《汉城条约》。

第二年3月，伊藤博文②来到中国，与李鸿章签订《天津条约》。李鸿章以北洋大臣的权限在条约上签字。条约规定两国均从朝鲜撤兵，将来如一方出兵，事前必须照会另一方；同时决定委托日本和清国以外的第三国教官训练朝鲜军队，最终同意邀请美国教官。

这个《天津条约》也无法稳定风雨飘摇的东亚局势，条约签订九年后，日、清两国终于交战。

---

① 井上馨（1835—1915年）：政治家。积极参加讨幕运动，任明治政府第一届伊藤内阁的外相，推动极端的欧化路线。后任农林大臣、内务大臣、大藏大臣等。——译注

② 伊藤博文（1841—1909年）：政治家。积极参加讨幕运动，担任明治政府第一届首相，制定帝国宪法，确立天皇制，后任枢密院议长、贵族院议长、立宪政友会总裁等，先后4次组阁。发动中日甲午战争。1905年首任“韩国统监”，1909年在哈尔滨被朝鲜志士安重根刺杀。——译注

中华的飞跃

甲午之年

在日本与清国开战的时候，明治天皇不同意派敕使向伊势神宫[①]和孝明天皇陵报告。

如此之事，实非本意，岂敢告知神明。

这是他的理由，“实非本意”是委婉的表达方式，明确地说就是“非义战”的意思。明治天皇不赞成内阁的跻身帝国主义列强在朝鲜建立霸权的方针。

宪法已经颁布，天皇是受内阁辅弼的立宪君主，从制度上说，明治天皇不能对开战的决定表示反对，但拒绝向伊势神宫和孝明天皇陵派遣敕使，他没有勇气将这场非义战的战争向父皇以及先祖的魂灵报告。

此战乃大臣之战，非朕之战。

这是明治天皇的话，明确表示他的甲午战争观。但是，开战之前，大臣们将各种报告呈送天皇，所以明治天皇对开战的经纬十分了解。

明治维新以后，日本出现通过外征转移国内政治危机的倾向，征韩

---

① 伊势神宫：位于三重县伊势市的神社，由供奉天照大神的皇大神宫和供奉丰受大神的丰受大神宫组成。皇居祭祀的最高场所，其规格超过“神社”，所以正式名称为“神宫”。明治以后，成为国家神道的中心。1946 年后成为宗教法人。——译注

论[1]、西乡从道的征台战役、江华岛事件[2]等都是其表现形式，同时也已经产生日本国内产业获得海外市场的意识。只是由于处在资本主义尚未发达阶段，日本与清国在朝鲜半岛问题上的对立更多地表现在政治上，而非经济领域。

甲申（1884年）之变，日本发动的试图在朝鲜建立亲日政权的政变失败。作为事变善后处理的《天津条约》，规定日、清两国从朝鲜撤兵，今后一方派兵时，应照会另一方。

日本在政变失败后，判断当时的武装力量不如清国，才同意从朝鲜撤兵。日本寄希望于清国军队通过清法战争受到削弱，但李鸿章决定不扩大清法战争，使得袁世凯可以积极调动驻朝清军。

两国军事力量的比较，日本尤其是海军力量处于劣势，清国的北洋舰队拥有“定远”“镇远”这样在当时是超大型的钢铁战舰，日本海军根本无法与之抗衡。甲申事变以后，日本以清国为假想敌，积极扩军备战。参谋本部在小川又次少将的领导下制订出《清国征讨策案》。当时日本还不具有建造钢铁军舰的能力，便向英国订购巡洋舰吉野和秋津洲。在日本加紧增强军备的时候，清国不仅没有任何应对措施，还把本应用来增强北洋军队战斗力的军费挪用于为庆贺慈禧太后六十岁生日建造颐和园的万寿山大庭园。十年里，清国没有从外国订购一艘军舰，而日本订购的都是速度快、装备新的新式军舰。相比之下，北洋舰队正逐渐老化。当日本判断自己的总体军事力量已经超过清国的时候，就等待可以发动战争的借口。这个导火索就是金玉均的被暗杀，朝鲜政局不稳，具体地说就是东学之乱。

甲申政变失败后，金玉均亡命日本。日本民间人对这个亲日政客关系不错，但政府的态度大不一样。金玉均无疑是朝鲜政府的叛逆者，尤其发动政变杀死闵氏家族的许多人，所以当时的朝鲜执政者对他刻骨仇恨，要求引渡金玉均，但日本政府没有同意。日本政府也觉得如何处理

---

① 征韩论：1873年，西乡隆盛、板垣退助等以朝鲜实行排日锁国为口实，主张对其征伐，但因岩仓具视、木户孝允、大久保利通等主张内治优先，征韩论受挫。后征韩论者下野，举行士族叛乱和自由民权运动。——译注

② 江华岛事件：1875年，日本军舰云扬号向朝鲜示威，逼迫其对外开放，受到江华岛炮台朝鲜守军的回击，日军占领该岛。第二年，日朝签订《江华岛条约》，朝鲜承诺除釜山外，再开放两个港口。——译注

金玉均十分棘手，时而转移到北海道，时而转移到小笠原岛，尽量置于政治旋涡之外。

立志朝鲜政治改革的金玉均对这种状态感到焦虑。朝鲜政府派刺客潜入日本试图暗杀金玉均。金玉均本想依靠日本改革本国政治，但日本政府对他态度冷淡。在日本九年的亡命生活，他对日本政府似乎已经失望。于是，他改变想法，打算直接与李鸿章谈判，对朝鲜实施改革。金玉均过于依靠个人影响力的做法，显示出他在政治上的幼稚。不过，对他疲惫于亡命生活的心情还是值得同情。于是，他来到上海，没想到这是刺客的圈套。在上海被与他一起行动的朝鲜人洪宇钟用手枪杀死。这洪宇钟是朝鲜的闵氏政权派出来的刺客，装作在思想上与金玉均共鸣，赢得他的信任，得以接近。

清国按照朝鲜政府的请求，将金玉均的遗体送还朝鲜。李鸿章给上海道台发电，命令检查金玉均的遗物，烧毁一切文件。朝鲜政府的高官中，似乎不少人对金玉均的思想共鸣，或者认定也许金玉均将来会建立政权而写密信讨好。如果闵氏政权发现这些信函，当事者都会身陷缧绁。李鸿章自然是得到长驻朝鲜的袁世凯的报告后采取的措施。另外，朝鲜政府还请求赦免刺客洪宇钟死刑，李鸿章最终也同意。

洪宇钟回国，如将军凯旋。金玉均的遗体被处以最严厉残忍的极刑——凌迟。原本是活人被千刀万剐，金玉均则是遗体受此刑，割下的头颅、砍断的四肢挂在杨花镇示众，用木棍支成三脚架，首级吊在上面，旁边竖着写有“大逆不道玉均”的布幡。这种极其野蛮的“枭示”自然受到外国人的严厉谴责。日本驻朝鲜公使大岛圭介事先告诫朝鲜政府不要对金玉均的遗体施加凌迟之刑，但朝鲜政府充耳不闻。他们的逻辑是：金玉均犯有国家最大的罪行，理应受到最严厉的刑罚。当然这其中包含着被金玉均所杀的闵氏家族的报仇心理，枭示大约五天。此事在日本报道以后，引起群众的激愤。日本不仅对朝鲜政府的行为，甚至对清国送还遗体、释放犯人的措施也产生很大的反感。日本民众的反感以及舆论的高涨为主战派提供了开战的借口。

其实，日本政府对李鸿章处理在上海被暗杀的金玉均的遗体措施采取默认的态度。事发地在上海，如何处理这起案子，当然是清国掌握主导权。但是，与金玉均同行的日本人等同情金玉均的人们主张将遗体运回日本，尤其是与金玉均同行、崇拜金玉均的和田延次郎十分热心，将遗体寄存在上海的日本油船会社的仓库里，准备运往日本。但是，日本驻上海领事馆指示他暂缓运回。和田直接找大越领事商量，大越只是重复说暂缓运回，不告诉任何理由。然而当和田从领事馆回到油船会社的仓库一看，发现金玉均的遗体已经转交给了工部局的警察。

那时我很年轻，（看到这种情况）浑身热血沸腾，懊悔愤恨，捶胸顿足，失声痛哭，与其抱怨当地警察的违法行为，更对日本领事不可理喻的态度痛切愤恨。

这是葛生东介所著《金玉均》的附录中记述的和田延次郎的一段话。

李鸿章将金玉均的遗体送还朝鲜大概是为了强调宗主国的权威吧。送还藩属国的反国家罪犯的遗体，也是清国卖给朝鲜的一个人情。

那么，日本政府为什么反对将遗体运到日本呢？上海领事馆当然是按照外务省的指示行事。金玉均的确在日本民间很有威望，日本政府完全可以想象，朝鲜对清国交还的金玉均的遗体处以枭示必定会在日本国民中引起愤怒的呐喊。日本政府所期待的似乎就是这种国民的怒声。有人认为，清国采取这样做法实际上是日本的井上馨外相与清国的李鸿章之间事先已经谈妥。

日本政府期待出现这样的效果，而李鸿章可以保持宗主国的面子。在上海被暗杀的藩属国的反国家罪犯的遗体如果送到日本，清国作为宗主国就会丢失脸面。最竭力否定清国对朝鲜“宗主权”的是日本，但为了期待这起事件产生更大的效果，这次日本实际上同意清国采取宗主国的措施。

日本在浅草的本愿寺举行金玉均追悼会，据说规模之盛大隆重前所未有，同时还举办“金玉均事件演说会”“对外硬派大恳亲会”等，近卫笃麿[1]、犬养毅[2]等都参加。舆论沸腾，对清的仇恨情绪顿时被煽动起

① 近卫笃麿（1863—1904 年）：政治家。历任学习院院长、贵族院议长、枢密顾问官等。曾组织东亚同文会、对俄同志会，主张实行强硬的外交路线。——译注

② 犬养毅（1855—1932 年）：政治家。1929 年任政友会总裁，1931 年组阁，任首相。在 1932 年五一五事件中被暗杀。——译注

来。战争需要“仇恨情绪”这根发条来启动。第二次世界大战期间，因为没有煽动“仇恨情绪”的借口，就不断制造“美英鬼子”的坏话。当时的情况如今记忆犹新。发动对清战争，金玉均遗体事件大概可以起到强有力的发条作用，只是这起事件本身难以成为开战的直接理由。

开战的起因必须是清国出兵朝鲜。《天津条约》规定，如果一方出兵，另一方也有出兵的权利。如果朝鲜发生内乱，朝鲜有可能请求宗主国出兵镇压，这样日本也可以出兵。宗主与藩属的关系，近代国际法对此感到陌生，当西方的力量影响到东亚的时候，这种关系就解释为存在于国际法之外的多年习惯。虽说是宗主国，但几乎从不干涉藩属国的内政，只是在藩属国处于生死存亡的紧急之秋，例如发生大规模的内乱、外敌入侵，宗主国才会应藩属国的请求出兵。从丰臣秀吉进攻朝鲜以后，中国明、清两朝更迭的混乱时期另当别论，朝鲜政府从来没有将宗主国的军队引入国内。

日本盼望朝鲜发生可以导致清国出兵的内乱。朝鲜政权在政治上已经出现末期症状，发生内乱不足为怪。

金玉均被杀是在1894年3月，几乎在同一时期，朝鲜发生东学之乱。由于时期过于凑巧，所以不少人怀疑东学之乱与日本有某种关系。其实东学之乱并非日本策划制造的。

在朝鲜发生骚乱的时候，日本的浪人的确到过釜山进行煽动捣乱，使得骚动的发展符合日本的国家利益。的野半介[①]、内田良平[②]、铃木天眼[③]为领导的“玄洋社”的年轻人自称“天佑侠”，经常策划这样的阴谋。“玄洋社”可以说是“黑龙会”的前身，负责日本对外发展中的非法部分。天佑侠的年轻人中有的自夸曾经煽动东学闹事，自以为是甲午战争的最大功劳者。他们大概不过是妄想狂的一派胡言。东学的政治纲领明确提出“排日”，甚至要求政府严惩通倭（日本人）者，所以东学绝对不会受到日本浪人的煽动，接受其援助。

---

① 的野半介（1858—1917年）：明治、大正时代的政治家。平冈浩太郎、头山满的玄洋社的社员，后加入自由党。3次当选众议院议员，后任《九州日报》社社长。——译注

② 内田良平（1874—1937年）：右翼活动家。曾加入玄洋社，1901年成立以头山满为顾问的黑龙会。提倡大亚细亚主义，主张侵略中国、对俄开战、吞并韩国。1931年成立大日本生产党，任总裁。——译注

③ 铃木天眼（1867—1926年）：明治、大正时代的记者。曾任秋山定辅创刊的《二六新报》的主笔，后在长崎创办《东洋日出新闻》，任社长。曾支持孙中山的革命。——译注

外务大臣陆奥宗光[①]在《蹇蹇录》中这样说道：

> 他日若有编撰日清两国之间当时之外交史者，当必以东学党之乱置于开宗明义第一章。

所谓东学，并非当时突然冒出来的“党”，而是三十多年前的1860年成立的一个宗教结社，教祖是没落两班（士族）出身的崔济愚。

崔济愚认识到，鸦片战争以后，西方的力量总是压倒东方，这不仅因为技术的优秀，更是思想、精神领域的先进。可以说这远比清国洋务派对西方的认识更深刻，洋务派认为西方只是科学技术的先进，思想、精神领域还是中国的好，所以只要吸收西方的技术就可以。

西方的先进思想、精神一切都源于基督教。崔济愚称之为“西学”。为抵御西方的侵略，需要比西学更强大的思想，就是说需要坚强的精神武器。崔济愚努力创建这个体系，称之为“东学”。据说“东学”实际上是综合儒、佛、道这东方古老的三教，加上传入朝鲜的萨满教的宗教因素，同时也吸收基督教的长处。

“东”是针对“西”而言，具有强烈的针对基督教的意识以及浓厚的民族主义的排外倾向。因为东学具有激烈的排日思想，所以把日本视为西学的爪牙。

东学创建的时候，是作为宗教结社，但朝鲜政府害怕结社，不论以何种名义。这与少数民族政权的清朝害怕、镇压所有结社的做法很相似。

东学作为宗教，其根本思想是“人乃天”。神并非超越性的存在，神存在于人之间。由于社会不稳，人们失去精神信仰，这个新兴宗教——东学迅速发展膨胀。政府害怕群众在宗教的旗号下集结成反体制的力量，便对东学实行镇压。加在教祖崔济愚身上的罪名是“左道惑民”，于1863年被捕处死。所谓“左道”，类似妖术，以骗人的妖术蛊惑民众，这就是处死之罪。

官府的镇压往往反而导致增强结社力量的结果，尤其宗教结社更是

---

① 陆奥宗光（1844—1897年）：明治时期的外交官。出身于和歌山藩，脱离藩籍参加尊皇攘夷运动。后在第二次伊藤博文内阁中担任外务大臣，参与修改幕府与外国签订的不平等条约。参加马关谈判，强迫清政府签订《马关条约》。著有《蹇蹇录》。——译注

如此。尽管教祖被处死，东学信徒的人数却不断增加。二世教祖崔时亨号召为“教祖申冤”，组织群众运动，就是动员群众举行抗议活动，向政府申诉一世教祖是屈死。这种名叫“参礼集会”的抗议集会在各地举行，“伏阁上诉”，开展以向国王直接申诉的形式的活动。

对下级官府直接申诉，在朝鲜并不鲜见。有时农民跑到村公所申诉税金太重。申诉的时候，自然要递交申诉状，带头签名的人叫作“状头”。因为害怕受到惩罚，谁也不愿意当状头，而具有宗教信仰的东学信徒经常自愿担任状头。久而久之，原本进行宗教活动的东学也参与农民运动。

以前的民众暴动一般只闹到郡厅为止，叫作“民乱”，闹到郡厅就达成妥协。民乱之间没有横向联系。后来，东学参与这种零散的民乱，逐渐发展成为若干个郡的联合民乱。

朝鲜的农民受到官府的压榨剥削，生活窘迫。他们以稻米纳税，但官府巧立名目，总是比规定多收税米。例如所谓的“鼠缩”“干缩”，就是被老鼠吃掉或者干燥丢失的部分都必须额外缴纳，一石要多收四五斗。还有所谓的“吏逋”，就是明明已经缴税，但官员的账簿上还写着“未收”，被他们贪污。历代官员皆如此，中饱私囊横行无忌，所以账簿上的“未收”数额巨大。

益山郡的吏逋多达三千七百七十二石，账簿上写着“未收”，农民实际上已经缴纳。新任的益山郡守金泽洙宣布未收的部分全部征收。郡守不是不知道吏逋的习惯，他这样做大概也是为了霸为己有吧。老实巴交的农民对这种双重剥削实在忍无可忍，他们选举吴知泳为状头，来到郡厅交涉，但遭到拒绝。愤怒的农民情绪激动，要袭击郡厅，但被吴知泳阻止。他们又上诉道厅，再次遭到拒绝，农民要求暴动，还是被吴知泳安抚下来。全罗道的观察使听取农民的申诉后，解除益山郡守的职务。这看似农民获得胜利，但最后情势发生逆转，状头吴知泳被捕。

事到如今，只有暴动，别无生路，于是在全琫准的领导下发动东学之乱。东学是宗教团体，遍布广大地区，农民的暴动也纳入其组织，东学的重要人物成为农民暴动的领导人。日本称之为“东学党之乱”，但东学不是党，他们自称“东学军”。参加暴动的不仅仅是东学的信徒（他们自称道人），也有人称为“甲午农民战争”，但主导权无疑掌握在东学手里。据说二世教祖崔时亨起初对暴动的态度比较消极，被全琫准强大的领导力拖了进来。

东学军在白山聚集数万人，在一座名叫黄土岘的山上全歼前来讨伐的官军。朝鲜政府大为惊骇，派遣洪启薰为司令的讨伐军。清国派来的兵船负责运送讨伐军。袁世凯经过观察，向李鸿章报告说东学是邪教的乌合之众，为时不长。但是，东学军趁洪启薰被诱至南方之机，攻占全州。全州是李氏朝鲜的始祖李成桂的故乡，朝鲜政府这才意识到事态的严重性，请求宗主国清国派兵支援。

虽然朝鲜请求出兵，但是否出兵，由清国决定。具体地说，由李鸿章决断。派去的部队主力是北洋军，即过去的淮军——可以说半是李鸿章的私兵。他就是依靠这一支北洋军的武装力量，才能够长期保住直隶总督、实质上的宰相的地位。他之所以急急忙忙地缔结对本国不利的条约终结清法战争，也是因为不想让北洋军受到负面影响。

如果出兵朝鲜，将是什么结果，自然只有李鸿章最深思熟虑。根据《天津条约》，出兵的时候必须通知日本，日本也有出兵的权利，如果因此与日本发生冲突，自己的王牌军北洋军有可能受到重创。日本的反应令人担忧。

东学军集结白山是在 1894 年的 5 月初，5 月 31 日攻陷全州。这段时间，大鸟公使获准回国休假，代理公使杉村濬等留守汉城的日本公使馆成员努力开展工作。杉村询问袁世凯清国为何不出兵，似乎在催促，至少袁世凯的感觉是日本对清国出兵没有异议。袁世凯在发给李鸿章的电报中说日本只关心本国在朝商人的安全。就是说，清国出兵，稳定朝鲜秩序，也能保证日本商人的安全，所以日本对清国出兵持欢迎态度。袁世凯还告诉天津的李鸿章，根据《天津条约》，即使日本出兵，大概也只是为保护在朝日侨的少数兵力。

日本驻汉城外交官的工作大获成功，李鸿章的情报只能依靠袁世凯的报告。大鸟公使是驻清国和朝鲜两国的公使，在北京的代理公使小村寿太郎大概通过外交途径也转达日本不反对清国出兵的态度。日本一边开展外交攻势，一边积极准备出兵。

被日本外相陆奥玩弄的不只是李鸿章和袁世凯，连总理大臣伊藤博文似乎也没有觉察出如此大动作背后的目的。德富苏峰[1]在评论甲午战争时说道，这是一场陆奥、川上[2]等少壮派欺骗伊藤等老人的战争。

清国已经决定出兵，根据《天津条约》，日本也决定出兵，但陆奥和川上对伊藤首相说只要派一个旅即可。一个旅约两千人，大概伊藤首相觉得一个旅问题不大。但同样都是旅，有的混成旅的编制可达六七千人。同时陆奥立即成立大本营。大本营设置后，所有的重要机密事宜都由统帅处理，甚至国务大臣都不能干预。有人认为宣战之前就设立大本营属于违法行为，但陆奥、川上等开战派毫无顾忌地制造既成事实。

人们不禁要问：朝鲜请求清国出兵，实现国家独立的夙愿就更加遥远，为什么朝鲜政府还要这样做呢？全州失陷的确是朝鲜政府的重大危机，然而更可怕的是东学与大院君的联合对闵氏家族政权造成巨大的威胁。大院君已经从天津被送回来，但依然被隔离在政治之外。大院君具有非常强烈的政治欲望，对出卖自己的闵氏家族恨之入骨，所以闵氏政府也是极度恐惧，迫不及待地打算依靠清军镇压东学，否则危及政权。

6月4日，李鸿章发布出兵命令。同一天，汉城的杉村代理公使就获得这个情报，立即向国内发电：

火急派日本士兵前来。

陆奥外相的苦恼是日本到达仁川的距离要比清国远好几倍。陆奥在《蹇蹇录》中这样写道：

余在接到清国政府公然出兵的通知两天之前，即六月五日，即命大鸟公使搭乘八重山号军舰离横须贺返任。

三百名海军士兵和一户少佐指挥的一个营的步兵在接到清国出兵通

① 德富苏峰（1863—1957年）：评论家，成立民友社，创办《国民之友》《国民新闻》，起先站在平民主义立场评论时政，中日甲午战争后转为国家扩张主义者。第二次世界大战期间任大日本言论报国会会长。著有《近世日本国民史》等。——译注

② 川上：川上操六（1848—1899年），军人。曾参加戊辰战争、西南战争，中日甲午战争时任参谋次长兼大本营兵站总监、征清总督府参谋长，是策划甲午战争的主要人物之一。后任参谋总长，授衔陆军大将。——译注

知的前两天就与大鸟公使一起出发。在情报战方面，日本优于清国，实际上日本比清国早出兵。太原总兵聂士成率领前锋八百士兵乘坐招商局的轮船从天津出发是6月6日，由于距离近，清军于6月8日抵达牙山湾，早一天出发的大鸟公使与四百二十个士兵于6月9日抵达仁川。清军由于等待后续船队，12日才全部在牙山会合。日军当天冒雨进入汉城，日本方面比清军抢先一步。

日军突然出现在汉城街头，朝鲜政府大为震惊。日军先于请求援助的清军进入首都。

朝鲜民族的最大宏愿是实现国家的完全独立，从内心深处都不希望清国和日本的军队来到自己的国家，但闵氏政权对东学与大院君的联合极其害怕，才不得以请求清国出兵。这是出于维护自己政权的私利，与实现民族的夙愿毫无关系。

讨伐东学的洪启薰向汉城王朝建议应该与东学军谈判和解，尽快让为镇压朝鲜内乱而入境的日、清两国的军队撤回，这符合整个民族的利益，因此消除“内乱”是最好的理由。说是叛乱，其实东学并没有提出推翻闵氏政权，只是谋求改革政治。

事关国家民族的存亡，双方达成妥协，多年的积怨付诸东流，签订了共同努力实现政治正常化的《全州和约》。据说《全州和约》于6月11日签订，这一天是日军进入汉城的第二天，而清军还在登陆牙山湾。

大鸟公使进入汉城的任务是接受朝鲜政府提出的“镇压东学之乱”的请求。清国出兵是因为受到朝鲜的请求，日本出兵只是根据《天津条约》第三条的规定，并没有得到朝鲜政府的正式请求。只有得到朝鲜的正式请求，后续的日军长期驻守朝鲜才能合法化。

但是，《全州和约》签订以后，朝鲜的内乱已经结束，没有必要请求外国军队前来镇压。大鸟公使身在汉城，对此事十分清楚。从现状来说，别说接受朝鲜政府的请求，众多日军没有正当理由可以进入汉城。大鸟公使电报请示东京，东京的回复是：

停止登陆碍难照准。

陆奥、川上的计划书已经写进“战争”。参谋次长川上操六心情着急，从军事观点来看，如果现在还不能把朝鲜半岛拿到手，就无法与西伯利亚铁路开通以后的俄国抗衡。陆奥宗光的《蹇蹇录》里有这样一段话：

该公使（大鸟）频向政府来电，劝谓目前阶段派如此众多兵员来朝鲜，使朝鲜政府及人民，尤其是第三者之外国人，抱无谓之疑团，在外交上实非上策。然而，反视我国之内情，业已形成骑虎之势，中途不能改变既定兵员数。而且，综观清政府之外交手段，此间如何逞其谲诈权变之策，最后将如何欺我，均难预卜。

因为业已形成骑虎之势，所以必须打仗。最后加上不知清国如何欺骗自己这一句话，应该说无意中露出了马脚。其实陆奥外相最清楚李鸿章想撤兵，因为他最担心的就是自己的私兵北洋军遭受损失。接着，大鸟公使又电报请示：

让过多士兵登陆，必然招致外交上的物议。务请命令本使将认为多余的士兵全部撤至对马待命。希与陆军大臣商议后，训令大岛（旅团长）执行。

大概陆奥觉得这样电报来往令人着急，索性派遣加藤书记官直接向大鸟口头传达绝密指示：

利用一切手段制造开战口实。

这样明确的指示绝对不会产生误解。不开战一切都无从谈起。制造开战口实，就是故意对清国挑衅找碴儿。

曾经在闲谷黉学习儒学的大鸟圭介原先主张日清联合共同防御西方列强的侵略，现在要对认为应该建立同盟关系的对手故意挑衅，大鸟公使大概也觉得为难吧。起初他考虑清国文件中对朝鲜使用“属邦”这个词语太多，提出交涉，但陆奥外相觉得这个理由不合适，英、美等国差不多已经认可清国与朝鲜之间的这种宗主国与藩属的关系，视其为东方的习惯。这个问题可以发发牢骚，但作为开战理由显得太弱，会招致各国的强烈谴责，所以必须找到一个理由充分的碴子。

于是，日本提议与清国共同对朝鲜政治进行改革。清国是朝鲜的宗主国，自然不会同意日本的提案。只要清国拒绝，就成为日本动兵的口实。6月21日，清国果然拒绝日本的提案。同一天，日本驻天津武官神尾少佐将清军向朝鲜增兵五千的情报电报告诉国内。然而，这是误报，其实根本没有这么回事。现在无从知道这究竟只是单纯的误报，还是别有用心。陆奥外相根据这份电报，上奏明治天皇说与清国的冲突不可避免。看来一切都按计划顺利进行。

6月22日，召开御前会议，正式决定开战的方针。陆奥外相向清国驻日公使递交绝交书。这是第一次绝交书。7月12日，日本驻北京代理公使小村寿太郎递交给清国政府的称为第二次绝交书。这样，日、清两国处于断交状态。

两国都在8月1日宣战，现在简单讲述一下宣战之前的国际形势。鸦片战争以后，中国的历史离不开与外国的关系。日本的近代史也是如此。

日本打算以朝鲜为舞台把清国拉进来打一场战争，从而使日本成为“列强”的一员。日本在甲午战争开战之前所表现的兴奋狂热，从金玉均遗体事件也可以看出来，充满着打败清国、实现跻身列强的夙愿的强烈期待。英国、法国、俄国都在蚕食中国，显示出列强的威风神气，日本也要这个样子。福泽谕吉[①]的“脱亚入欧论”体现当时日本急切完成国家“转身”的愿望。

清国期望西方列强干涉，让自己不被日本牵着鼻子走。日本与英国存在修改条约的问题，陆奥外相最不放心就是这个。英国要求降低帽子和砂糖的关税，日本为保护本国的相关行业，表示不同意。但如果拖而不决，那就不仅仅是帽子问题这么简单。陆奥外相指示驻英国公使，如果能在7月14日之前签订，可以对帽子和砂糖的关税做出让步。虽然比陆奥规定的期限稍晚，但双方在7月16日正式签订，悬而未决的条约修改终于得以解决。

由于日、清两国在朝鲜发生纠纷，陆奥外相最担心的英国拖延修改条约已经不成问题。另外，陆奥宗光不想以宗主权作为开战的口实，因为英国不仅承认清国对朝鲜的宗主权，甚至希望加强这个宗主权。英国希望通过加强清国对朝鲜的影响以防御俄罗斯南下。

---

① 福泽谕吉（1834—1901年）：明治时代的启蒙思想家、教育家，庆应义塾的创建者。曾随幕府派遣的使节团前往欧洲考察。参加创建明六社，创办《时事新报》，提倡应用科学和独立、自尊的精神。著有《劝学篇》《文明论之概略》等。——译注

英国担心的只是俄罗斯的南下，但如果日本起到比清国更有效地防止俄罗斯南下的作用，英国也应该会感到满意的。一旦战争爆发，英国最担心的是战火燃烧到本国权益最集中的上海等长江下游地区。如果日本向英国保证无意扩大战线至该地区，英国应该不会干涉的。

海防派的李鸿章希望俄罗斯出面干涉，但未能成功。当李鸿章知道无法指望俄罗斯出面干涉时，这才意识到战争不可避免。李鸿章的女婿张佩纶在日记中这样写道：

是日，俄使来，和议无成。合肥[①]甚愤，始决意用兵。

帕布洛夫对李鸿章这样说道：

俄罗斯帝国只是出于友情劝告日本撤兵，无法以兵相逼。至于朝鲜内政是否应该改革，俄罗斯不想介入。

有迹象表明，日本不必担心俄罗斯的干涉，因为西伯利亚铁路尚未完工，俄国无法派大军出征。那是凭实力说话的时代，没有强大的实力，就没有发言权。假如俄国要求日本从朝鲜撤兵而遭到拒绝，俄国会怎么办？俄国也不会出兵惩罚日本，这样俄国会失去面子。

驻北京的俄国公使喀西尼认为应该对日本施加压力，于是李鸿章与他接触，对俄国寄予太大的希望。虽然喀西尼积极主张干涉，但俄罗斯外交部不赞成，吉尔斯外长收到驻日公使希德罗渥的报告，其中说道：

日本人陶醉于自负心，国内处于极度兴奋状态，即使政府欲撤兵也不可能。

主战论调铺天盖地的日本绝对不会由于俄罗斯的干涉而考虑撤兵。俄罗斯既然不能以武力对日本实行惩罚，干涉只能丢失自己的体面。

国际形势有利于日本开战。

---

① 合肥：李鸿章。——译注

北洋败北

北洋军阀的领袖、权势无出其右的直隶总督、相当于宰相的李鸿章也不是超人。他依仗重兵以及独裁者慈禧太后对自己的绝对信任，但也有不少政敌。正因为是最大的实权派人物，政敌也就很多。

四岁即位的光绪帝此时已满二十三岁，慈禧太后已届花甲，可以说慈禧太后的时代即将结束，进入皇帝亲政的时代。皇帝身边形成一群可以称为“皇帝派”的人，他们从感情上反慈禧太后，对备受慈禧太后信赖的李鸿章心怀不满，所以皇帝派也就是反李鸿章派，其主要人物朝廷有户部尚书翁同龢、礼部尚书李鸿藻等，地方有湖广总督张之洞。

也因为皇帝年轻的缘故，凡事都倾向于强硬论。皇帝不能容忍日本在宗主国清国的藩属国朝鲜如此猖獗横行，自然态度比较强硬，但事实上清国无法完全行使宗主权。现实主义者才能执政，李鸿章采取务实的政策，在理想主义者、原则论者看来，这样的政治软弱无力。在对待日本的态度上，皇帝派从一开始就主战，李鸿章则是尽量避免战争。正因为李鸿章是军阀领袖，所以深知清军的实力。就现在的军事力量而言，清国显然不如日本。

7 月 2 日，李鸿章回答光绪帝的垂询时说道：

北洋铁快各舰，堪备海战者仅八艘，请拨二百万两乃至三百万两之军费。

他已经没有信心。这几年，清国没有购买一艘新型军舰。旧军舰无论速度还是机动性都比日本舰队逊色。李鸿章对清国军力了如指掌，所以无法主战。当他知道俄国的干涉无望时，才下决心开战，这时他的心情应该充满悲壮。

十二年前的光绪八年（1882年），北洋军队在质与量两方面都比日本舰队优秀，当时李鸿章对两军的胜负就没有把握。

> 万一中东[1]有事，胜负尚难逆料。

其理由是中国的舰队分属各省，指挥系统未能统一，而日本舰队由海军卿一元化指挥，可以“呼应一气”。那么，清国也可以效仿日本统一军令，但遭到诸大臣反对，未能实现。大臣们心想，如此一来，统辖权都集中到李鸿章一个人身上，无疑只能增强他的实力。在李鸿章的政敌的反对下，军权统一之议案自然不会成立。

不仅清国如此，凡独裁君主制的国家，都十分警惕大权过分集中在皇帝之外的其他人手里。曾国藩在与太平天国的作战中，大权独揽，军权过于集中，所以战后解散湘军，以消除猜疑。权力分散是理想的执政方法，但是与外国打仗的时候，至少军队系统的命令一体化可以大大提高战斗力。道理众人皆知，但就是做不到，因为权力斗争比国家存亡更重要。可以说甲午战争暴露出清国的这种末期症状。

宣战之前的7月29日，李鸿章在奏文中分析对比日、清两国的海军力量，明确指出无胜算可能。日本海军可以使用的二十一艘军舰中，光绪十五年（1889年）以后购买的九艘，船速最高可达二十三节，其他也都在二十节左右。与日本海军相比，清国自光绪十四年以后，没有增加一艘军舰，都是老型号，时速大约十五节，最高十八节。李鸿章预料“海上交战必负”，于是提出一个极其悲观的方法：避开正面作战，军舰游弋于渤海湾内外，做出猛虎藏于山中之状，给敌人造成恐惧感。

清国海军的预算从各地关税中拨付，规定北洋海军每年领取二百万两，但实际上北洋海军只领到一半一百万两，其余部分多被挪用于建造颐和园。李鸿章在宣战之前上书这样的奏文，其目的大概是明确责任。自己以前就说过军令一元化是日本的强势，清国应该效仿，但究竟是谁

① 中东：中国与东洋。东洋即日本。——译注

使这个议案付诸东流呢？究竟是谁削减北洋海军的一半军费预算呢？李鸿章心里也有很多话想说。不要等到打败以后再算这些旧账，李鸿章在开战之前就以奏文的形式留下记录，这是他的一种逃避责任。

北洋海军内部的风气也不是很好，这必须说是其领袖李鸿章的责任。北洋军阀的母体是淮军，大多数领导都是李鸿章的同乡安徽人。北洋海军提督丁汝昌是安徽人，但海军是新建的军种，淮军里自然没有人当过海军。丁汝昌也是从淮军士兵提拔上来的陆军军人。他被派到欧洲去接收订购的军舰，乘坐军舰回国，由于这个关系，此后就调到海军。海军需要航海、机械、炮术等专门技术，为培养这方面的专业人才，便成立福建船政局。这是培养海军士兵的学校，同时也是造船厂。福建船政局设在福州，学生主要是福建人，因此成为北洋海军的骨干，在海军中形成福建帮，而高层领导丁汝昌等是安徽帮。上层领导是海军的门外汉，骨干力量福建帮瞧不起他们。甲午战争的时候，船政局出身的福建帮已经占据上层领导的职务，但提督还是安徽的丁汝昌，他其实被架空了，发号施令不灵。这样的人际关系要是平时也就算了，但在战时绝对不行。

英国临时代理公使巴捷在日、清两国间进行最后的调停，日本出于礼貌接受调停，在向清国派遣共同委员问题上提出苛刻的条件，并限期7月24日之前回答。日本非常明白清国根本不可能接受这些条件。

其实日本也已经给朝鲜递交了实质上的最后通牒，回答期限是7月22日，这也是朝鲜根本做不到的。日本提出以下四条：

一、日本政府亲自架设京釜（汉城—釜山）军用电信。

二、朝鲜政府恪守《济物浦条约》，迅速为日本军队建造全部兵营。

三、派驻牙山之清兵名义不正，应让其迅速撤退。

四、废除《清韩水陆贸易章程》等一切妨碍朝鲜独立的清韩之间的条约。

所谓清国派兵名义不正，指的是“属邦救援”。《济物浦条约》是日本与朝鲜之间的条约，强调朝鲜是独立国家。既然朝鲜是独立国家，清国还称其为属邦，简直岂有此理。如果清国的派兵名义不正，日本的派兵也是师出无名。朝鲜请求清国派兵，所以不能只要求清军撤走，而让日军留下来。日本故意提出这样无理取闹的条件，从一开始就知道朝鲜无法回答。

日本规定朝鲜的回复期限是7月22日、清国的回复期限是7月24日，这是按照其开战计划设定的。朝鲜在期限内无法回复上述四条要求，日军便于7月23日凌晨攻占朝鲜王宫，接着进攻清军驻扎的牙山，但考虑到行军速度，留出四十八小时的时间差。

朝鲜王宫称为景福宫。因为没有按时回复，日军就突然包围王宫，这是蛮横无理的行为，于是日本事先制造口实。日本的口实欺骗不了在朝鲜的外国人，就一味在日本国内强调“正义之战”的理由。

朝鲜国王想向亲生父亲大院君咨询国政，这个想法已经传告给大院君，但大院君害怕一旦闵氏家族得知就会路上袭击，所以是否前往王宫犹豫不决。国王无奈，只好向日本公使请求日军护卫大院君进殿。在大鸟公使与士兵一起护卫大院君进入王宫的时候，闵氏家族指挥的朝鲜兵突然开炮，企图予以阻止。士兵立即迎战，约二十分钟将对方镇压下去。

汉城的清国驻朝鲜总理公署也同时遭到日军的攻击，袁世凯连夜逃回国内，留守的唐绍仪迅速逃进英国领事馆避难。

7月24日，朝鲜国王颁布诏敕，将全权委托给生父大院君。大院君从被幽禁的天津回国后，心情郁闷，人生失意，心底燃烧着对闵氏家族的复仇烈焰，如今被日军抬出来，做的第一件事就是报复闵氏家族。身居要职的闵泳骏等全部被判处流放，而且执行迅速，但是对大鸟公使需要的那份公文却以种种借口迟迟不拿出来。大鸟公使所需要的公文其实就是向日军提出的“委托书”：

希望（日本政府）替朝鲜政府击退牙山的清军。

以大院君为代表的朝鲜政府无法判断日、清两国交战谁胜谁负。如果清国获胜，自己的政权领导就会遭到清洗。为避免清国一旦获胜的报复，大院君就必须摆出“自己是被日军刺刀逼迫下不得已而为之”的态度，并且要做出一些对日军并非唯命是从的行动让大家有目共睹。一而再，再而三地拖延上述公文就是对日军尽量抵抗的具体表现。后来知道，朝鲜政府尽管在日军的刺刀威胁下，当时却与悄悄来到平壤的清军代表进行接触。

虽然没有得到朝鲜政府的正式公文，日军却已经向牙山进发。发兵以后才接到公文，大鸟公使根据发兵的时间篡改了公文颁发的日期，这在史学界已基本成为定论。当明治天皇看到在朝日军发来的7月28日收到朝鲜政府公文的报告后，命令伊藤首相进行调查：

收到朝鲜政府这个的委托公文，究竟是怎么回事？是事先发出指示吗？还是委托给公使呢？告诉朕，外务大臣发出什么指示？

虽然朝鲜政府送来委托出兵的公文请求，但日本政府不一定就答应。明治天皇的话显然是不赞成攻打牙山。伊藤首相体会天皇的意图，指示参谋本部和陆奥外相停止攻打牙山。然而，陆奥外相扣押停止攻打牙山的命令，没有发出去。在这种情况下，明治天皇才说出上面那句“此战乃大臣之战，非朕之战”的话。四天后宣战，明治天皇不认为这是一场正义之战，拒绝派敕使向伊势神宫和孝明天皇陵报告开战的消息。

陆奥也有他的理由，不能错过跻身列强的大好时机。他知道日军已经向牙山进发，如今是骑虎难下。

李鸿章采取集中兵力于平壤的战略。日军的八千部队已经进入汉城，为与之对抗，将大军集结于平壤，这样可以形成南北对峙的局面。而且清军从辽东获得补给，一旦持久战，对补给线断断续续的日军大概很不利。

提督叶志超率领的两千清军驻守汉城附近的牙山，李鸿章考虑也把这支部队从海路调往平壤。但是，叶志超拒不服从李鸿章的这个命令，反过来进言道：大军集结平壤，同时派兵增援牙山，形成南北夹击的态势。这说明北洋军阀的陆军内部不能做到命令畅通无阻。

于是计划变动，决定派兵增援牙山。向英国怡和洋行租赁爱仁号和飞鲸号两艘轮船运送大约一千三百人增援部队登陆牙山，接着，高升号又运来大约一千士兵，为护送运送增援部队，巡洋舰济远号和炮舰广乙号前来护航。日本海军先遣队的三艘军舰于7月24日在丰岛海面发现清国军舰，但没有开炮。7月24号是日本向清国提交的最后通牒的期限日期，日本海军奉命在7月25日之前不发动攻击。

清国军舰也发现了日本军舰，但看到对方没有发动攻击的意思，虽然有点紧张，却也没有进入临战态势。第二天25日，日本军舰突然开炮攻击，济远号和广乙号惊慌恐惧，仓皇逃命。据说这两艘清国军舰挂着白旗，一边开炮一边逃跑。济远号受损严重，勉强逃回旅顺，而广乙号搁浅，火药库爆炸，悲惨烧毁。

这时，装载有大约一千人增援部队的高升号在木造炮舰操江号的护送下恰好从此地驶来，因为是英国船只，浪速舰舰长东乡平八郎①大佐进行检查，发现船上有众多清兵，而且英国船员对清国高级军官的野蛮粗暴十分愤慨，于是将该船击沉，命令“只救白人船员”，因为如果此事成为国际事件，他们可以做有利于自己的证言。清军官兵掉进大海里无人救援，操江号兵舰被日军俘获。第二天，一艘法国军舰偶然经过此地，两百多人幸运被救起，捡了一条命。

这就是丰岛海战的初战，日本宣传大获全胜的海战。日本报道说清舰先开炮，这当然是颠倒黑白，其实清舰根本就没有做好战斗准备。运载一千多人援军的高升号被击沉，使得牙山的清军沮丧消沉，不仅仅是补充兵力的如意算盘落空，更是心理上蒙受沉重的打击。

叶志超将大约三千五百人的兵力一分为二，在牙山东北部二十公里处的成欢配备两千，在其后方公州配备一千五百人。他似乎明白这样的兵力和士气根本无法形成南北夹击。在这种情况下，便想去驻扎有一万多清军的平壤。然而，丰岛海战以后，海上转移兵员已经十分危险。

叶志超的想法是在成欢与日军打一仗，然后将兵力收拢到公州，迂回前往平壤。就是说，叶志超从一开始就没有打算打胜仗，结果在成欢中了日军声东击西的计谋，清军惨败。然而，叶志超向北京朝廷谎报获胜，然后决定前往平壤与友军会师。惨败的清军翻山越岭，辗转北上。

日军为了鼓舞斗志，大张旗鼓地宣扬成欢的胜利。其中司号员木口小平战死后依然手握军号的故事尤为出名，后来还被编入学校教材。

日军在丰岛与成欢海陆两路的作战都大获全胜，清军士气不振，战

---

① 东乡平八郎（1847—1934年）：军人，海军大将。日俄战争时任联合舰队司令，在日本海大海战中战胜波罗的海舰队，后任海军司令部部长兼海军将官会议议员，赐封伯爵。后被赐予元帅称号。东宫御学问所总裁，受封侯爵。——译注

局的发展趋势胜负已定。

9月13日，日本将大本营设置到广岛。可以说这是显示“天皇亲征”的姿态，要求全体国民在这个非常时期团结一致。在前线的日军齐心协力，而集结在平壤的清军各部互相勾心斗角。

淮军创建已经四十年，李鸿章亲手培养起来的猛将都已年老，如今是第二代的将军在第一线掌握兵权。这些人在镇压太平天国战争、对捻军作战的时候，还都是李鸿章看不上眼的下级军官，现在已经成为提督、总兵。虽然他们也都是北洋军阀的将军，与李鸿章个人之间的关系比前一代将军要薄弱得多。

李鸿章听到驻守平壤的各部队将领之间关系不和的情况，认为缺少强有力的统一领导，卫汝贵、左宝贵、丰伸阿、马玉崑等各自是独立王国之主，自然互不服气，争权夺利。李鸿章决定任命一个统帅，此人就是叶志超。他将成欢的败仗向朝廷谎报战功，给北京造成猛将的错觉。但是，平壤的各部将领都目睹叶志超如何狼狈不堪逃命而来的惨象，都认为这样的人事任命实在是用人不当。

就在这时，日军北上，野津[①]中将率领的第五师加上元山支队共一万七千人，而集结在平壤的清军据说是一万两千至一万四千人。按照军事常识，展开围歼的部队一般是被围部队的三倍。本来应该等待后续的第三师到来，但野津部队粮食不够，等待期间就会断粮，在这种情况下，日军只好硬着头皮发动总攻。

平壤的清军中，主帅叶志超主张不战退却，左宝贵表示反对，意见不统一。清军退到鸭绿江附近，日军补给线过于漫长，届时予以反击，这也是一种策略。但是，就在争吵不休、议而不决的时候，已经被野津部队包围。

两军在大同江畔展开攻守战，日军几乎耗尽子弹，于是进行肉搏战。据说野津甚至打算暂时解围，恢复元气，但此时忽见平壤城头悬挂白旗。这是主张不战退却的叶志超命令悬挂的。白旗挂出来以后，清军各部争先恐后地败逃。主战派左宝贵阵亡，清军战死者达两千多人，日军战死者只

① 野津道贯（1841—1908年）：军人，陆军大将、元帅。甲午战争时任第一军军长，日俄战争时任第四军军长。受封侯爵。——译注

有一百八十多人，显然是清军惨败。后代战史学家这样评论平壤之战：

日军之胜利得益于清军当事者之无能。

中秋节的第二天——阳历9月15日这一天，是野津中将对平壤发动总攻的日子，也是明治天皇进入广岛大本营的日子。这一天夜晚，大量清军陆战士兵在旅顺登上北洋海军的军舰前往鸭绿江河口的大东沟。平壤战败的消息尚未到达北京的朝廷，这支军队应该是开往平壤的援军，总司令是刘盛休。这支部队原先是淮军的猛将刘铭传率领的精锐之师，称为“铭军”。刘铭传退官之后，由其堂侄刘盛藻指挥，再由其弟刘盛休继承。军队指挥员由个人关系继承是淮军的传统，北洋军阀依然保持这个传统。

北洋海军的制海权的观念十分淡薄，认为舰队不过是威胁恐吓的工具。李鸿章也说过北洋舰队只是作猛虎下山之势，只是因为军舰和船只一样可以运输，仅仅游弋海上觉得浪费，才利用它来运送增援的铭军。9月17日早晨，铭军在大东沟登陆，北洋舰队完成运送任务，提督丁汝昌命令正午起航。就在各舰忙于返航准备的时候，与日本的联合舰队遭遇。

日、清两国的主力舰队开始海战。对这一场海战，日本称为“黄海海战”，中国称为“大东沟之战”或者“鸭绿江海战”。双方舰队不是简单的遭遇，而是日本舰队通过侦察跟踪捕捉到北洋舰队。日本海军具有强烈的制海权意识，一开始就摆出战斗队形逼迫过来，而北洋舰队的任务只是警备沿岸和运送兵员，不会主动进攻敌舰。北洋舰队深知自己的战斗力不如日本海军，应该没有在航行中侦察日方舰队的动静，因为万一被对方发现，等于自己送死。两国舰队的实力对比如下：

	清	**日本**
排水量总吨数	3.5万吨	4万吨
甲铁舰	5艘	1艘
平均船速	14节	16节
马力	4.6万	7.3万
重炮	21门	11门
速射炮	6门	67门

从上面的数据可以知道，日本的铁甲舰只有扶桑号一艘，但综合战斗力远远超过清国，日本舰队虽然重炮不足，完全可以用速射炮弥补。战争不是仅仅依靠数据，斗志之差距往往对左右胜负起到重要的作用。从是否侦察掌握对方的活动这一点来看，日本远比清国占据优势。所以日本舰队在这场海战中获胜可以说在预料之中。

海战持续五个小时，北洋舰队丧失超勇、致远、经远三艘军舰。日本舰队顽强瞄准的目标自然是定远和镇远这两艘巨舰，它们虽然被两百多发炮弹击中，但没有沉没。北洋舰队的运气不好，战斗一开始，旗舰定远的信号杆就中弹折断。当时的海战就是依靠旗舰桅杆上的信号旗指挥各舰的行动。旗舰定远的信号杆折断以后，整个北洋舰队失去头脑耳目，只好各自为战。

日本的旗舰松岛也受到定远主炮的攻打，死伤百余。其中水兵三浦临死前问副舰长向山少佐“定远还没沉吗？”的故事在日本编成歌曲到处传唱。

从正午时分开始的这场海战在下午五点过后结束，日本舰队退出战场。北洋舰队各舰的弹药库几乎空荡荡，日本舰队的炮弹也已经告罄。满身疮痍的北洋舰队回到大连湾。

接连不断的败仗，责难李鸿章的声音高涨起来。有的机会主义者目光盯着慈禧太后以后的时代，将弹劾李鸿章作为获得在下一个时代保持自己权力地位的资格，翰林院侍读学士文廷式聚集三十五人联名弹劾李鸿章。这个文廷式曾经担任光绪帝的两个爱妃的老师，大概因为这个原因平步青云，迅速上升。这班人对军事一窍不通，甚至对一般性的政务也一无所知，李鸿章根本不把他们放在眼里。

清朝终于起用七十五岁的老将宋庆，他经历过太平天国战争，是为数不多的长老之一。宋庆率领驻守旅顺的毅军从辽东日夜兼程赶往前线，统辖全军。然而，为时已晚。

在宋庆出发之后，日本第二军于 11 月登陆辽东，占领旅顺。北洋舰队此时已经移防山东半岛的威海卫。日军占领旅顺后，对平民、妇女进行残暴的虐杀。旅顺居住有各国海军武官、新闻记者，日军的残暴行径在国际上被揭露。《纽约世界报》报道说，日军虐杀非战斗人员达六万人，这样评论日本：

这是一只披着文明之皮、骨子极其野蛮的怪兽，如今已经完全抛弃文明的面具，暴露出其野蛮的本性。

英国的《泰晤士报》报道日军虐杀俘虏、非战斗人员，甚至杀害妇女的残酷事实，目击者中，除新闻记者外，还列举英国东方舰队司令海军中将以及其他军官的名字，质问陆奥外相：

日本政府对此事将如何处理？

当时日、美两国正在谈判新条约，但是美国国务卿把日本的栗野公使叫去，警告说：

如果旅顺事件实有其事，要想获得上院批准条约极为困难。

11月21日旅顺失陷。第一军渡过鸭绿江，于10月29日进入凤凰城。战争的舞台从朝鲜移到中国领土上。日军进入中国以后，开始受到开展游击战的清军以及协助清军的农民的抵抗。

战争拼的是国力，由于战线的延长，日本的国力已经接近极限。第一军司令山县有朋[①]等主张进攻北京，坚决要求实行冬季作战。第二军大山[②]大将占领旅顺的消息大概对他产生极大的刺激。大本营也担心山县大将采取鲁莽行动，只好对他免职，以野津中将取而代之。山县在被解职之前，就已经下达攻打海城的命令，第三师（师长桂太郎[③]）于12月13日攻陷海城。海城在奉天（沈阳）西南面一百二十公里，面对沙河，恰好位于奉天与辽东半岛的中间，对两地都可以造成威胁，同时打通了通往山海关的道路，按照山县的进攻北京的计划，海城是必取的要地。但是，这对当时的日军、更准确地说对日本的国力是过于沉重的负担。

---

① 山县有朋（1838—1922年）：军人。明治维新后考察欧洲的兵制，制定征兵令，创建陆军，首任参谋本部部长，后历任陆军大臣、内务大臣、枢密院议长，两次出任首相。——译注

② 大山（1842—1916年）：大山岩，军人。西乡隆盛的堂弟。历任陆军大臣、总参谋长。日俄战争时任“满洲军”总司令。被封为元帅。——译注

③ 桂太郎（1848—1913年）：军人。甲午战争时任第三师师长。三次出任首相，缔结英日同盟，进行日俄战争，吞并朝鲜，制造大逆事件，镇压社会主义运动。——译注

奉天有清王朝入关之前的二帝——太祖努尔哈赤和太宗皇太极的陵寝，这个地区对清朝具有特殊的意义。迁都北京之前，这里是国都，当时还称为“陪都”，所以，海城失陷对清国是巨大的打击，无论如何必须夺回。老将宋庆率领的毅军对海城展开一轮又一轮的猛烈进攻。海城前方的缸瓦寨一度被日军占领，在宋庆的猛攻下，日军伤亡近四百人，只好退却。

大本营本想放弃孤立的海城，重新配置前线的兵力，但回国担任“监军”的山县强烈反对，这个想法无法实行。因为山县认为放弃海城就是自己策略失败的证据。

山县的进攻北京的规划听起来激动人心，但难以实行。辽宁是清王朝的发祥地，清国自然要竭尽全力死守。从朝鲜回国的袁世凯在辽阳一带担任补给线的领导，日军大概不可能像以前那样轻易取胜。海城就已经受到清军的五次攻击，正在苦战。山县的主张，从军事上说，未必不可取，但必须具有清王朝陷于恐慌状态、清军官兵完全丧失斗志为条件，就是说，将导致清王朝的崩溃垮台。这将改变国际形势的格局，必定招致列强的干涉。

对日本来说，如果清王朝崩溃，将失去谈判对手。既然国力有限，战争就要适可而止，见好就收。如果没有对手，甚至无法收场，外征军就会被拖进游击战的泥潭里。解除第一军司令山县大将的职务是大本营准备结束战争的一个步骤。

陆奥外相也在苦心积虑地思考如何应对旅顺事件，扩大战线使得日本外交越发焦头烂额。

屈辱之地

日本认为现在正是大好时机，就连清国也如此考虑。危机感最强烈的是朝廷。清王朝是满族政权，太平天国战争以来，就由汉族的军队保卫国家。此次与日本作战，主力也是李鸿章的北洋军队。不论怎么弹劾李鸿章，也没人敢说让满洲八旗军队取而代之去打仗。满族军队早已派不上用场。

恭亲王奕䜣在时隔十年之后被任命为总署大臣，这是因为慈禧太后意欲和谈的缘故。恭亲王是咸丰皇帝的弟弟。在英法联军攻占北京、咸丰皇帝逃往热河以后，恭亲王留在北京，负责与英、法两国交涉，时年二十八岁。他还是发动政变击败怡亲王和郑亲王、建立慈禧太后摄政体制的功臣。恭亲王作为相当于外交部的总理各国事务衙门的重要成员，长期从事外交工作。功臣似乎总是难以亲近的，后来慈禧太后对恭亲王逐渐疏远，使他十年间没有身居要职。他便闲居"鉴园"别墅，自号乐道主人，过着风雅悠闲的自在日子。这一次，秉承慈禧太后的旨意，被疏远的外交行家恭亲王重新被起用，任命为总理各国事务衙门的总署大臣，其任务是负责试探与各国之间的调解。

战争费用的赔偿和朝鲜独立，这自然是不得不接受的，至于日本提出的其他要求，通俗地说，能压价多少，就看他的本事了。

恭亲王开始试探调停，美国最先做出反应。当美国驻日本公使开始有所动作的时候，旅顺尚未失陷。因此，陆奥认为时机尚不成熟。他回答公使说，这是胜利者对失败者的媾和，所以不需要居中调停。如果需要第三方在断交的日、清两国之间转达信息的话，再请你们帮忙。陆奥认为，作为居中调停的第三方，显然美国比在华拥有许多利益的英国更合适。

待到攻陷旅顺后，陆奥才认为时机正在成熟，可是发生了“旅顺事件”这个难题。当时，天津海关税务司的一个名叫德璀琳的德国人奉李鸿章的密令前往日本，无非是探询和解的可能性。据说德璀琳是李鸿章的心腹，他携带李鸿章致伊藤首相的亲笔信。然而，德璀琳并不是具有正式资格的使节，日方拒绝和他正式接触。德璀琳也没有固执要求，立即返回天津。由于未能将李鸿章的亲笔信面交伊藤首相，便将此函邮寄广岛。实际上，德璀琳是被天津发来的电报召回去的。

美国驻大清国公使田贝会见恭亲王，抱怨说本来一旦时机成熟，美国就要进行居中调停，但是现在这个德国人德璀琳到处乱跑，十分碍眼。一方面委托美国居中调停，另一方面又派别人前往日本，这种做法的确不妥。于是，恭亲王将此事告诉李鸿章。李鸿章立即电召德璀琳回来。在外交场合，受托居中调停也可以提高国家的威信，被视为一种既得权益。在这种权益将会受到侵害的时候，美国就通过公使提出申诉。

派遣德璀琳赴日被陆奥外相辛辣讥讽为“颇类儿戏”。不过，李鸿章还是从德璀琳的感觉中得悉日本的态度极其强硬，和解的条件也极为苛刻，而且明白如不派遣正式使节，日方根本不予理睬。

德璀琳也不是等闲之辈，他在日本该看的看，该问的问，一定将其所见所闻向李鸿章汇报。他于 11 月 26 日抵达神户，由于上述原因，在日本逗留时间十分短暂，12 月便回到天津。

新年以后，清国向日本派遣正式使节，即户部侍郎张荫桓、湖南巡抚邵友濂二人。张荫桓曾任驻美国、秘鲁、西班牙三国公使，现在供职于户部，算是一位外交家吧。邵友濂曾任台湾巡抚三年，以稳健、坚韧著称。派遣使节具体事宜的联络自然是美国的工作，由驻北京的田贝公使和驻东京的谭恩公使之间联系。

清国希望谈判的地点定在长崎，提出在日本任命全权委员这一天决定开始休战的日期，但遭到日方的断然拒绝。日本始终坚持以战胜国对战败国的姿态进行谈判。他们不愿意采取战胜国的使节离开广岛大本营被叫到长崎参加谈判这种方式。战局也是日本占据上风，所以没有必要在谈判达成协议之前休战。

日本认为虽然时机正在成熟，却还没有完全成熟。这是因为北洋舰队的定远号、镇远号等军舰已经进入威海卫。只有摧毁北洋舰队，攻陷威海卫，才算是彻底胜利。清国使节接受日方条件，于 1895 年 1 月 26 日离开上海赴日。日方的全权代表是伊藤首相和陆奥外相。这个任命无异于迫使清国使节回国。一方是首相和外相，另一方只是户部侍郎和地方长官，显然规格不对等。日本打算等待攻陷威海卫后，在对自己绝对有利的情况下，再进行和谈，所以先将清国使节赶回去。

于是，日方决定纠缠使节的“全权”问题。会谈地点定在广岛县厅，首先按照外交惯例，交换委任状。这时，清国使节出示清国皇帝致日本天皇的文书，其中明确表示指派二人为全权大臣。清国使节称之为“国书”，但陆奥全权代表认为这不过是一种信任状或者仅仅是一封介绍信，不承认是全权委任状。断绝外交关系的国家之间不可能交换“国书”。陆奥坚持要求清国使节出示证明他们被委任为全权代表的文书。于是，清国使节出示了临出发时皇帝交给他们的谕旨。其中写道：

> 派张荫桓、邵友濂为全权大臣，与日本所派全权大臣会商事件。尔乃一面电达总理衙门，请朕旨遵行。

对此，陆奥全权代表又刁难说，只表明“会商事件”，也许指的是通商问题、渔业问题，意思含糊不清，而且无论何事都要一一电报请示，根本不是全权代表。总之，日本要求双方的全权代表必须具有同等的权限。日本全权代表的委任状写明天皇陛下赋予其缔结和约的一切权限。日方以此逼问清国是否也是如此，要求予以书面回答。清国代表没有当场回答，称允容后回复，所以那一天的会谈就此结束。

第二天，清国使节将上述问题的答复文书交给日方。该文书虽然明确表示赋予两名全权大臣缔结和约的会谈、署名、画押之全权，却又这样写道：

> 至所议各条款，自应电奏本国，请旨订期画押，再将所议约本赍回中国，恭候大皇帝亲加批阅，果系妥善，批准施行。

这就似乎给了日方拒绝的口实。

两位阁下之委任权甚不完备，此乃证明清国朝廷尚无求和之诚意。

日方以此为由中断了会谈。

清国代表垂头丧气地离去，但伊藤首相将清国方面的一个随员伍廷芳叫住。十年前，伊藤首相去天津缔结《天津条约》时，与当时的李鸿章的幕僚伍廷芳见过面。伍廷芳曾留学美国，可以用英语和伊藤首相直接交谈。陆奥宗光在《蹇蹇录》的《伊藤全权大臣对伍廷芳的私人交谈》这一章中这样记录他们这次的谈话内容：

托其转告李鸿章，同时稍稍透露我政府今后之意向。

谈话的主旨就是说明日本中止谈判并非因为喜欢战乱，只要全权使臣具有正式资格，日方会毫不犹豫地重开谈判。伍廷芳鼓足勇气问他是不是这次使节的官位名望较低，不合适。伊藤回答说并非如此，只要持有正式的全权委任状，谁都可以。但是，他又说道：

当然其人爵位名望愈高，于谈判愈为合适。如若清国政府因某种缘故无法任命高官贵爵之人为全权大臣派其赴日，我们前往清国亦无不可。如恭亲王或李中堂者受此任命，则颇为合适。因为彼此谈判的一切结果，不止于一纸空文，必定需要有力者予以实施。

陆奥认为伊藤的这一番私人谈话对后来李鸿章亲赴下关不无关系。

两使臣转往长崎，2 月 12 日回国。

1 月 23 日，日本联合舰队司令伊东祐亨[①]中将委托英国军舰塞万号给威海卫的丁汝昌送去劝降书。丁汝昌自然不会从命。1 月 30 日，威海卫的南帮炮台失陷；翌日，北炮台守军阵前逃亡。由于北炮台的弹药库里储藏有大量弹药，北洋舰队只好开炮击毁这个弹药库和炮台。与

① 伊东祐亨（1843—1914 年）：军人。甲午战争时任联合舰队司令，日俄战争时任大本营海军军令部部长。被封为元帅、伯爵。——译注

其留给日本军，不得已只好做出这样的选择。

日本海军擅长夜战，利用鱼雷艇频繁展开夜袭。在2月4日的夜战中，清国终于丧失了北洋舰队的标志性舰艇定远号。定远遭到水雷的攻击，丧失行驶能力，但依然漂浮在水面上。清军首领决定在舰上安装二百五十磅炸药，待所有官兵离舰后，引爆自沉。第二天的夜战，北洋舰队又丧失来远、威远两艘军舰。

丁汝昌在镇远舰上督战，在定远舰沉没后，他弃舰登陆，上了刘公岛。英国人顾问马格禄进言道，事势至此，徒多杀生灵，劝其投降。丁汝昌将官印托付给马格禄，交代说“在我死后，作降书，盖上此印”。

丁汝昌于2月12日服毒自尽。这一天，正是清国使臣回国的日子。总兵张文宣、副将杨用霖也同时自杀。副司令刘步蟾在丁汝昌之前已先行自杀。镇北舰悬挂白旗，向伊东中将递交降书，上写道：

为照会事：本提督前接佐世保司令长官来简，因两国处于交战之中，至今未作答复。本提督之意，乃沉舰决战，直至人尽而后已，然今为保全生灵，愿休战。威海卫现有之舰队及刘公岛、炮台兵器，均献于贵国。切望勿伤害海陆军内之外国官员、兵勇、人民等生命，允其归乡。如此事项得蒙允许，则请英国舰队司令长官作为证人。为此照会贵司令长官。乞请查照，即日回复。此旨照会。

伊东中将自然不知道丁汝昌已经自尽，立即修书回复。原文是日文，附以英文译文。原文中有这样一句话：

至于欲以英国舰队司令长官作为贵方证人一事，小官认为全无必要。小官坚信阁下乃真正之军人也。

就这样，威海卫失陷，北洋舰队尽归日本。7335吨的镇远舰成为日本海军的战利品，日本国民闻知后，欢喜若狂。长期以来，日本一直害怕定远、镇远这两个大怪物。

北洋舰队覆灭的第二天，清廷就决定委任李鸿章为全权大臣赴日。李鸿章邀请最激烈的主战派翁同龢同行。翁同龢以自己不谙外交为由婉拒。李鸿章以此封住了政敌翁同龢在外交问题上的发言权。显然，在和约谈判中，日方会提出朝鲜独立、赔偿战争费用以及割让领土的要求。似乎当时一般都知道这指的是台湾和辽东半岛。据说日本的海军大臣桦山[①]在御前会议上曾主张应该要求中国割让山东半岛，但并不强烈。虽然日本要求的总体内容还不明确，却也很快流传开来。不割让领土就无法议和，这个事实在有识之士的阶层中逐渐渗透。向驻北京的各国公使探听，也都一致认为割地不可避免。德国公使还说，如不割地，只好迁都。放弃北京，将首都迁往西安一带内地，彻底抗战。二者择一。

如果没有全体国民的支持，就做不到迁都抗战。占国民大多数的汉人是否真心与清朝共命运呢？太平天国的噩梦尚未从清朝统治者的脑海中完全消失。

思来想去，最后的结论还是只好割让领土。主战派也逐渐认识到别无他策。即使是身居要职的主战派，当被人诘问“既然如此高调，请你亲自上前线督战，能取胜吗”的时候，也就默不作声了。这个时期，李鸿章一方面高唱主战论，另一方面在等待舆论认可“不得已只好割地”的时期。3 月 2 日，李鸿章认为时机已经成熟，便上奏表示割让领土不可避免。其中这样写道：

至于戎狄窥边，古所恒有。唐弃河湟之地，而无损于灵武之中兴；宋有辽、夏之侵，而不失为仁、英之全盛。

唐朝在安史之乱以后，河湟地区（甘肃西部）被吐蕃占领。但那个时期正是宪宗至武宗（806—846 年）的被称为“中兴”的时代。北宋也在仁宗至英宗（1023—1067 年）的全盛期，受到契丹族的辽和党项族的西夏的侵犯，现在北京地区的所谓燕云十六州以及甘肃都被其掠夺。李鸿章以普鲁士和法兰西为例，强调失地可以收回。

3 月 3 日，军机大臣们集中在紫禁城里，生病多日的慈禧太后也来参加，商议决定同意允许割地的谈判。李鸿章的政敌翁同龢、李鸿藻也参加这次会议。通过这次会议，即使李鸿章对日本约定割让土地，也不

① 桦山（1837—1922 年）：桦山资纪，军人。曾任海军大臣，甲午战争时任大本营军令部部长，后历任第一任“台湾总督”、内务大臣、教育大臣等。——译注

会背上“国贼”的臭名。第二天3月4日，李鸿章进宫，正式向慈禧太后和光绪帝乞请训令。此时并无其他大臣在场。

日本指定马关（下关）作为谈判地。这是为了向李鸿章表示敬意，避免将其不礼貌地叫到广岛。负责联系两国谈判具体事宜的自然是美国。谈判地点是藤野宅邸，即“春帆楼”。3月20日，清国使节一行乘坐德国轮船抵达下关。当日举行第一次会谈，互换委任状，清国提议在谈判条约之前先商定停战事宜。日方称允明日答复。这是居间联系的美国事先将双方的意思通报给对方，完全按照程序进行的。

互换委任状十分顺利。日本对上一次清国使节的刁难招致国际上的普遍指责。只要稍微关心时局的人都看得清清楚楚，日本之所以拒绝清国使臣，完全是为了要拖延到攻陷威海卫。日本的做法引起国际上的责难，认为过于卑劣。的确，清国使节所带来的文书作为全权代表的委任状也许还不够完善，但中国自鸦片战争以后，解除锁国状态，与各国之间签订各种各样的条约，简直数不胜数。有的条约，如《伊犁条约》，也是在国外签订的。当时的中国全权代表携带的也是和张荫桓差不多的委任状，都能被外国所认可，进行谈判。所谓国际公法，那是以西欧的外交习惯为基础制定的。中国有中国的规矩，外国应该在某种程度上予以认可，在外交谈判中承认此类文书就是委任状，以此刁难代表资格问题的情况十分罕见。因为日本将其视为问题，使得日本的拖延战术格外显眼。

会谈结束后，清国使节即回船休息。日方认为这样很不方便，便将一座名叫引接寺的寺院提供给使节一行作为下榻处。第一次谈判就此结束，陆奥代表一再强调说，时间充裕，慢慢谈。这是故意给对方一种日本并不急于议和的印象，其实陆奥心里非常着急签订和约。因为他在东京通过与各国公使的接触，以及分析日本驻外公使馆的报告，感觉到欧洲各国干涉日清问题的可能性极大。

后来果然发生“三国干涉”，陆奥事先就已经掌握这个动静，所以努力争取尽快签订和约。在上一次将清国使节赶回去以后，他内心表白道：

无论如何必须诱导清国政府尽快再派媾和使臣，以迅速结束战争，恢复和平。

心里着急，表面上必须装作不着急的样子。陆奥故意摆出慢吞吞的架势，其实心急如焚。他害怕李鸿章一旦觉察到欧洲干涉的动静，就会拖延谈判，或者干脆中止谈判回国。

再看看当时欧洲各国的心机。英国最害怕日本和清国结成排他性的同盟关系。如果那样的话，英国的对清贸易就出现困难，无法实现香港的繁荣。英国会坚决反对“日清同盟”，为此不惜进行干涉。日本驻英国公使青木周藏①极力表白，日本在对清贸易上不想获得比其他国家更大的利益，这一点一定予以保证。这样就减少了英国干涉的可能性。其实英国最大的关注点是防止俄国南下，从这一点来说，倒是希望日本强大。这是日英结成联盟的基本点，日本也就解除了对英国的担心。

问题出在德国。德国驻日公使哥特斯米德警告说：

如果日本向清国谋求领土割让，那就会挑动干涉。

正是德国向英国提出进行共同干涉的要求。但英国由于上述原因，拒绝了德国的要求。遭到英国拒绝的德国转而寻求俄国。俄国有俄国的打算，在日本向清国提出过分的要求时，和法国协商采取共同干涉的行动，于是德国参加进来。

由于中国长期禁锢于唯我独尊的中华思想，很不擅长外交。鸦片战争之前，无外交可言，即使也向外国派驻外交官，北京也有来自各国的公使，但毫无收集和分析情报的能力。对欧洲的这种动静一无所知，自然谈不上利用于外交。不得不说清国在外交战线上也是一败涂地。

李鸿章和恭亲王也经常和外国打交道，但就是没觉察出外国干涉的动向。这只能说是思想不够敏锐。清国首脑希望外国为清国进行干涉，但外国干涉也是为本国的利益，而绝不是为清国的利益。可以说，他们

---

① 青木周藏（1844—1914 年）：明治时代的外交官、政治家。曾任外相，主持修改条约的谈判，签订《日英通商航海条约》，废除外国在日本的领事裁判权。——译注

缺少的正是站在外国的国家利益的立场上观察局势的敏锐想象力，所以看不到这么重要的国际性动向。

在3月21日的第二次谈判中，日方针对清国的停战提议，提出如下条件：

一、将大沽、天津、山海关交与日本军队。

二、解除该地的清军武装，将军需交与日军。

三、天津至山海关的铁路交付日军管理。

四、清国承担停战期间的军费。

李鸿章听罢，大吃一惊。此时日军已攻陷营口和田庄台。李鸿章考虑，现在停战，可以允许日军占领若干土地，以作为停战的担保。没想到日本的手伸到天津和山海关，这未免太苛刻了。

日方表示可以不停战而议和，也可以停战之后再议和，如果是后者，就是上述四项条件，没有准备第二套方案。于是清国全权使臣希望日方拿出议和的方案。但日方回答说，清国不撤回停战问题，就不能出示议和方案；并且补充道：清国一旦撤回，以后就不再议停战问题。

日方给予清国代表三天的考虑时间。三天以后，李鸿章决定撤回停战问题，进入媾和谈判。日本宣布，任命小松宫彰仁亲王[①]为“征清大总督”，大总督府设在旅顺。这是向北京摆出的强硬姿势。但是，小松宫尚未出发，日本国内的军队编制刚刚完成，进攻山海关的辽西战役最快也得半个月以后才能开始。李鸿章判断这段时间不会发生大规模战斗，所以决定没必要接受日方的苛刻条件而谈判停战问题。

在3月24日的第三次会谈中，李鸿章将撤回停战问题、希望立即进行媾和谈判的答复文书交给日方。日方回答说明天提出媾和条约的方案，便结束了这次会谈。

这一天的会谈几乎没谈什么，很快就结束。因为日方的方案第二天才拿出来，陆奥外相把清国方面的参议李经方留下来，说是商量事

① 彰仁亲王（1846—1903年）：伏见宫邦家亲王的第八王子。明治维新后，称为东伏见宫，后改称小松宫。曾任军事总裁、陆军大将、元帅。——译注

务性事宜。李经方是李鸿章的儿子，曾担任过驻日公使，能讲一口流利的日语。他职务也很高，虽说是参议，实际上他应该是仅次于全权代表的第二把手兼秘书长的地位。自然，他在担任公使的时候就和陆奥外相认识。李经方一个人留下来，全权代表一行人离开春帆楼，回下榻地引接寺。李鸿章坐在轿子上，其他随从乘坐人力车，只要拐过外滨町，很快就是引接寺。当李鸿章的轿子拐进外滨町时，突然冲出一个人，朝着他的轿子开枪。

李鸿章乘坐的是从中国带来的四人抬轿，轿身四周镶嵌玻璃。当时李鸿章打开了玻璃窗，子弹击中他的左眼窝下面。后来检查知道，子弹先是击中李鸿章的金丝边眼镜，打碎镜片。李鸿章当时正闭着眼睛，所以没有伤及眼珠。暴徒当场被制服。受伤的李鸿章被抬进引接寺，躺在长椅上，主治医生林联辉博士给他进行急救处理。

春帆楼那边，陆奥和李经方正准备商量明天的日程安排，突然接到李鸿章遇刺的报告。李经方立刻赶往引接寺，陆奥也急忙去向伊藤首相汇报。

伊藤首相、陆奥外相、伊东巳代治[①]内阁书记官长三人去引接寺看望李鸿章，传言李鸿章说："对这种事，思想上多少有所准备。"四年前，发生过津田三藏[②]在大津行刺俄国皇太子事件。李鸿章赴日之际，应该会把这件事记在心头的。还有人分析道，对外国政要采取恐怖活动是日本根深蒂固的风土习惯。

行刺李鸿章的犯人名叫小山丰太郎，其父曾任群马县议员，庆应义塾退学后，加入右翼团体神刀馆。他在审问中供称，因为担心一旦日本与清国媾和，清国将会重整旗鼓与日本再战，所以试图破坏此次和谈。

小山丰太郎的行为的确给谈判造成巨大的破坏，陆奥外相惶恐不安。陆奥认为将上一次的两个使节赶回去，又把李鸿章拉到日本，是他外交的得意之作。然而分析一下各国的反应，似乎并不乐观。将一个满七十二岁的老人，又是清国第一政要李鸿章叫到日本，不少外国认为这

---

① 伊东巳代治（1857—1934 年）：政治家。曾参与策划《大日本帝国宪法》的起草和制定，后任枢密院顾问官，主张对外采取积极的进攻政策。——译注

② 津田三藏（1854—1891 年）：制造大津事件的警察。1891 年，在大津市用刀砍伤访日的俄国皇太子尼古拉（后来的俄皇尼古拉二世），被判处无期徒刑。——译注

样做显示出日本的傲慢。外国报纸将李鸿章首次出国作为一件大事大量报道。他虽然参加过中法战争的和谈，但那是在天津举行。有生以来的第一次出国竟然是去日本。国际舆论从一开始就同情他，加上在日本遭到恐怖分子的袭击，自然就更加同情这个老人。

如果单纯从法理上说，也许如陆奥所言，“这次事件完全系歹徒个人之罪行，与我政府和国民固无任何关系，只要对该罪犯予以严惩，便毫无责任波及他人之理”，但事实并非如此。

日方不仅派遣陆军军医总监石黑、佐藤两位博士，又派古宇田、中滨博士等医师赶赴下关，而且还请法国公使馆的医生兹巴斯一起前往。天皇、皇后两陛下派遣中村侍从武官前去慰问李鸿章。皇后陛下还特地赐赠皇室专用的绷带。同时，山口县知事和山口县警察部长被撤职。日本采取一切手段，力图减少国际舆论的谴责。明治天皇也破例发表敕语：

朕惟清国与我现交战之中，然已简派其使臣，具礼依式以议和。朕亦委命全权办理大臣，于下关与之会同商议。朕固遵循国际之成例，务必以国家之名誉给予清国使臣以适当之礼遇和警卫，乃特命有司勿使有所怠弛。而不幸出现危害使臣之凶徒，朕深恨之。对如是之犯人，有司固然依法处罚，无所宽恕，百官群臣亦更善体朕意，严戒不贷，努力勿损国家之光荣。

如果这个时候李鸿章回国，那会是什么结果呢？无法在危害和谈使节性命的国家继续进行谈判，世界各国都会接受这个理由。战争还会继续下去，但全世界都认为这是一场不义之战。如果不予以干涉，那倒是不可思议的。现在只有周全礼遇，而且也要给予清国实质性的利益，才能让他们继续和谈下去。这个实质性的利益就是无条件停战。因为日方对清国的停战要求提出苛刻的条件，李鸿章才撤回停战问题的。如果日方现在提出无条件停战，李鸿章大概会同意继续谈下去。

此时日本的兵力已经捉襟见肘，连近卫师团和北海道屯田兵都被派往前线。如果小松宫率领的军队也出征上阵的话，守卫日本本土的兵员都没有了。各国公使大概都已经将这个情况报告给了本国政府。日本现在处在最无力抵御外国干涉的境地。小松宫的军队真正投入作战还需要两三周的时间，所以现在立即停战不会改变现状，对日本不会造成实质性的损害。不过，日本的军部依然强烈反对无条件停战。伊藤首相极力说服军部和反对停战的大臣，终于在3月27日获得天皇的敕准。因为当时得到俄国的三万军队正开往清国北部的情报，就连山县陆军大臣也赞成停战。陆奥外相在《蹇蹇录》中将无条件停战写得似乎是他的主意，实际上是美国驻东京的公使向林外务次官建议无条件停战，次官报告给陆奥的。

李鸿章拒绝做手术取出子弹，表示继续谈判的意思。他说不要浪费时间，等谈判结束后再做手术。如果当时他得到俄国军队正在移动的情报，大概就会做手术以争取时间吧。

于是重开谈判，4月1日，陆奥全权代表将和约方案交给李经方参议，要求在四天内答复。以下是《马关条约》原案的内容：

一、清国承认朝鲜是完全无缺的独立国。

二、清国将下列土地割让给日本：

（甲）奉天省南部地区；

（乙）台湾全岛及其附属诸岛以及澎湖列岛。

三、清国赔偿日本军费库平银三亿两，应在五年内以年赋付清。

四、以现有的清国与欧洲各国之间的条约为基础，缔结日清新条约。在新条约缔结之前，清国对日本国政府及其臣民予以最惠国待遇。

除上述条款外，清国还须租借下列各项：

（一）除现有之开放商埠外，增开北京、沙市、湘潭、重庆、梧州、苏州、杭州各商埠，以供日本臣民居住营业等。

（二）应扩大日本国轮船之航线，以便于运送旅客及货物。

（三）日本国民进口商品时，除缴纳原价百分之二的抵代税外，免除在清国内地的一切税金、钞课税、杂捐。又，日本臣民在清国购买之经工货件以及天然货物，只要声明用于出口，应免除一切抵代税及一切税金、钞课税、杂捐。

（四）日本国民在清国内地购买之物或进口之货物入库时，应有权租赁仓库，免交一切税金、杂捐。

（五）日本国民应以库平银缴纳清国的各种征税及手续费，但亦可以日本国本位银代纳之。

（六）日本国臣民在清国得以从事各种制造业，并进口各种器械。

（七）清国保证着手疏通黄埔河口之吴淞浅滩。

五、清国作为诚实履行和约之担保，同意日本军队暂时占领奉天府及威海卫，并承担驻军之费用。

上述条款中有关权益部分，有不少是英国一直与清国谈判而未能获得实现的内容。如果日本和清国缔约，英国就可以根据最惠国待遇的条款，自动地享受与日本同样的权益。日本以此为手段阻挠英国的干涉。日本故意将这种对自己没有多大实际利益的内容写进条约里，完全是外交手腕。

李鸿章将日本的原案电告北京的总理衙门的时候，嘱将内容透露给各国驻北京的公使，并希望将通商权益事项尽量保密。与此相反，日方自然要着重宣传通商权益事项。

李鸿章承认第一条的朝鲜为“完全无缺的独立国”，但主张补充“清日两国不干涉其内政”的条文，遭到伊藤首相的拒绝。后来才知道，日本对朝鲜早就制订好明确的计划。

三亿两的军费赔偿最后减少到两亿两。所谓库平银，就是以五百七十五格令为一两的银子。虽然减少了军费赔偿，但仍然是巨额赔偿。战争爆发之前的光绪十七年（1891年），清国的岁入为八千九百六十八万两，岁出为七千九百三十五万两。

日方原案规定的五年内付清延至七年。另外，开放的商埠中删去北京、湘潭、梧州三市。还有，权益的提法改为最惠国待遇，以日本国本位银代纳被删去，第（七）条也被删去。作为担保的占领地区中，删掉奉天府，只剩下威海卫。

关于割让土地，日方的方案要求是奉天省南部地区，缩小为：

从鸭绿江口溯该江抵安平河口，又从该河口划至凤凰城、海城及营口而止，画成折线以南地方；所有前开各城市邑，皆包括在划界线内。该线抵营口之辽河后，即顺流至海口止，彼此以河中心为分界。

尽管如此缩小，其地域之辽阔依然是后来日本通过日俄战争所继承的俄国租借地“关东州”的七倍。

经过这样的缩减、修改后，双方终于在 4 月 17 日举行签字仪式。对于日本来说，这是获得胜利果实之地；对于清国来说，这是屈辱之地。签字仪式一结束，李鸿章当天就上船准备回国。他已经做好回国以后成为“众矢之的，万谤交集”的思想准备，但还是想尽快离开这屈辱之地。

和议之前，李鸿章和恭亲王联手压制主战派的声音。恭亲王对朝廷大臣们说过这样意思的话：

和议一旦破裂，必将移主上于西安，彻底抗战。其时，必请高唱主战论者留守紫禁城。希枕城讨死，遂诸子之壮志，为后世之鉴。

这显然是告诉大家，允许扈从迁都西安者，都是对媾和表示理解的人，而主战派都将死在紫禁城。谁去谁留，由我决定。据说恭亲王的这一番话使北京的主战派一下子噤若寒蝉。

主战派都是李鸿章半含轻蔑地称之为“讲官”的那些人。其代表人物是曾担任光绪皇帝及其妃子的老师文廷式。如前所述，他弹劾过李鸿章。他在弹劾奏文中毫无根据地诬陷李鸿章将几百万两银子存放在日本的茶山煤矿会社，还说李鸿章的儿子李经方在日本拥有三家贸易商馆等。他甚至拙劣地责难李鸿章“闻败则喜，闻胜则忧”。无论是被击败的军队，还是被击沉的军舰，都是北洋军阀的本钱。李鸿章对自己的军队打败仗感到高兴，连三岁小孩子也不会相信。不能不说这是一本格调卑劣的奏文。

李鸿章在船上书写议和报告的奏文，最后这样写道：

臣昏耄，实无能为。深盼皇上振励于上，内外臣工齐心协力，及早变法求才，自强克敌；天下幸甚。

上下一心，卧薪尝胆，收复失地。奏文中出现的“变法”一词，后来频繁使用。这个词语比“革命”温和，在知识分子中会联想到日本的明治维新。

4 月 20 日，李鸿章一行抵达天津。伍廷芳和顾问科士达将条约文本送往北京的总理衙门。科士达是美国的前国务卿，担任这次全权代表谈判团的顾问，一起前往下关。日方担心科士达将欧洲干涉的动向告诉李鸿章。科士达大概也知道这些情报，但因为美国居间插手这次议和谈判，科士达不想让谈判决裂，所以就没有告诉李鸿章。实际上，在谈判的最后阶段，德璀琳给李鸿章发过这样的电报：

德国前任驻清公使来电，列强议论清国割让领土问题，皆认为日本之要求不当。清国不必急于议和。

然而，李鸿章得到的确切消息是征清大总督所属的援军已经出发，他认为如果现在谈判破裂，将会失去更多的土地，丧失更多的军队，使生灵涂炭。如果列强有干涉的意图，和议签订以后也可以实行，当务之急是停战。他在发给北洋军阀留守天津的盛宣怀的私人电报中这样说道：

欲保京城，不得不尔，以后看各国办法。

日方也在伊藤首相提出让步方案的第二天——4 月 12 日，收到驻俄国西公使发来的令人震惊的电报：

俄国陆海军联合委员会讨论了阻止日军进攻北京的方法，做出以俄法联合舰队可达成其目的结论。

这显然表明，日本出动援军的行动确实招致了俄国的干涉，法国予以配合。伊藤首相和李鸿章都急于签约。在 4 月 15 日的会谈中，作为担保的占领地区只留下威海卫，从而将二百万两的驻军费减至五十万两，都反映出尽快缔约的愿望。

双方决定 5 月 8 日在山东半岛的芝罘（烟台市）交换批准书。当然在各地掀起了反对批准的运动。

在签订和约六天之后，4 月 23 日，俄国、德国、法国对日本占领辽东半岛正式进行干涉。这一天，上述三国公使来到外务省，会见林外务次官，以传达本国政府训令的形式进行干涉。三国政府训令的内容大同小异，《蹇蹇录》记载领头的俄国政府训令的内容是这样的：

俄国皇帝陛下政府查阅日本国向清国所要求之媾和条件，认为日本领有辽东半岛不仅有经常危及清国首都之虞，同时将使朝鲜国的独立成为有名无实，上述行为对将来远东之永久和平将造成障碍。因此，俄国政府为向日本皇帝陛下之政府再次表示诚实的友谊，兹劝告日本政府应确然放弃领有辽东半岛。

于是，在广岛的大本营立即召开御前会议。伊藤首相提出针对三国干涉的三个方案。

一、即使因此遭遇增加新的敌国之不幸，亦断然拒绝三国之劝告。
二、召开列国会议，由该会议处理辽东半岛问题。
三、接受三国劝告，将辽东半岛归还清国，以示恩惠。

伊藤首相阐述自己的意见，按照现在日本的军事力量，不可能实行第一方案，但如果实行第三方案，又显得过于软弱，所以想采取第二方案。

当时陆奥外相生病，正在舞子疗养。御前会议基本决定召开列国会议的第二方案，但最终还要听取缺席会议的陆奥外相的意见，伊藤首相便前往舞子。

陆奥外相反对召开列国会议。既然是列国会议，与会国应该不止三个国家，因此就有可能节外生枝，提出辽东半岛以外的问题。那样的话，《马关条约》整体就有被毁坏之虞。换句话说，难保不招致三国以外的其他大国的新的干涉。会议要花费时间，无法预料会议期间会发生什么事。甚至害怕清国不予批准，使《马关条约》变成一纸空文。日本已经罄尽国力，连屯田兵也被动员作战，没有抵御三国干涉的实力。既然是正式干涉，三国，尤其是打头阵的俄国就已经做好诉诸武力的准备。干涉落空，关乎体面，所以绝非虚声恫吓。如果没有与俄国打仗的实力，那只好屈服。

陆奥外相通过驻外公使进行最后的努力，但未能使局势好转。于是在4月29日的御前会议上，决定接受三国干涉，归还辽东半岛。当时的日本仿佛遭到陆奥所说的“政治恐慌”的袭击。在大肆掀起“我们赢了、赢了”的一片喧闹声中，突然被浇了一盆冷水。据《蹇蹇录》记载，自称对外强硬派的那些人在京都会晤伊藤首相，对三国干涉发表一通慷慨激昂的言论，首相回答说“今闻诸君高论卓见，还不如与军舰大炮好好商量”，一句话使得对方无言以对。

中国也发生同样的“政治恐慌”。知道已被割让出去的台湾省民受到巨大的打击。不仅居住在北京的台湾省民，还有不少人特地从台湾来到北京，参加反对批准条约的活动。然而，伊藤首相对日本强硬派所说的那句话也同样适用于此处。不论抛洒多少悲愤之热泪，还必须和军舰大炮商量。北洋舰队全军覆没，连一艘军舰都没有。岂止如此，最大的军舰镇远号也已经成为日本海军的军舰。

日本的陆奥外相竭尽全力尽量将《马关条约》和三国干涉作为两个问题分别处理，所以没有给清国造成可乘之机。这是不久之前还不存在“外交”的国家的悲哀，也可见其外交技巧之拙劣。

李鸿章的政敌两江总督张之洞说过，为了废除《马关条约》，必须要求英、俄等强国予以援助，作为回报，可以将新疆的几个城市、西藏的偏远地区送给它们。这可以说是对外交一无所知的言论。说起这个张之洞，他还出过一个“奇招”：赔偿多少都可以，但就是不能割让土地。为了筹措赔偿钱款，可以将台湾作抵押，向英国借十亿美元。这样的话，英国还能为清国守卫台湾，可谓“一石二鸟”。总理衙门收到张之洞的“奇招”电报后，向英国公使试探，被英方付之一笑。

媾和条约按时在芝罘交换批准书，战争终于结束。在三国干涉下，清国终归没有失去辽东半岛，但这不是它依靠自己的力量取得的成果。很快，清国明白了这样一个道理：依靠别人的力量得以保存的东西，早晚会被别人夺走。

直隶总督、北洋大臣李鸿章因战败问责革职，只好郁闷度日。云贵总督王文韶继其后任直隶总督。他的总督经历虽然比湖广总督张之洞、两江总督刘坤一稍浅，但年长，官历也长，在洋务派里是一个稳健的实力派。不过，比起李鸿章，还是显得气势不足。

变法与革命

光绪二十一年（1895 年），举行三年一度的会试。其实上一年也举行过会试，会试原则上是三年一次，但如遇到朝廷有什么喜事的年头，也会举行会试，以显示天子的恩赐。上一年是甲午年，慈禧太后的花甲庆典，是一件大喜事，所以举行会试。定期的会试称为“正科”，临时的会试称为“恩科”，但资格等都一视同仁。考试和发榜在阴历的二月至三月期间完成，所以上一年举行恩科会试的时候还没有和日本打仗。

连续两年举行会试，前一年落第的举人有不少参加光绪二十一年的正科会试，广东的康有为及其弟子梁启超等也是连续两年参加考试。

康有为在当时已经是名人，全国闻名的一流学者，也可以参加会试。上一年的恩科状元张謇也是名闻遐迩的学者，曾作为幕僚去过朝鲜。像康有为这样的大学者名落孙山并不罕见，有的考官的学问还不如考生。

康有为是广东省南海县，即广州人，先是入当地著名的硕学宗师朱次琦门下，后来入西樵山白云洞研学佛教。其实，九江先生的称呼比朱次琦本名更广为人知，他最得意的是《春秋公羊传》的三世说，认为这个时代是由衰乱之世进入升平，再到达太平之世。这虽然就是很普通的进化论思想，但与将古代圣王时代理想化、鼓吹复古思想的儒学背道而驰。太平天国的天王洪秀全于道光十六年（1836 年）去广州参加会考时，顺便在六榕寺听过九江先生的讲课，大为震撼。当时九江先生三十岁，康有为入其门下时，他应该是七十岁。也许由于年迈缺少气魄激情的缘故，当年令洪秀全心灵振奋的九江先生未能让四十年后的弟子康有为精神昂奋。令康有为心灵受到冲击的是他二十一岁时的香港之旅。

康有为一直受到西方只有科学技术、大炮、军舰，而在精神领域尚未开化的教育，但是到香港一看，发现情况并非如此。此后他开始向西方学习，他不懂外语，便努力搜寻记述西方情况的书籍以及已经开始翻译的有关西方的译书。香港旅行的三年之后，他前往北京，途经上海，从租界这个窗口观察西方世界，于是“大购西书以归讲求焉”。

当时中国的知识分子都信奉“中体西用”的理论，这与日本的“和魂洋才”的说法很相似。在不丧失中国本体的前提下，只是利用西方的科学技术。这是基于中国的本体比西方优秀这个价值判断的基础。然而，康有为只是从“殖民地”的香港和“租界”的上海的表面观察，就知道西方在本体上也有很多优秀之处。

不能只吸取西方的“用”，也必须吸收西方“体”中的精华。这意味着改变中国的“体”。所谓吸收，当然不是兼收并蓄，而是吸收其制度以及形成这种制度的思想基础等重要的部分。政治制度的确比中国更加合理、进步，康有为使用“变法”这个词语表现对西方“体”的吸收。

光绪十四年（1888 年），康有为三十岁的时候，进京上书，请求实行政治改革。当时他还未及第进士，自然不能直接上书，找关系代为上呈，但被这个中间人束之高阁。如果文章能够打动中间人，才有可能转送呈上皇帝。康有为感觉自己的论点还不能打动别人，便进一步认真深入地研究。

国家要复兴，就必须“变法”。那么，现在中国实行变法的最大障碍是什么呢？经过深思熟虑，康有为得出结论，这就是“儒”。那么，他要彻底否定儒吗？他无法彻底否定。他从“现代的儒没有正确继承孔子的精神”这个理论展开阐述。孔子的精神是如何被歪曲的呢？他认为罪魁祸首是“新学”。这个“新”不是新旧的“新”，而是王莽篡汉所建立的王朝名的“新”学问的意思。康有为为了论证自己的学说，从《史记》《汉书》《后汉书》等中引经据典，撰写出《新学伪经考》这部著作。

这部著作掀起了轩然大波，如果被奉为金科玉律的经学只是伪作的堆积，那问题就极其严重，自然引起铺天盖地的责难。皇帝的秘书给事中余联沅主张焚烧该书，禁止学习。形势极其严峻，眼看着就要祸及作者，爱惜康有为才华学识的人们四处奔走，极力防止事态的恶化，最后的结果是作者自行处理。《新学伪经考》由作者亲手烧毁，但思想是无法毁灭的。这个时候，在拥护康有为的人们中有带头弹劾李鸿章的文廷式、甲午年会试的状元张謇等。

康有为不屈不挠，接着发表著作《孔子改制考》。人们毫无疑义地将孔子视为圣人，而且是天生的圣人。康有为指出，孔子并非天生的圣人，而是经过对恶政及其恶政核心的不合理制度进行改革，同时建立适应时代发展的新制度，将人的生活置于人伦基础之上以后才成为圣人。

这不是对孔子的否定，只是对神化孔子的否定，阐明孔子之所以成为圣人的道理。康有为理论的核心是必须改革颓败的制度。以现在的眼光来看，这是极其正常的事情，根本无须争论的问题，但在当时，绝大多数人认为老祖宗的体制绝对不能轻举妄动。康有为的《孔子改制考》正是为打破这种旧观念而建树的变法理论。

康有为由于这部著作成为饱受争议的人物，做学问的人无人不知康有为的大名。在清政府缔结屈辱的《马关条约》的时候，康有为及其弟子梁启超来到北京参加会试。

梁启超和康有为一样，也是广东人，生于同治十二年（1873 年），小其师十五岁。年轻有为，入广州的精英学校学海堂。《宣南诗社的人们》一章叙述过，学海堂的学者们曾经支持鸦片弛禁论。梁启超还在上学的十七岁时就乡试及第中举，是一个早熟的天才。他对学海堂一成不变、旧态依然的讲课深感失望的时候，遇见康有为。此时正是康有为托人上书被束之高阁而失意回乡的日子。光绪十六年（1890 年），康有为在广州创办私塾万木草堂，梁启超与他的朋友、同样是早熟型的才子陈子秋成为康有为最早的弟子。梁启超听罢康有为的一席话，这样说道：

一旦尽失故垒。

他将自己先前所学的学问比喻为堡垒，被康有为全盘攻克摧毁，思想产生极大的震撼。梁启超说第一次与康有为见面聆听高论的那一天晚上，通宵未眠，可见所受到的心灵冲击何等之大。于是他抛弃一无所用的旧学，退学名校学海堂（该校无修学年限），进入康有为门下。

康有为在广州开办私塾期间，撰写那部引发争议的《新学伪经考》。这部著作的写作过程得到梁启超和陈子秋的协作，至少梁启超在其著述《清代学术概论》中是这样说的。实际上英年早逝的陈子秋对这部著作的完成所做出的贡献似乎更大。陈子秋死后，梁启超自然成为康有为的左膀右臂，但梁启超绝非康有为的“复制品”，两人的性格可以说大相径庭。

康有为的性格属于思考型，热衷于某一件事，就会认真钻研、深入求证，有时甚至感觉神灵附体般执着忘我，具有一种超凡的能力。相比之下，梁启超关心的领域更加广泛，但宽而不深，而且经常变化。这一点他自己也承认，告诫女儿说自己的缺点是没有耐性，不可学。他属于新闻记者型的性格，可以说，近代中国第一个大记者的宝座非他莫属。

师徒俩进京的时候，北京正由于割让辽东、台湾以及赔偿两亿两银子的问题闹得满城风雨。全国各地的才子俊杰都集中到北京参加会试，他们都怀着成为未来国家栋梁的大志，所以对国家政治大事极为关心。堂堂大清国败于东海上的蕞尔小国日本，这大大伤害了他们的自尊心，而签订屈辱的和约更让他们义愤填膺。康有为也是情绪激动，号召参加会试的举人们联名上书，提出三项主张：

拒签和约，迁都抗战，变法图强。

一千三百多举人在万言书上签名。据说弟子梁启超为动员、征集举人签名做了很多工作。

此时的康有为三十七岁，他是签名的领头人，由于声名卓著，大家并无异议，而且这不是《新学伪经考》那样的危险文字，而是爱国上书，大家毫不犹豫地踊跃签名。

这就是著名的“公车上书”。古代中国，公车是将下面的上书转呈上面的官署名称。根据清朝的制度，都察院相当于公车，但是，都察院拒绝接受康有为等的上书。这一千三百多签名者都是参加会试的举人，还没有进入仕途。都察院拒收的理由是民间人不得干涉政治。上书的内容都是出于爱国热忱，要求普及教育、招贤纳才、富国强兵。虽然内容温和稳妥，没有问题，但因为举人没有上书的资格，所以被踢回来。

虽然未被受理，但“公车上书”在社会造成巨大的轰动，至少可以起到警世的作用。“公车上书”发生于阴历三月，不久会试发榜，康有为好不容易进士及第，但他的弟子梁启超落榜。进士及第的康有为被授予工部主事之职，不过他实际上并没有走马上任，只是名义上的任命在当时并不鲜见。

四月，康有为单独上书《自强雪耻之策》，内容分富国、养民、教士、练兵四项。此时他已是进士，有资格上书，奏文呈送给光绪帝。

五月，他再次上书。但这一年是闰五月，第二次上书的日期是五月八日。从光绪十四年的上书算起，包含公车上书，这是第四次。然而，这一次又被都察院拒绝受理，康有为已经是有资格上书的进士，第三次可以，第四次受拒，这说明这一次上书的内容有问题。他这一次上书中提议设立议院，都察院认为这不符合“国体”。

康有为为了在上书中提出的建议更具有说服力，不断地刻苦深入思考研究，广泛调查分析外国的政治制度，知道外国也不是从一开始就具备优越的制度，而是经过“变法”的结果。虽然是后进国家，却能吸收采用发达国家的制度，变法成功的正是打败清国的日本。日本成功地进行“明治维新”的变法，其国力增强到足以打败大国清国。俄罗斯在欧洲原先也属于后进国家，但彼得大帝通过政治改革，增强国力，得以与列强为伍。

第四次上书后停止一段时间，光绪二十三年（1897 年），康有为第五次上书。通过这一段时间的调查研究，思考推敲，这一次提出的建议更加具体，是一份十分优秀的方案。他以俄罗斯和日本这两个国家为示范，提出制定宪法、开设国会等富有建设性的意见。

重臣们也阅读这篇文章，赞成与反对两种态度相持不下，高度评价康有为意见的赞成派建议皇帝应该亲自召见康有为咨询对策，但恭亲王以不符顺序为由表示反对，认为应该先由大臣接见，不宜越级谒见皇帝。

于是，大臣们在总理衙门接见康有为，其中有下台的李鸿章，还有翁同龢、荣禄这样的重臣。荣禄等一上来就断然说道：

祖宗之法不可变。

翁同龢等对康有为的主张深有同感。康有为要实现其抱负，必须获得皇帝的信任，掌握权力，但现在甚至无法接近皇帝。后来翁同龢悄悄地向光绪帝推荐康有为，充当牵线搭桥的角色。

李鸿章在从下关回国的船上所写的奏文中有“及早变法求才”的内

容，所以他也赞成变法。第二年（1898 年），光绪帝以妨碍康有为变法为由罢免李鸿章在总理衙门的职务。变法派的目的是皇帝亲政和废除慈禧太后摄政，李鸿章与慈禧太后关系密切，这才是他被排挤出去的真正原因吧。李鸿章没有理由反对变法，如果说他反对的话，就是反对这种操之过急的方法。

甲午战争以后，李鸿章被追究战败的责任，解除直隶总督、北洋大臣的职务，成为一个徒有虚名的重臣，但是历史给予他重新登上政治舞台的机会。

甲午战争爆发之前，俄罗斯的罗曼诺夫王朝的亚历山大三世死去，尼古拉二世即位，定于 1896 年 4 月举行加冕典礼。亚历山大三世死去的时候，清国派遣湖北布政使王之春作为特使前往吊唁。这个王之春完成任务以后，在法国逗留一段时间，清国打算再次派他作为祝贺大使前往俄国，但是驻北京的俄罗斯公使喀西尼提出，与其他国家的使节相比，王之春的地位太低，俄国无法接受。在这个问题上，清国也表现出外交的无知。就因为王之春身在法国，离俄国近，便将先前的吊唁使节直接变成祝贺使节，这是极不尊重对方的做法。清国不知道欧洲的加冕典礼是何等重要。日本派去的祝贺使节是代表明治天皇的伏见宫贞爱亲王，军界的第一长老山县有朋跟随前往，清国派去的只是一个地方政权的第二把手，规格极不对等，俄国公使自然不能接受。

喀西尼并没有指名道姓要谁去，但为了与其他国家使节的规格平衡，大家都明白非李鸿章不可。生来第一次海上颠簸前往日本，在日本遭受暴徒袭击，刚刚回国不久的李鸿章第二年还必须前往俄罗斯。其实，俄罗斯企图利用加冕典礼的机会与清国签订秘密条约，所以无论如何必须要李鸿章来。

据说七十四岁的李鸿章做好随时客死他乡的思想准备，甚至在他的行李中还特地准备一口棺材。出发之际，过去的政敌翁同龢前来拜访。甲午战争的时候，翁同龢是主战派的代表，与李鸿章对立，但在与俄国结盟问题上与李鸿章意见一致。因为从喀西尼那里听到《中俄密约》的事情，李鸿章觐见慈禧太后向她请示。在《中俄密约》问题上，已经获得重臣和慈禧太后两方面的谅解，李鸿章大概并没有感觉负担的沉重。

这个时期李鸿章的出国最重要的是与俄国签订密约。《李傅相游历各国日记》详细记载他的外国出行的情况，自然对密约只字不提。尽管严格保密，但从时期、行踪等推测，清国与俄国签订密约的消息不胫而走。李鸿章在出游期间就受到这样的询问，当然他明确否定，说是毫无事实根据。

《中俄密约》是有效期为十五年的秘密同盟条约，条约失效以后的1910年，李鸿章的儿子李经迈在伦敦《每日电讯报》上将条约全文曝光，该条约才公之于世。1924年，苏联正式承认外交部保存有同样内容的密约。苏方的签字者是洛巴诺夫外长和维特财政部部长，签约的地点不是首都圣彼得堡，而是莫斯科。《中俄密约》的主要内容是：

一、日本国如侵占俄国亚洲东方土地，或中国土地，或朝鲜土地，即牵碍此约，应立即照约办理。

二、一国不能独自与敌议立和约。

三、当开战时，如遇紧要之事，中国所有口岸，均准俄国兵船驶入。

四、今俄国为将来转运俄兵御敌并接济军火、粮食，以期妥速起见，中国国家允于中国黑龙江、吉林地方接造铁路，以达海参崴。其事可由中国国家交华俄银行承办经理。

五、俄国于第一款御敌时，可用第四款所开之铁路运兵、运粮、运军械。平常无事，俄国亦可在此铁路运过境之兵、粮。

六、此约以十五年为限。

这显然就是军事同盟条约。然而，在条约有效期内发生日俄战争的时候，清国没有恪守条约规定，而是采取中立的立场。这是因为俄国对中国的东北地区赤裸裸的侵略行为已经违约在先，所以清国认为自己也没有必要守约。

签字者维特在回忆录中说俄罗斯无节制的侵略行为使得清国丧失恪守条约的热情。由于他反对与日本作战，在日俄战争即将开始之前被解除财长职务。他反对的理由主要出于国内的因素，不过预料到难以让清国守约。

密约中涉及的华俄银行是一家俄国银行，总部设在圣彼得堡，但按照东清铁路建设经营合同，清政府也投资五百万两。中国起先称之为华俄道胜银行，后来吸收上海的法国银行等外资银行，便改称为俄亚银行。

参加加冕典礼、签订《中俄密约》后，李鸿章从欧洲经由美国回国，环球一周的游行，所到之处都受到热烈欢迎，在德国受到德皇设宴款待，在法兰克福观看陆军演习，在基尔观看海军演习，还参观克虏伯兵工厂。李鸿章出国的另一个任务是修改海关税则。为恢复财政，打算提高关税增加收入，但这必须征得各国的同意。德国政府也不同意。李鸿章特地让德璀琳作为随员一起出游。德璀琳是德国人，李鸿章让他留在德国与马歇尔外长交涉，德国提出清国提供一个岛屿或者 港口作为德国储存煤炭、船舶停靠的交换条件。正是通过这次交涉，德国强行租借青岛、胶州湾。

李鸿章在荷兰应女王和皇太后之邀在海牙海边最豪华的库尔豪斯大酒店观赏芭蕾舞；在比利时会见国王；在法国会见总统，对三国干涉下收回辽东半岛表示感谢，出席盛大的欢迎宴会；在英国会见维多利亚女王，在朴次茅斯军港观看一百零七艘军舰举行的演习。失去亲手缔造的北洋海军的李鸿章当时是什么心情呢？

海防派的李鸿章从一开始就具有强烈的亲俄反英的倾向，出游期间，他曾对心腹说道："英国在东亚的地位比俄、法、德低，很快将会失去印度的。"李鸿章还主张，中国从欧洲购买物资的时候，应该向德国或者法国购买。

李鸿章渡过大西洋在纽约登陆的时候，受到沿途众多人们的热烈欢呼，这固然因为他的名声，恐怕也包含着美国人对他的同情。他拖着风烛残年的老弱之躯，在日本签订屈辱的条约，现在又周游列国，这难免令人产生怜悯之心。他在华盛顿会见美国总统克里夫兰，同时和国务院谈判海关增税的问题，但得到的回答是："其他各国同意的话，美国也乐意接受。"美国在这个问题上也没有更多的话。李鸿章从加拿大的温哥华港乘坐美国船启程回国。途中停靠横滨，日本方面做好欢迎的准备，但李鸿章始终就在船内，坚不上岸。这是理所当然的。

李鸿章尽管在国外受到热情款待，风光一时，回到国内，依然是一个败军之将，虽然还是总理衙门大臣中的一员，但所处的环境可以说是无权无势，据说他在总署大臣会议上几乎都是一言不发。总理衙门的首席大臣一般都是皇族，当时是恭亲王，但实际上控制操纵衙门的是张荫桓。此人曾作为议和使节派往日本，却以不够全权资格为由被赶回来。张荫桓是广东人，曾在外国生活，当然赞同同乡康有为的变法。

光绪二十四年（1898 年）是戊戌年。正月，康有为将新著《日本变政考》进呈皇上，并上书。这是他第六次上书，论述日本明治维新的经过。接着，他又将著作《俄彼得变政记》进呈皇上。

光绪帝对自己已经成年而政务依然掌握在慈禧太后手里的现状心怀不满。年轻的皇帝对慈禧太后极其保守的政治也很有意见，恰好在这个时候，收到康有为的上书和著作。皇帝从翁同龢那里已经听说康有为的一些情况，心想既然明治天皇、彼得大帝能做到，自己也应该能做到。光绪帝虽然有这样的雄心壮志，但只要慈禧太后在，就会受到制约。

形式上慈禧太后把政权交还给皇帝，自己在颐和园颐养天年，实际上密切注视着光绪帝的一举一动。她生于贫穷的旗人家庭，进入后宫，生下皇子，出人意料地掌握大权，虽然没有成为皇后，但当上了皇太后。光绪帝不是她的亲生儿子，正因为如此，她必须时时刻刻盯住光绪帝。光绪帝大概也意识到她的眼光。慈禧太后明白，一旦丧失政治实权，甚至连自己的地位都保不住。

康有为的上书激发光绪帝自立的强烈欲望。接着，康有为第七次上书，建议向太庙宣誓，采纳万国之良规，实行宪法之公议，改定变法维新为国是。光绪帝为之心动，决意变法。这意味着摆脱慈禧太后的控制，完全自立。

四月二十三日，光绪帝颁布制定“国是”的诏书。翌日，召见康有为，谈论变法之事。康有为被任命为总理衙门章京，章京就是大臣的辅佐。总理衙门有李鸿章等近十人总署大臣，康有为的地位低于他们，但受到皇帝召见，被亲切委以“变法”事宜，所以手握大权。

康有为也知道仅仅凭借一纸上书和皇帝的变法国是诏书无法实施政治改革，犹如李鸿章通过淮军创建北洋军阀一样，必须建立自己的后援团体。康有为“公车上书”的时候成立过“强学会”，其核心成员都是上书的签名者，具有学习研讨国政改革的性质。康有为以这个研究团体为母体组织具有政党性质的团体“保国会”。这件事主要是他的弟子梁启超一手操办。梁启超认为有必要成立这样一个后援团体，以便康有为掌权后支持他实行变法。现在有案可查的保国会的会员有一百八十六个。

中国开始维新。从结果来看，史称“百日维新”，也以干支称呼为“戊戌变法”。

康有为接连不断地提出“建议”。总理衙门章京的身份，也只能这样做，涉及宪法、国会、铁道、学校、军事等各个领域，以三十年前的日本维新作为范例，其中还有这样的建议：

宜用孔子纪年，尊孔圣为国教。

从建议到实行，需要相当长的时间，保守派一直关注变法派的动向。

变法派试图通过这样的国政改革的建议和实施，达到皇帝亲政的目的。这正是慈禧太后最警惕的，长期在深宫后院擅长阴谋权术的慈禧太后自然不会袖手旁观。

四月二十三日是阳历6月11日（为避免混乱，以下除特殊情况加以说明外，皆使用阳历）。其实在此前的5月29日，恭亲王病死。对光绪帝施压的不仅仅是慈禧太后，还有这个头号皇族恭亲王。恭亲王之死也许是促使光绪帝决心变法的一个因素。

光绪帝应该是满怀悲壮的决心实行变法，然而可悲的是，他虽然身为皇帝，权力却受到慈禧太后的制约。例如光绪帝不具有二品官以上的任免权。真正运营管理国家政治的都是二品以上的官员，但光绪帝无法自由地调动他们。

颁布变法诏书几天后，户部尚书翁同龢被罢免。他把康有为推荐给光绪帝，是光绪帝的老师，称为“帝师”。光绪帝救不了自己的老师。因为翁同龢是一品官，光绪帝不仅没有任免权，连发言权都没有。变法诏书刚一颁布，慈禧太后就给变法派一记沉重的打击。变法派的前途可以说多灾多难。

变法是政治改革，不能说是革命。康有为的变法是借重皇帝的力量。皇帝赞成变法，所以不是反体制运动，可以说是体制内的改良。只是这个体制内存在着拥有绝对权力的慈禧太后与试图自立的光绪帝之间的矛盾。就慈禧太后这边的体制而言，可以说康有为的图谋就是反体制运动。

从利用封建制度的精神支柱孔子这一点来看，康有为的变法不过是改革或者改良运动而已。既然依靠皇帝的力量，说明他肯定、积极支持清王朝的存在。

要把中国从亡国中拯救出来。有人认为这个“中国”并不一定就是清政府。清朝灭亡，并不意味着中国灭亡。岂止如此，只有推翻清朝，中国才能得到拯救。这才是真正的称为“革命”的思想。在这种思想指导下的运动也开始暗潮涌动。不过，这是真正的反体制运动，必须冒着被杀头的危险。

中日甲午战争爆发前夕，孙中山和挚友陆皓东旅行全国各地，在天津给李鸿章送上一份意见书，但犹如石沉大海。如同康有为利用光绪帝的力量改造中国一样，孙中山也想借助最大的实权派人物李鸿章的力量实现自己的主张。孙中山大概意识到对方是政府首脑，所以上书的意见极其稳健平和，据说只是提出富国强兵、吸收西方文化的方略，甚至没有涉及立宪政治。

孙中山十四岁时曾前往哥哥居住的夏威夷。哥哥担心他过分崇拜美国，忘记自己是中国人，便在他十六岁时让其回国。然而，一旦看过外面的世界，再也无法适应封建迷信落后的故乡环境。他学过西医，但认为医术救人固然重要，其先决条件是拯救重病疲惫、濒临死亡的中国复苏重生。孙中山在澳门、香港以及故乡广东经常与秘密结社接触。他们是朴素的民族主义者，没有成熟的思想理论，只是从本能上抵制满族政权的统治，具有打倒清政府、建立汉族政权的迫切要求。由于是秘密结社，内部也会有激进分子，将如此混浊麻乱的团体逐渐整顿成规范的政治组织，还是依靠知识分子的本领。

就当时的常识而言，连举人都不是，甚至可以说对参加科举毫无兴趣的孙中山也许算不上知识分子。他本人大概也觉得自己与士大夫完全不是一路人，如今中国必须痛下决心进行天翻地覆的变革，只有像他这样的“另一路人”所从事的“革命运动”才真正是救国之路。

孙中山在天津没有被李鸿章理睬，便奔向夏威夷。这时他的想法是只能使用非法手段，去夏威夷的目的是筹措军费。撰写孙中山传记的作家多把他在天津想见李鸿章而呈递意见书这件事轻描淡写成一个小插曲，我倒觉得这件事促使孙中山的思想产生巨大的转变。如果能说动李鸿章，中国会出现转机，当时的孙中山抱有这样的希望，所以托关系想见李鸿章一面。然而，当他的努力落空以后，他才醒悟到不推翻现在的体制，中国就没有出路的道理。在孙中山希望与李鸿章见面的时候，广州传来发生反政府的武装斗争的消息，这对身在天津的他产生巨大的冲击。

广东举兵不是偶发事件，而是经过相当周密的策划。孙中山的哥哥孙眉为支持弟弟的计划，提供全部家产予以支援。这次举兵依靠的是秘密结社的会员和新军。所谓新军，就是经过西式训练的军队，广东的新军全部都是汉人。光绪二十九年（1903 年），清朝设立新军三十六营，在正式命名为“新军”之前就已经存在西式军队，尤其是水师（海军），早就聘请外国教官进行训练。在训练的过程中，清国军人接受外国事物以及思想的教育，而甲午战争的失败极大地震撼他们的心灵。

太平天国以后，广东的反政府——应该说反清的情绪日益高涨。天地会参加太平天国的举兵，除了在基督教信仰这一点上不同外，最主要的是具有倒清兴汉的共同点。广东远离首都北京，地方官吏害怕担责，发生小暴动，往往不上报朝廷。

几百个志同道合者举事，孙中山等希望能够成为导火索，湖南、湖北等地也同样酝酿着造反的氛围。孙中山和陆皓东曾到各地考察，亲身感受到孕育的革命之火，认识到尽管具有革命思想的同志还为数不多，但如果与任侠团体、新军结成同盟，在一个局部地区夺取政权应该不难。在一个局部地区获得成功，革命浪潮就会波及全国各地，最终很可能导致清王朝的崩溃。孙中山大概感觉，清国连小日本都打不过，所以不足以惧。孙中山似乎过于乐观，但革命总是从巨大的乐观主义开始。

1895 年 4 月，清国在下关与日本签订和约，康有为等在北京公车上书；9 月，广东举兵。正在夏威夷筹集军费的孙中山接到革命同志的联系后，立即启程回国。广东反政府的情绪已经十分高涨。

当时的两广总督李瀚章是李鸿章的哥哥，此人连进士都没有及第，依仗弟弟的庇荫飞黄腾达。生日时接受下属百万两银子的事情广为人知，并非下属仰慕其人格主动赠送表示祝贺，而是他要求下属送礼。这些下属也不肯自掏腰包，便以“庆贺总督大人生日”为由向百姓摊派。摊派征收上来的钱款也不是百分之百地送给总督，而是截留一部分中饱私囊。

据说从两广百姓征收的这个临时摊派数额有好几百万两。

甲午战争初期，朝廷拨给李鸿章临时军费三百万两，但购买武器还是不够，他便从广东的海防费中借用六十万两。哥哥李瀚章为弟弟筹集这笔费用，公然开设称为闱姓捐的官营赌博，遭受社会舆论的谴责。所谓闱姓捐，就是猜测谁能在乡试中及第成为举人的赌博。由于娱乐活动贫乏，大家对乡试显得格外感兴趣。街头巷尾议论纷纷，谁家的三男成绩优秀，某某县令的公子是神童，谁人考得上考不上等，这样的流言闲谈到处流传，猜测打赌。将国家严肃的乡试用于官营赌博挣钱的对象，自然遭到各方的责难。李鸿章为甲午战争的失败负责，撤职直隶总督受到弹劾，李瀚章也无法依靠自己的力量保住地位，4月，以疾病为由卸任两广总督。

有人认为甲午战争实质上是日本与李鸿章之间的战争。陆海军都是李鸿章的北洋军队，无论军事还是政治，都是李鸿章操纵运作，其他人很少与他合作。两广总督李瀚章是李鸿章的亲哥哥，所以相当卖力，甚至不惜开设赌局筹集军费，拼命为他招兵买马。战争结束后，李鸿章失势，广东招募的军队随之解散，造成大量年轻人失业。无论哪个时代，失业都是社会不稳定的因素。

对于举行暴动的一方来说，社会不稳是有利条件。革命的同志们在广州挂起“农学会”的牌子，作为据点，积极进行暴动的准备工作。六百多支手枪封藏在水泥桶里已经运抵广州。准备于阴历九月九日重阳节这一天举行暴动，占领广州，但由于将集中于香港的数百人运到广州时间延误，所以暴动日期推迟三天。参加者除秘密结社的会员外，还有一部分广东水师（海军）。

虽然革命家充满乐观主义精神，但共事者中一个名叫朱祺的人对前途悲观失望。这次暴动意在引发各地的响应，所以人数较少。朱祺认为凭借这几条枪与整个清国的军队对抗，简直就是鸡蛋碰石头，结果只能是立即被镇压下去，被捕处刑，只有向官府投诚，才是唯一出路。于是，在暴动的前两天，他向当局自首，交代暴动的全部计划。

陆皓东等几个领导被捕，住宿在黄旭初家里的孙中山逃脱，辗转新会来到澳门。孙中山电报通知在香港待命的同志停止行动，但七十人乘坐泰安号轮船已经出发。

陆皓东和泰安轮的队长朱贵全被处死，参加革命军的广东水师统带程奎光入狱，后死于狱中。与孙中山一起在天津打算拜访李鸿章的爱国青年陆皓东走上刑场的时候才二十九岁，比孙中山小一岁。据陆皓东的供词，他为祖国的外患深感忧虑，思考救国的方法，而朋友孙中山认为打倒清王朝是先决条件，为此两人展开争论，最后同意他的意见。武装暴动是根据孙中山的主张而组织的。

孙中山从澳门来到香港，清政府悬赏花红银一千元抓捕他，香港政厅也发布命令，五年内禁止他进入香港。孙中山一到香港，就去拜访他在西医书院求学时的老师康德黎。康德黎与自己的律师达尼思商量后，决定让已经成为清朝通缉对象的孙中山、陈少白、杨衢云、郑士良等先到日本避难。孙中山的头颅悬赏一千元，陈少白等只有一百元，可见对首犯孙中山的搜捕十分严厉。

不久，孙中山从日本前往少年时代生活过的夏威夷。郑士良为处理暴动的善后回到国内。他是基督教徒，但与秘密结社三合会深有关系，广东举兵时负责动员三合会会员参加。虽然回国极具危险，但他对秘密结社的内部情况了如指掌，对潜伏活动充满自信。杨衢云不久也离开日本，去东南亚向华侨宣传革命道理。

陈少白暂居日本。他在孙中山的劝说下，原先也在西医书院学习，不过与孙中山的相识更早一些。陈少白是文章里手，孙中山的很多革命性文章都出自他的笔下。孙中山离开日本之前，将以前在夏威夷认识的菅原传①介绍给陈少白。菅原传将陈少白介绍给宫崎民藏②、宫崎寅藏（滔天）③兄弟。中国革命志士与日本支持者的交往从此开始。

---

① 菅原传（1863—1937年）：明治至昭和前期的政治家。曾在美国成立爱国有志同盟会，1899年起十六次当选众议院，曾任海军参与官。创办《十九世纪报》《人民报》。——译注

② 宫崎民藏（1865—1928年）：明治至大正时期的社会活动家。1902年在东京成立土地复权同志会，主张“平均地权”，得到头山满、幸德秋水等支持，后因大逆事件影响，受政府压迫，被迫解散。与其弟弥藏、滔天支持孙中山的革命活动。著有《土地均享·人类大权》。——译注

③ 宫崎寅藏（滔天）（1871—1922年）：明治时期的社会活动家。经其兄弥藏的同志陈少白介绍与孙中山相识，此后一直支持中国革命。1900年孙中山计划在惠州举兵，滔天等众多日本的“大陆浪人”参加。1905年，在滔天、萱野长知等努力斡旋下，孙中山、黄兴、章炳麟联合成立“中国同盟会”。著有自传《三十三年之梦》等。——译注

孙中山在夏威夷居住到第二年的6月。他在日本的时候就已经剪掉长辫、鼻下蓄须。剪掉长辫与太平天国的长发一样，是反清精神的一种表现形式。但孙中山还有化装的目的，他是被巨额奖金悬赏的“逃犯”，随时都有可能被人盯上。

居住夏威夷期间，孙中山在檀香山与恩师康德黎见面。康德黎完成在香港的工作后回英国去，他们一家选择太平洋这条航线。轮船停靠在檀香山，康德黎一家上岸观光游览，孙中山叫他的时候，他起先都没能认出来。可见孙中山的化装相当出色到位。孙中山在校读书时就一直受到康德黎的关怀，后来亡命时还得到他的帮助，无疑是自己的恩师。康德黎把自己在伦敦的家庭住址告诉孙中山，说如果来伦敦的话，务必联系。

1896年6月，孙中山从夏威夷来到美国大陆，在纽约逗留大约三个月。无论是夏威夷还是美国大陆，都有很多中国人，而且几乎都是孙中山的故乡广东人。美国修建横贯东西的大铁路，工程极其艰巨，所以招募大量中国劳工。有的人挣一笔钱后回国，但也有不少人留在美国，因为回国也无法保证能找到工作，索性留下来开辟新天地、寻求新命运。孙中山向夏威夷、美国大陆的中国劳工宣传革命道理，请求他们为革命募捐。第一次广东举兵之前，孙中山去夏威夷也是这个目的，他甚至提出一旦革命成功可以数倍归还的条件，被人们取个“孙大炮”的外号。

在美国的中国人中，很多都是秘密结社的会员，即洪门的人，不过他们在美国无须保密。所以，美国的洪门不过是一种亲善组织。甲午战争以后，虽然他们对祖国怀有强烈的忧虑，但国外生活相对稳定，比较难以接受革命道理。

蒙难与溃灭

即使身在外国，这样的宣传活动也十分引人注目，孙中山在国外也绝非没有危险。美国有清国的公使馆，监视着孙中山这个危险人物的一举一动，如有可能大概也想抓捕他，但毕竟这是外国，而且公使馆在华盛顿，孙中山在纽约，所以只是监视而已。当时的驻美公使是杨儒，后来很快就调任驻俄公使。

1896 年 9 月 23 日，孙中山离开纽约前往英国。驻美公使馆肯定会将此事电告驻英公使馆。

欧洲各国的华侨不如美国多。孙中山去欧洲，主要目的不是鼓吹革命，而是学习。他在欧洲的两年多时间里，刻苦钻研革命理论，接触到欧洲的社会主义运动，使他更加明确自己的革命进程的规划，后来发表的《三民主义》可以说是在欧洲学习的结晶。

10 月 1 日，孙中山抵达伦敦。他自然要去拜访恩师康德黎，到达伦敦的第二天就去拜访，后来几乎每天必去。他去康德黎家是为了借书阅读。孙中山十分喜欢读书，即使后来为革命事业日理万机的时候，据说身边从来也都是书籍为伴。香港西医书院的另一个恩师孟生博士也已经回到英国，孙中山也经常去他家里。据说他们提醒孙中山，清国驻英国公使馆就在附近，路上一定要谨慎小心。但孙中山对这里的地形不熟悉，根本不知道公使馆位于何处。

10 月 11 日，星期日，基督教徒孙中山离开住所葛兰旅店，打算和恩师康德黎一起去教堂做礼拜。他不知道自己这一天走的路离公使馆很近，大概驻英公使馆接到驻美公使馆的电报后，就一直派人监视、跟踪孙中山。路上，有一个人和他搭讪，孙中山一听对方讲的是广东话，大概感觉亲切，放松了警惕，最后随他进入一座楼房。这座楼房就是清国驻英公使馆。他被监禁在二楼的房间里，窗户安着铁栅栏。

孙中山想方设法要把自己被监禁之事通知康德黎，在纸条、手绢上写下自己的情况，交给送饭来的两个英国服务生，但这些都交到一个名叫马凯尼的英国人书记官手里，自然没有下文。

当时的驻英公使是龚照瑗，但据说实权掌握在马凯尼手里。那个把孙中山带进公使馆的人姓唐，他告诉孙中山：你很快就要乘坐英国轮船在香港海面上移交给中国的军舰，然后押解到广东。他还说：公使馆租赁轮船的那家公司是马凯尼的关系户，你在船上什么也干不了，现在正在装货，预定下周起航。这个人经常态度亲切地和孙中山谈话，告诉他公使没有实权，最好的方法就是请求马凯尼，甚至说为孙中山都想好了请求书的内容，要加上“自己造访公使馆的目的是证明自己的无辜”这句话。孙中山按照他的要求写好，这其实正中了马凯尼的计谋。这样写就说明是自己主动进入公使馆，而不是被诱骗进来的。

孙中山后来描述自己当时的心情简直要发疯。孙中山最后说服一个善良的老仆人，请他与康德黎联系。马凯尼当然严令所有与孙中山接触的仆人，孙中山的所有请求都必须向他汇报，但孙中山以基督教的信仰打动这个名叫柯尔的老人的爱心，告诉他因为自己是基督教徒，所以被清国皇帝所憎恨，请他尽快与康德黎取得联系，以逃过遣送回国处死这一劫。10 月 17 日早晨，柯尔来送煤的时候，把一张小纸条交给他，上面写着：我同意为你送信，但有人从钥匙孔监视你，你趴在床上写信。由于这个善良的柯尔老人的帮助，孙中山终于与外部取得联系。

康德黎和孟生为营救孙中山四处奔走，警察局说这是外国的公使馆，无法干涉；去外交部，因为是星期日，只有值班的官员，而且半信半疑，只是答应明天再报告。如果等不到明天孙中山被押送上船，那一切都完了。走投无路，孟生直接敲开公使馆的大门，出来开门的是那个姓唐的男子。

唐矢口否认，孟生警告他说，英国当局已经知道公使馆非法监禁孙中山。康德黎还是不放心，委托私家侦探监视清国公使馆周边的动静。此时已经入夜，他前往伦敦《泰晤士报》报社，讲述事情的经过，通过媒体进行揭露。这两个博士老师如此努力营救自己过去的学生，的确伟大，但大概也是出于对孙中山人格的尊敬吧。

第二天，英国政府断定确有此事，开始采取行动，派遣警察和便衣刑警包围清国公使馆，各报社也开始竞相采访，作为重大事件重点报道，谴责清国公使馆非法监禁的行径。公使馆周围聚集很多看热闹的群众，公使馆已经无法秘密转移孙中山。马凯尼终于改变主意，与英国外交部联系，决定释放孙中山。清国公使馆和英国外交部都认为不宜张扬此事，便悄悄释放了孙中山。

孙中山在千钧一发之际捡了一条命。不仅仅是逢凶化吉，更由于报纸大量报道，本来在国际上没有名气的孙中山这个名字一下子广为人知。一个三十岁的清国革命者在颠覆清政府的暴动失败后，受到通缉追捕，在伦敦被监禁，差一点丢掉性命。这样的事实简直比小说的情节更加神奇。

这个时候，孙中山开始使用“逸仙”这个号，所以大家知道的都是他的广东发音的名字 Sun Yat-sen。现在欧洲还使用这个名字称呼孙中山。能够名扬四海，无论作为政治家还是革命家都大有好处。伦敦事件以后，不论会见何人，只要自报姓名 Sun Yat-sen，对方便知道他的轰轰烈烈的事业。这可以说是因祸得福吧。

孙中山在欧洲期间，国内发生康有为领导的戊戌变法。慈禧太后通过撤职翁同龢，已经明确表态反对变法。既然反对变法，就没有打算将政权移交给光绪帝。

那些以为慈禧太后已经风烛残年、权力很快就要移交给光绪帝的机会主义者从撤职翁同龢的决定中受到沉重的打击，他们不再表示赞成变法。也许有人认为变法无须这样的机会主义者、投机主义者的支持，但如同选举中的浮动票，不可小觑他们的力量。

孙中山的设想是在中国的南端广东发动暴动，波及各地，全国呼应，产生新的政治体制。康有为则是在北京的宫廷紫禁城里实行变法，然后波及地方。可以说他们的设想、做法截然不同。

变法是以北京紫禁城内“诏书”的形式发出第一声呐喊，具体的执行者则是直隶总督等全国的总督和巡抚。慈禧太后通过罢免翁同龢的形式已经表态，那些功成名就的要员就不太赞成改变制度。皇帝颁布诏书，当然不会有人公然反对，但大家都不照章执行，只是冷眼旁观。说是戊戌变法，皇帝诏书没少发，但就是所有的人都无动于衷，观望踟蹰。地方长官中，据说只有湖南巡抚陈宝箴一个人对变法表示理解。

变法派起先打算拉拢虽然保守但具有改良思想的要员，但是在变法的过程中，改良派感觉变法派过于激进，便逐渐疏远，但其实也有改良派对慈禧太后察言观色的因素。慈禧太后表面上隐居颐和园远离政坛，悄无声息，其实她对变法的态度非常明确，这让康有为开始焦虑急躁。

中央要员中对变法表示共鸣的代表人物是工部尚书孙家鼐。甲午战争时，他反对主战派，据说他的改良主义是继承冯桂芬的思想。

冯桂芬（1809—1874 年）是道光二十年（1840 年）的榜眼，面对鸦片战争和太平天国的外患内忧，主张实行政治改革，他提倡积极利用西方的科学技术，对旧制度进行适应时代发展的改革。他是政治改革的先驱者，在当时属于大胆的主张成为洋务派的理论支柱。他的著作《校邠庐抗议》是一部具体的政策论文集，为执政者所仇视，以至于在他死后依然不能出版发行。他死后不久，只有十几篇对政府批评温和的文章被收入文集里，至光绪十年（1884 年），全部四十多篇文章才结集出版。也许因为冯桂芬出身于苏州的商人家庭的缘故，他的思考才比较自由开放。

孙家鼐是冯桂芬的崇拜者，以《校邠庐抗议》为基础撰写变法奏文。不过，孙家鼐也有他的局限性。以宫廷官员为核心的保守派人物视康有为的变法为异端邪说，施加巨大的压力，甚至有人批判康有为试图成为“民之主”。康有为在《孔子改制考》中论述孔子改革、创新制度才成为圣人，于是有人讥讽主张改革政治制度的康有为自认为圣人。就连地方长官中唯一支持变法的湖南巡抚陈宝箴也在奏文中说康有为应该亲手烧毁《孔子改制考》这本书。这大概是表面上批判康有为、实际上迂回援救的苦肉计吧。也许陈宝箴预想到变法遭受镇压时自己的退路，事先对最容易成为众矢之的的这部著作进行批判吧。

孙家鼐也上书近乎弹劾康有为的奏文，恐怕也是出于同样的考虑。孙家鼐看到康有为处于政治的旋涡中，招致保守派的诸多廷臣的攻击嫉妒，便安排他到地方避开风头。变法派在上海创办有旬刊《时务报》，于是商议由政府直接经营，孙家鼐推荐康有为担任督办，使用这个方法让他离开北京，保证生命安全。但是，康有为认为，离开北京就意味着自己的政治生命，更重要的是变法本身的失败。他不去上海赴任。他坚信，自己得到光绪帝的知遇信任，关键时刻如果不坚持变法，国家就会灭亡。

康有为越发焦急，政治环境的恶化促使他决心一气呵成地强制推行变法措施，他甚至感觉事先与朝廷要员交流沟通做工作都是浪费时间。他只依靠皇帝的权威，为了紧紧抓住光绪帝的心，他开始宣扬亡国的恐怖，最好的例子不过是波兰，坚持变法才能不亡国的论点。康有为说服的对象只集中皇帝，8 月底，光绪帝终于对变法表现出积极的态度。

光绪帝开始积极变法，但他的任何措施都必定会与慈禧太后的权威发生冲突。这个时候的光绪帝仿佛根本不把慈禧太后放在眼里，支持变法政策，并努力付诸实施。

慈禧太后虽然人在颐和园，但紫禁城的卫士、宦官里都有她的耳目，所以对光绪帝以及变法派的一举一动都一清二楚。她在窥视时机，没必要像康有为那样急不可耐。李鸿章被解除直隶总督后，由王文韶接任，但光绪帝的国是诏书颁布以后，慈禧太后就让荣禄担任此职。直隶总督握有军权，继承北洋军的指挥权，但北洋军阀原先是李鸿章的私人兵团，荣禄在多大程度上掌握这支军队令人怀疑。北洋军阀在与日本的战争中遭受沉重的打击，海军实际上已经覆灭。陆军方面，甲午战争之前到朝鲜担任后勤补给的袁世凯重新组建“新建陆军”，正式训练。袁世凯是李鸿章的人，荣禄对他有多大的影响力也是问题。但是，变法派不注重军队的工作是其失败的重要原因。慈禧太后之所以能够不慌不忙地等待时机，就是因为有军队这个靠山。

心急火燎的康有为罢免对变法消极的官员，任命变法派的四个人为军机大臣章京。章京是辅佐大臣的职务，但这四个人名义上是章京，实际上被授予相当于宰相的权限。9 月 5 日发布任免命令，这四人是：

内阁候补侍读　杨锐
刑部候补主事　刘光第
内阁候补中道　林旭
江苏候补道　　谭嗣同

这四个军机大臣章京中，杨锐和刘光第是地方长官中唯一支持变法的湖南巡抚陈宝箴推荐的。

只有湖南一省实行变法政治，协助巡抚实施新政的是广东人黄遵宪。黄遵宪是著名的诗人，顺天乡试及第后，成为外交官。第一个驻在国是日本，光绪三年（1877年）赴任日本，接触日本的民权运动，后来著述《日本国志》；1882年三十五岁任驻美国旧金山总领事，在任期间，见识了1884年的美国总统大选；1890年赴伦敦任二等参赞；1891年任驻新加坡总领事；甲午战争那一年11月中旬从新加坡回国。第二年9月，他与康有为见面。此时《马关条约》已经签订、批准，两人就祖国的前途交换意见。那个时候，康有为还到上海成立强学会，在上海会见作为使节前往俄国出席加冕典礼的李鸿章。

前面说过，强学会是政党组织，清政府不允许存在，就改头换面变成学会。孙中山在广州举兵的时候也称为农学会。强学会的工作是翻译外国图书和创办报刊，但这也是为政治改革服务，很快受到御史杨崇伊的弹劾，被迫解散。

后来黄遵宪与梁启超商量，为继承强学会的精神，决定出版《时务报》。汪康年也参加办报，感觉他缺少梁启超那样的气魄，但无疑也是中国新闻事业的开拓者。可是，黄遵宪和汪康年似乎性格不合，意见相左，最终闹得两人决裂。不久，黄遵宪去湖南协助陈宝箴的变法政治。

由于政党性的团体强学会被迫解散，《时务报》实际上承担其宣传方面的工作，在舆论上对变法提供强有力的支持。据说发行量达一万份，从当时的识字比例、政治状况来看，这个发行数字可以说是破纪录。通过梁启超、汪康年的精彩文章宣传不变法就亡国的道理，从而大大地扩大了支持变法的阶层。这份刊物不在北京，而是在上海创办，具有重要的意义。当时上海已成为中国最先进的地区，中国近代史如果离开上海则无法理解。

朝廷中的变法支持者孙家鼐出于对康有为人身安全的考虑，让他去上海，是因为《时务报》属于官办。变法的宣传在上海这个先进地区已经渗透到相当广泛的阶层，而北京的朝廷只有光绪帝一个人，完全是孤立无援的状态。

变法派的四个人被任命为军机大臣章京，一直静观局势的慈禧太后终于决定动手了。变法派也有所觉察，自然感到危险的逼近。在这种情况下，只有先发制人，发动政变，将慈禧太后监禁于西山的离宫，实现光绪帝亲政，才是变法派唯一的出路。换句话说，变法派逐渐被逼得走投无路。

要发动政变，就需要军队，但军队是变法派的弱点。孙中山三年前在广东举兵，寄希望于接受过西式训练的水师能够起而呼应，变法派也许认为“新建陆军”会成为自己的支持者。

袁世凯是新建陆军的头目，其实不过是换上新军装的北洋军。谁都知道，袁世凯是李鸿章的党羽。虽然李鸿章由于对甲午战争的失败负责被撤职，但仍然是慈禧太后最信任的人物。从这个关系来看，变法派试图在政变中利用新建陆军的想法是多么危险。可是别无他法。

新任命的军机大臣章京谭嗣同会面袁世凯，请他协助。谭嗣同是湖南人，父亲谭继洵是高官，谭嗣同生于其父任职的北京。光绪九年（1883年），他十八岁时，父亲调任甘肃，他随同前往兰州。两年后，成为新疆巡抚刘锦棠的幕僚。刘锦棠是湘军系统的人，所以谭继洵就把儿子托付给这个同乡同僚照看。但谭嗣同个性奇特，少年时期在北京的时候就与侠客王正谊结交。不久，他辞去幕僚，游历全国各地，《三十自纪》中这样写道：

合数都八万余里，引而长之，堪绕地球一周。

戊戌变法的前一年，他三十二岁，撰写论文《仁学》。他将宇宙的根本原理命名为“以太”，人的根本原理是五伦，而其中“朋友”最优，其他四伦——君臣、父子、兄弟、夫妇都受到束缚，实有无奈之处，但朋友之间无上下关系，平等自由，朋友交往不会丧失人的自主性，宇宙之根本原理凝聚于“朋友”之道，而且朋友之道可以组织起来。他大概想到基督教会这样的组织吧，称之为“学会”。通过学会可以与几千万人成为朋友，这就是“仁”的表现形式。谭嗣同所主张的“仁”令人感觉与“侠义”很相似。他写道：

爱新觉罗诸贱类异种……蛮野凶杀之性气。

这样的著述在清国当然不允许出版发行，他把《仁学》这篇五万言的大论文的抄本寄给梁启超，梁启超在日本印刷，但隐匿作者真名，改名为“台湾人所著之书”。此时已在甲午战争之后，清朝的司职对台湾人鞭长莫及，无论怎么骂爱新觉罗，清朝都拿他没办法。《仁学》对甲午战争的看法是：因其胜必骄，故败亦未必不幸。

具有这种思想的谭嗣同竟然进入清国朝廷，担任军机大臣章京。反变法派的大臣文悌在弹劾保国会的奏文中这样写道：

令其将忠君爱国合为一事，幸勿欲保中国四万万人，而置我大清国于度外。

谭嗣同的确“爱国”，但不“忠君”，不应该让他只考虑中国四万万人，而将大清国置之度外。然而，谭嗣同大骂皇室是贱类，甲午战争败给日本并非不行，这与变法的领头人康有为在思想上形成明显的界线。

据梁启超的《戊戌政变记》记载，康有为提出只能发动军事政变这个动议，才使得慈禧太后下手采取遏制变法的行动。据说是谭嗣同主张在发动政变的时候可以请求袁世凯支援，康有为对此表示赞成。袁世凯长驻朝鲜，了解外国的情况，又改编新军，应该是一个开明进步的人，康有为和谭嗣同都对他怀有期待。袁世凯对京师强学会还捐赠五百元，这也是变法派对他抱有幻想的一个原因。

谭嗣同到天津法华寺拜访袁世凯，请他出马。袁世凯日记这样描述谭嗣同：

气焰凶狠，类似疯狂。

袁世凯的《戊戌日记》记述两人见面的情形，但谭嗣同已被处死，所以这个日记只能作为一方的资料。袁世凯这样记述两人见面的对话：

谭：“受此破格特恩，必将有以图报，上方有大难，非公不能救。”“荣某日献策，将废立弑君，公知之否？”“带本部兵赴津，见荣某，出朱谕宣读，立即正法……迅速载袁某部兵入京，派一半围颐和园。”

袁：“围颐和园欲何为？”

谭：“不除此老朽，国不能保……去此老朽，在我而已，无烦用公。但要公以二事：诛荣某围颐和园耳。如不许我，即死在公前。公之性命在我手，我之性命，亦在公手。”

袁世凯见谭嗣同衣襟里面的腰间鼓起，似藏有凶器。袁世凯当时表示同意，其理由是受到胁逼。但后来肯定他经过反复权衡利弊，决定背叛变法派。他将变法派政变之事密告荣禄，荣禄急赴颐和园向慈禧太后报告。

虽说变法派在策划政变，但先动手的是反变法派——即慈禧太后派。帝派（变法派）与后派（慈禧太后派）在紫禁城里展开一场你死我活的斗争。

9月14日，光绪帝向康有为等五人变法派领导颁布密诏，内容十分悲壮：

今朕位几不保，汝康有为、杨锐、林旭、谭嗣同、刘光第等可妥速密筹，设法相救。朕十分焦灼，不胜企盼之至。特谕。

9月16日（阴历八月一日），光绪帝召见袁世凯，赐予侍郎候补的资格。谭嗣同所谓“破格特恩”指的就是此事。当时袁世凯的职务不过是直隶按察使，周围很多慈禧太后派的大臣，无法请他调兵支援，最多只能做到“与荣禄各司其职”，其本意是让他调动军队可不必与顶头上司荣禄商量。因为荣禄是慈禧太后的外甥，最接近慈禧太后。

第二天9月17日，翰林院的杨崇伊乞请慈禧太后训政。慈禧太后本来已经正式隐退，但皇帝成为变法派的傀儡，所以无论如何请重新视政。光绪帝在慈禧太后面前本来就抬不起头，如果重新实行垂帘听政，甚至皇帝都有性命危险。杨崇伊的请求无异于要慈禧太后处置皇帝。

光绪帝感觉到前所未有的危险，才颁布上面这道密诏。康有为称之为“衣带诏”。典出《三国志》里被曹操挟持的献帝偷偷在衣带上写下“救朕”密诏的史实。

谭嗣同去天津法华寺会见袁世凯是9月18日，所以密诏是四天前颁布的，而杨崇伊请求慈禧太后复位是在第二天。9月19日，荣禄和袁世凯从天津秘密来京，听取汇报以后的慈禧太后于9月20日早晨从颐和园回到紫禁城，搜查光绪帝的房屋，没收有关变法的文件。但是，光绪帝这一天接见从日本来访的伊藤博文，慈禧太后躲藏在帘后进行监视，据说到晚上才把皇帝叫来，逼他饮下毒酒，经过军机大臣王文韶以及皇族的规劝，才改为幽禁。

9月21日，颁布垂帘听政上谕。变法运动失败，回到慈禧太后的保守政治。其实变法并非完全按照一道又一道的诏敕实施，变法派有自己的目标追求。他们要创办京师大学堂，实行新式教育；要皇帝亲自断发、易服、改元；要迁都上海。虽说是改革，从未有过如此大刀阔斧。创办京师大学堂，并非主张废除科举，科举依然保留，只是考试的科目增加时事问题的策论。如果断然废除科举，必然受到保守派的猛烈抨击。断发、易服是改变国家的风俗习气，受到保守派的指责。而改元更是被谴责为破坏一帝一元号的祖法。但是，变法派就是想通过这些激烈的措施让全体国民感受“新时代已经到来”的效果。迁都上海的主张，的确有北京过于偏北的理由，但实际还是想远离慈禧太后，逃避她的影响。变法派还提出撤销那些人浮于事无所事事的衙门，自然遭到衙门既得利益官员的猛烈反对。

一切都恢复旧态。皇帝被幽禁，保住一条命，而变法派的骨干们却没有这种幸运。

9月18日谭嗣同会见袁世凯后，感觉到他不会出马。康有为于9月20日拂晓悄悄离开北京，傍晚到达塘沽，乘坐上招商局的新济号轮船。但当他知道这艘船21日下午才能起航时，便换乘太古洋行的重庆号。这艘船于当日上午十点起航。荣禄搜查康有为在北京的住所南海馆，发现他已逃跑，立即大规模搜索塘沽，一无所获。他听说上午有船出海，便命令军舰飞鹰号追赶，但飞鹰号储存的煤炭不够，中途返回。从塘沽出海的轮船一般都要停靠烟台，荣禄打电报给烟台道，命其扣船。重庆号确实停靠烟台港，康有为还上岸买东西。只是因为烟台道去胶州出差，等他回来看到电报时，为时已晚，重庆号已经离去。该船在上海停靠，英国驻上海总领事白利南应与康有为交往甚密的李提摩太的请求，从威海卫调来巡洋舰巴那文契号，运送康有为至吴淞口换乘英轮巴拉勒特号，再护送到香港。康有为在最后一刻逃脱出来。

梁启超避难日本公使馆。代理公使林权助[1]在回忆录上详细记述这个过程。由于公使馆拥有治外法权，清政府不能进去。林权助与大隈[2]外相取得联系，让梁启超乘坐停泊在大沽的日本军舰大岛号直接去日本。为了伪装大岛号属于正常返航，日本海军省特意派军舰须磨号来大沽与它换防。

谭嗣同也去过日本公使馆，但不是为了亡命，而是把自己的诗文、家书交给在那里避难的梁启超。日本公使馆劝他一起亡命，但谭嗣同拒绝。

各国变法无不从流血而成，今日中国未闻有因变法而流血者，此国之所以不昌也。有之，请自嗣同始。

他对梁启超说：

月照西乡，吾与足下分任之。

西乡隆盛和僧月照一起投水自尽，但西乡获救，月照[3]身亡。梁启超在《戊戌政变记》中记述谭嗣同这样对他说的话：有的人必须活着做事，但也有的人必须死去。死易生难，我选择易，所以去死；你选择难，活着尽忠陛下。

谭嗣同被捕，一周后，9月28日，在北京菜市口刑场被处死。他在以前交给梁启超的《绝命书》中有这样的话：

啮血书此，告我中国臣民，同兴义愤，翦除国贼，保全我圣上。

---

① 林权助（1860—1939年）：1887年入外务省，曾任通商局局长，1899年任驻韩国公使，1906年任驻清国公使，推行强硬的外交路线。后任驻英国公使，退官后任式部长官、枢密顾问官。——译注

② 大隈：大隈重信（1838—1922年），政治家。幕府末期的著名尊王攘夷派藩士，明治维新后从事财政工作。1888年任外相。1898年与板垣退助成立宪政党，组成最早的政党内阁。1914年再次组阁，决定参加第一次世界大战。创办东京专科学校（今早稻田大学）。——译注

③ 月照（1813—1858年）：江户幕府末期勤皇家的僧侣。原为京都清水寺住持，积极参加尊皇攘夷运动，为避安政大狱，与西乡隆盛一起逃往萨摩，后投锦江湾自尽。——译注

痛骂清朝皇室是贱类的谭嗣同在遗书中表示要保全圣上，令人感觉不可思议。大概他是担心连累身居高位的父亲，所以装作未失勤皇之心的样子吧。戊戌变法之前，湖北巡抚的父亲谭继洵在湖广总督被召到北京期间，代理该总督之职。儿子被捕处刑后，他只受到撤职遣返原籍的处分。

当时坊间流传着一部分变法派要推选谭嗣同担任总统、建立共和国的传言。谭嗣同是否听说不得而知，遗书的发表否定了此事，但最近有苏联学者认为谭嗣同担任共和国总统的传言确有此事。

谭嗣同以朋友之道作为宇宙的根本原理，可以说贯穿于他的侠义的一生，他的悲壮惨烈之死是他思想的写照。

下面是谭嗣同书于监狱墙壁上的诗：

望门投止思张俭，忍死须臾待杜根。
我自横刀向天笑，去留肝胆两昆仑。

张俭是东汉人，弹劾宦官侯览，反被诬告，逃亡。因其人格高尚，一路上人们都甘愿冒险掩护他。杜根也是东汉人，邓太后摄政时，因主张政治奉还皇帝，被装进麻袋殴杀。但执行者感其义，没有杀死他。大概谭嗣同运用张俭与杜根的典故暗指康有为与梁启超亡命成功吧，但自己选择另一条道路，去也好留也好，二者的肝胆都如昆仑一样巍峨耸立，义薄云天。

被处刑的除四个军机大臣章京外，还有康有为的弟弟康广仁、御史杨深秀，共六人。虽是国事犯，但人民称他们为“六君子”。刘光第之子伏尸一昼夜，恸哭而死。杨深秀和林旭的夫人都服毒殉死。

这六君子在政变的十天之前刚刚被任命为军机大臣章京，慈禧太后甚至还没有见过他们。其实她憎恨的不是变法这种政治改革，她关心的只是“权势”，而不是“政治”。她仇恨的是企图夺取自己权势的阴谋。在她眼里，被处死的这六个人都是地位卑微的小人物，他们肯定受到更高职务的人的指使。

慈禧太后最憎恨的是赞成变法派政治意见的康有为同乡张荫桓，大概她周围保守的反变法派给她灌输不少有关张荫桓的坏话。后来康有为也说在戊戌维新运动中其实并没有和张荫桓联系。虽然张荫桓赞成政治改革，但没有积极参加康有为的运动。慈禧太后恨张荫桓，大概是因为她身边多有恨张荫桓的人。9 月 21 日发布对康有为的逮捕令的同时，也搜查张荫桓的家。23 日，他被抓到步军统领衙门，第二天入狱。

张荫桓的性命危在旦夕。英国公使竭尽全力营救张荫桓。营救康有为的时候，是民间人士李提摩太努力奔走，公使窦纳乐并不热心。为什么这次英国公使如此积极营救张荫桓呢？因为张荫桓于前一年（1897 年）作为清国特使前往英国参加维多利亚女王在位六十周年庆典，并被授予英国勋章，而且张荫桓掌管总理衙门期间，采取亲英的政策立场，与同在总理衙门的亲俄的李鸿章对立。

英国公使窦纳乐请日本代理公使林权助协助营救张荫桓，当时日本前首相伊藤博文正在北京。能够制止对张荫桓处刑的大概只有深受慈禧太后信任的李鸿章，而对李鸿章最具影响力的只有伊藤。不过，张荫桓在总理衙门里与李鸿章对着干，李鸿章对营救他并不热心。张荫桓原先是李鸿章的手下，背叛主子，更令人憎恨。林权助直接会见李鸿章，明确指出如果处刑张荫桓，会引起列国的干涉。李鸿章对外国的干涉也很头疼。林权助还加上一句说伊藤博文也非常关心张荫桓的命运。

窦纳乐同时也给李鸿章写信，指出秘密处刑张荫桓这样在欧洲各国享有盛誉的高官会造成极为恶劣的后果。德国皇帝也发来特急电报，希望总理衙门为营救张荫桓做出努力。张荫桓曾担任过公使的美国的总统麦金莱也对驻清国公使康格发来指示，命他以个人名义为张荫桓的减刑开展工作。

张荫桓免于一死，但正式的程序是总理衙门的首席大臣庆亲王上奏表明张荫桓并非康有为党徒，减死一等。

六君子被捕是 9 月 25 日开始，而张荫桓在 9 月 23 日就被捕，可见慈禧太后及其周围对张荫桓如何憎恨。张荫桓曾作为媾和使节派往日本，结果因资格问题被赶回来。当时他是李鸿章的人，据说因为其为人“权变多谋”，才被选为使节。谋士，令人格外警惕。

日本国内诞生大隈内阁，伊藤博文把内阁扔在一边访问清国大概也是因为感觉到慈禧太后身边的人相当危险。有传言说变法派打算请伊藤博文担任特别顾问，实行国政改革，而具体联络的据说就是张荫桓。如果伊藤成为变法派的顾问，就会把明治维新的措施搬到中国来，那么慈禧太后身边的人就会失去实权。反变法派对形势进行分析，做出必须早动手的判断，所以断然实行镇压。

与康有为关系密切的另一个高官黄遵宪也受到迫害。这一年7月，他被任命为驻日公使，为赴任从湖南前往上海，却在上海身患重病。

御史黄均隆弹劾黄遵宪：

结党最深，若令其逍遥法外，难免不勾结外人，隐生祸变。

于是，慈禧太后给两江总督刘坤一发密电，命其监视黄遵宪。黄均隆的弹劾是10月6日，外界立刻知晓。恰好此时正在中国的伊藤博文来到上海，也听到这个消息。黄遵宪是《日本国志》的作者，被任命为驻日公使正是日本所期待的，而且清国的总理衙门也已经认可。10月10日，伊藤立即给北京的林权助发电，让他向清国转达如果对黄遵宪的处分过重、日本将会提出抗议的意向。第二天，大隈首相也电报指示公使馆，命林权助向总理衙门交涉，希望清国对黄遵宪以及其他变法派成员不要采取极端的处分。黄遵宪的驻日公使任命已经发表，日本也表示同意。据说以此作为日本向清国抗议的根据。总理衙门的庆亲王答应努力善处。

上海的外国人也采取行动，10月11日深夜，几十个西方人发生骚动，扬言要营救被监禁在上海洋务局的黄遵宪。其背后似乎是英国驻上海总领事策划指挥。刘坤一也感觉事态严重，便向总理衙门发电，提议对黄遵宪暂时采取宽大措施，送回原籍，以后再考虑处分。于是，黄遵宪被解除监禁，10月14日乘船遣返原籍广东。上海道蔡钧亲自到日本和英国的领事馆说明黄遵宪已经获释。当时日本驻上海领事在发给鸠山外务次官的电报中明确说道“经英国领事活动后获释”。

回到广东省嘉应州故乡的黄遵宪写有《到家》一诗：

处处风波到日迟，病身憔悴尚能支。
少眠易醒藏蕉梦，多难仍逢剪韭时。

大海走鳗寻有迹，老翁失马卜难知。
援琴欲鼓《拘幽操》，月在中天天四垂。

“藏蕉梦”典出《列子》：“郑人有薪于野者，遇骇鹿，御而击之，毙之。恐人见之也，遽而藏诸隍中，覆之以蕉。不胜其喜。俄而遗其所藏之处，遂以为梦焉。”自己赞同变法，在上海创办《时务报》，努力改革湖南的政治，这都是现实之事，如今想起来，恍若梦中，觉浅难眠。“剪韭”意为韭菜剪而复生，不会断绝，慨叹自己生于国难不断之秋。《拘幽操》是琴谱，据说是周文王被囚时所作。这首诗反映出作者如同身处“天四垂”这样黑暗中的心情。

同一时期，黄遵宪还写有《感事》八首，最后两句是：

是非新旧纷无定，君看寒蝉噤众官。

这样的时代，是为非，非为是，是非颠倒，社会动荡，人们噤若寒蝉。百日维新期间，大家纵论国政改革，意气风发，畅谈抱负，如今连执政的官员也都如深秋的寒蝉，缄默不语。黄遵宪只能通过诗歌抒发他无以排遣的愤懑。

第二年（1899 年），黄遵宪病情略有好转，便给家族的孩子们开课讲学，心情也稍微宽松。这一年写有杂诗八十八首。录其第一首：

我是东西南北人，平生自号风波民。
百年过半洲游四，留得家园五十春。

后来，黄遵宪让自己的儿子以及弟子们留学日本。日本政府希望他担任驻日公使，可以说他是当时中国最大的日本通。他的著作《日本国志》长期以来都是了解日本者必读的最具权威的参考书。吟咏日本各种事情的《日本杂事诗》对了解日本也做出很大的贡献。1905 年，黄遵宪五十八岁辞世。虽然身患疾病，但毕竟寿终正寝。

相比之下，张荫桓的结局就很不幸。黄遵宪被遣返老家，张荫桓则被流放新疆。其罪名是：

居心巧诈，行踪诡秘，趋炎附势，反复无常。

如果没有英国的强势干预，大概他就和六君子一起被杀。两年后发生义和团事件，慈禧太后依然没有忘记对张荫桓的仇恨。在纷乱的政局中，命令处死张荫桓。他在新疆被杀。义和团事件媾和的时候，英、美两国公使要求为张荫桓恢复名誉。甚至英国驻日公使萨透都要求李鸿章恢复张荫桓的名誉，追认官复原职。清政府不得不同意，虽然对张荫桓恢复名誉、官复原职，但死者不能复生，一切都为时已晚。

湖南巡抚陈宝箴及其子陈三立也受到“革职永不叙用”的处罚，变法派就此溃灭。

义和团

是非曲直姑且不论，在处理戊戌变法政变以后的问题上，外国对清国的干涉可谓赤裸裸。就因为张荫桓被维多利亚女王授予勋章、日本已经同意接受黄遵宪为驻日公使，他们都免于一死。帮助康有为、梁启超亡命，也许可以说是出于侠义之心，但干预过深。

变法派的人们具有各种各样的思想，康有为和梁启超虽然是师生关系，但他们的想法就大不相同，谭嗣同的思想与其他人也有相当大的差异。但笼统地说，他们都是士大夫，追求的是通过宫廷革命实现变革，与民众几乎没有任何联系。也许只有游历全国各地、与侠客首领关系密切的谭嗣同作为个人与一般民众具有连带感。

康有为经香港亡命日本，后来孙中山也亡命日本，宫崎滔天等日本朋友策划这两个人会面，但遭到康有为的拒绝。其理由是自己是帝傅，不能与试图推翻王朝的乱臣贼子见面。这件事典型地反映出变法运动与孙中山革命运动之间的差距。孙中山主动与秘密结社的人们结为同盟，共同举事，但在变法派看来，这些结社都是匪贼。

中国民众的生活贫困悲惨。例如戊戌变法这一年，清国清偿对日本的赔偿，为此对全国人民增税，自然把负担转嫁在民众头上。为此各地发生佃农的抗租运动，起先要求减少佃租，后来发展到抗租不交。地主们则通过公租局以及成立租栈这样的组织，依靠政府军队的力量打击抗租运动。

鸦片战争已经过去了半个世纪。后来洋务派掀起近代化运动，成立招商局，发展海运业，利用贷款修建铁路，陆路运输也逐渐实现近代化。前面说过，鸦片战争后的五口通商造成失业大军，洋务派的陆海运输近代化也出现同样的结果。失业者流民化，那个时代的近代化造成流民的增加。不采取任何对策的近代化使中国社会陷于混乱和不安。

伴随着近代化出现的社会不安始于外国势力最早进入的南方，太平天国就是在南方爆发的，然后逐渐向北方蔓延。太平天国运动在南方扛出基督教，北方则与之相反，反基督教运动十分活跃，民众对基督教可以说极为反感。

基督教的传教活动虽然为条约所认可，但外国传教士中有不少人对中国的民情一无所知，一味按照自己的想法强行传教。中国的信徒中也有一些歹徒，以为干了坏事受到官府追捕的时候，只要逃进教堂里，就会受到保护，甚至有的教会过分强调治外法权，以此为诱饵吸收更多的人信教。基督教会之所以如此专横霸道，是因为有外国军队作为它们的后盾。这无疑激发了民众的反基督教情绪。

反基督教运动称为“仇教”，由此引发的事件称为“教案”。由于中国人信徒不支付已经形成长期习惯的向寺庙祭祀捐款的分摊数额，引起保守传统的人们的憎恨，因此不断发生教堂用地以及建筑物所有权等纠纷。“仇教”单纯地与“排外”结合在一起。在当时情况下，以大炮和军舰作为后盾，这反而对基督教传教产生反面影响。

戊戌变法的前一年（1897 年），两个德国神父在山东省被杀，导致德国出兵，最后德国获得胶州湾的保护权和铺设铁路权——这无疑是彻头彻尾的侵略。

山东这个地方原本侠义之风甚炽，山东人比其他地方的人体格魁梧，称为“山东大汉”。反体制的英雄豪杰的故事《水浒传》也是以山东为主要舞台，而且清代的白莲教运动在此地十分活跃。虽然白莲教被镇压下去，但其余党以各种形式组织秘密结社。

这些秘密结社如大刀会、八卦教、义和门、离卦教、如意教、虎尾鞭、无形鞭、山东老团，等等，名目繁多，不胜枚举。大刀会、山东老团等似为总称呼，其中也有史学家称为乌合之众的组织。这些秘密结社与南方的三合会、哥老会这样的天地会结社不同之点在于迷信意识很强，而且有侠义尚武风气，所以武术盛行。其中兼具护身与健身功能的“义和拳”（又名梅花拳）是广为流行的拳术。

结社泛滥，但这其中大概也有为避免官府镇压而不得不化整为零的因素。将它们统一起来唯一的黏合剂就是拳术。名字取自“义和拳”的结社“义和团”名闻遐迩，但并非一开始就是很大的团体。

山东自古盛行方术，诓骗秦始皇要去东海采集长生不老药材获得巨额钱财的徐福就是这一带人。方术之所以令人相信，据说这里经常出现海市蜃楼现象。利用义和拳组织的各种结社也都是自称神灵附身，刀枪不入。

德国将胶州湾地域划入自己的势力范围以后，就在青岛建造军港，后方铺设铁路，于是发生破坏坟墓的问题。中国人十分相信“风水”，看重地相，但德国人的开发破坏了风水，给中国人造成心灵的不安。

戊戌变法前后，连年发生洪水、干旱等自然灾害，人民生活更加困苦，社会不安越发严重，于是有人认为这都是基督教和洋人惹的祸。由于流民的增加，遍布各地的结社也不断扩大队伍。

戊戌变法失败的第二年（1899 年），毓贤任山东巡抚。毓贤是正黄旗的满族官员，具有强烈的排外情绪。10月，义和拳结社袭击平原县，该县有的村子全部都是中国人基督教徒。官军镇压这场暴动，毓贤、当地部队的领导以及支持义和拳的知事被撤换。

毓贤是一个极端的反洋务派，凡是与近代化有关的任何事物都非常反感，所以才得到慈禧太后的信任，官升山东巡抚。他的意见是与其镇压义和团，不如收编为团练。“义和团”这个名称是从这个时候开始使用的，他们高举“扶清灭洋”的旗帜。扶持清朝，消灭洋人。义和拳的人们既排外也反体制，结社、袭击等显然都是反体制行为，所以他们的口号是“复明”“兴汉”。但是，毓贤只留下“灭洋”，把“复明”“兴汉”改为“扶清”，变成政府御用的武装集团，让他们继续进行排外活动。将诸多形形色色的结社组织起来的所谓“义和团”还没有形成统一的思想。慈禧太后及其身边人自然非常厌恶变法派，对稳健的洋务派也没有好感，而且十分讨厌外国，因此具有认可排外的武装集团存在的要素。

慈禧太后的身边人之所以讨厌外国，主要是因为外国的干涉使得他们不能为所欲为。例如想杀一个张荫桓都杀不了。慈禧太后废黜变法背叛自己的光绪帝，打算拥立一个容易操纵的少年当皇帝，最后选择端郡王载漪之子溥儁。废立皇帝需要理由，本来打算以患病体弱为由，慈禧太后向张之洞、刘坤一等身居地方的长老密电征求意见，都遭到反对，而且都认为这个理由不能说服外国人。李鸿章回电说，某国公使表示，这是清国内政，我国不能干预，但我国不打算承认新即位的皇帝为皇帝。于是慈禧太后只好打消废立的念头。各国对光绪帝的人身安全十分关心，纷纷派医生前去探视，使得慈禧太后的排外情绪越发强烈。

各国对毓贤支持义和团排外活动的做法不能坐视不管。在外国的干涉下，毓贤被调往山西，继任者为袁世凯。袁世凯不关心义和团的排外运动，更热心于扶植自己的势力。他对义和团实行镇压政策，试图以此获得外国的援助，进一步加强自己的“新建陆军”。

被袁世凯赶出山东的义和团进入直隶，在莱水大破官军，对铁路、铁桥、电线等，只要带“洋”字的东西都彻底破坏。

慈禧太后身边的人打算建立反变法、反洋务的保守政权，都因为遭到外国的干涉，未能成功。他们看到义和团的所作所为，便想利用义和团对付外国。这是急功近利的想法，保守派首领之一的刚毅经常在宫廷内宣传义和团也是导致采取利用义和团政策的原因之一。他向慈禧太后灌输说义和团忠勇，而且具有神术，此人曾给光绪帝扣上“汉奸”的帽子，不是一个堂堂正正的人。

1900 年 6 月，义和团进入北京。义和团在山东是叛军，这次在北京成为“扶清灭洋”的勤皇军受到欢迎。义和团通过刚毅这个窗口向清政府提出各种各样的要求，不仅仅需要银子、粮食，甚至要求处罚曾经镇压义和团的官员和军人。

清政府总理衙门的首席大臣从庆亲王换为端郡王。庆亲王在外国公使中受到好评，却成为慈禧太后及其身边人实行排外政策的障碍。据说当时进入北京的义和团有二十万，同时政府还让排外色彩浓厚的董福祥的部队也进入北京。

董福祥的军队称为“甘军”。他是甘肃人，在当地发生起义的时候，他是起义军的重要成员，但反水，投靠清军，后来调任新疆，从阿克苏总兵升为喀什提督，成为西域军界的干将。甲午战争后，董福祥调到北京，是个极端的排外主义者，曾口出豪言“我除了杀洋鬼子没别的本事”。

他的性格特点可以说是果断干脆。幽禁光绪帝的时候，也是他奉荣禄之命指挥军队具体执行的。不论什么事情，他都敢干，满不在乎，无疑是排外运动最合适的人选。

在北京居住的外国人的生命财产面临巨大的危险，英国公使窦纳乐急电大沽的舰队司令请求救援，但两千英军陆战队员遭到顽强的阻击，无法前进，只好中途返回。

北京的保守政权让二十万义和团进京以后，可以说失去了理性。董福祥麾下的甘军于6月11日杀害日本公使馆的书记生杉山，6月20日杀害前往总理衙门办事的德国公使克林德。

疯狂代替了理智，在铲除变法派、洋务派以后，只剩下冥顽的保守派怪物，大概可以称之为反理性派吧。到处张贴这样的悬赏：杀死一个洋人赏银五十两，杀死一个女洋人赏银四十两，杀死一个洋人小孩赏银三十两。

礼部尚书启秀说道：

五台僧普济，有神兵十万，请召之会歼逆夷。

御史彭述说道：

义和拳咒炮不燃，其术至神，无畏夷兵。

徐道焜说道：

洪钧老祖令五龙守大沽，龙背拱夷船，皆立沉。

编修萧荣爵说道：

夷狄无君父二千余年，天将假手义民尽灭之，时不可失。

如此言论，近乎丧心病狂。

已经没有退路，在杀害德国公使的第二天，清政府向各国宣战，传檄各省，一致排外，要求各省召集义和团参加作战。但是，各地长官几乎置若罔闻。山东巡抚袁世凯是镇压义和团的急先锋。此时李鸿章在广州担任两广总督，他根本不可能进行排外运动。朝廷的这次命令不仅反变法，也是反洋务，所以洋务派的湖广总督张之洞和两江总督刘坤一也不会执行。李鸿章等各地大员互相联系，将这份“传檄”说成是假的，拒不服从。

刘坤一管辖地上海居住的外国人最多，他与湖广总督张之洞商量，与在上海的各国领事缔结《东南保护条约》。这是一种中立条约，刘坤一承诺不让义和团制造的动乱扩大到上海。李鸿章等之所以把“传檄”说成是假的，大概认为这是朝廷一时发疯的决定吧。

宣战的上谕颁布以后，清军开始攻打外国人。当时各国的公使馆集中在东交民巷，位于现在的天安门东侧，与历史博物馆等政府办公楼并排的一带。除外国人外，还有中国人基督教徒，由少量部队守卫。从6月21日颁布宣战上谕，到8月14日联军攻占北京的五十五天里，东交民巷一直被包围。其实在宣战上谕颁布之前就已经被围。服部宇之吉[①]在《北京笼城日记》中记载被围困达六十三天。被围困期间，公使馆仍然派人秘密潜入天津，搜寻各种各样的情报，执行这项任务的都是中国基督教徒，即所谓的“教民”。另外，公使馆还可以从包围的清军士兵那里买到粮食等东西，甚至还能买到弹药。

东交民巷那一带的楼房易守难攻。义和团号称十几二十万，人多头头也多，号令不统一。在端郡王的建议下，由庄亲王载勋任步军统领总司令，刚毅统率所有义和团部队，但攻打两个月仍未陷落。

八国——日、英、俄、德、法、美、意、奥（奥地利）——联军攻陷大沽炮台，逼近天津。总兵力是军舰四十七艘、官兵两万多人，其中日军是主力。虽然从地理位置上说日本派兵最方便，但无疑出于派兵的多少影响到战后利益分配的考虑。俄国起初反对日本派大军。俄国把中国的东北纳入自己的势力范围以后，围绕着朝鲜问题与日本发生对立，所以害怕日本增强势力和发言权。英、美支持日本派遣大军，最终俄国也

---

① 服部宇之吉（1867—1939年）：中国哲学研究家。曾任东京大学教授、哈佛大学教授、东方文化学院院长。1899年由文部省派遣来中国留学。留学期间，遇到义和团事件，被困于领事馆内。他从西方哲学的视角阐释中国哲学思想。代表作有《东方伦理纲要》《孔子及孔教》等。——译注

表示同意，是因为义和团的势力开始侵入东北地区，出于其排外和反近代化的心理破坏俄国的权益——铁路。俄国也认为必须尽快镇压义和团，因此不得不同意日本派出大军。八国联军本应刻不容缓地营救在北京被围的本国同胞，却步调不一致。占领北京以后，八国联军的总司令本应由在清国拥有最大权益的英国担任，却由德国的瓦德西将军担任，其理由是德国公使被杀，所以德国最卖力对清战争。

抗击八国联军的是直隶提督聂士成、总兵马玉崑等经历过甲午战争的淮军系统的将领，但他们还是阻挡不住联军的进攻。聂士成壮烈阵亡。联军陷天津，攻杨村。这次作战，接替荣禄担任直隶总督的裕禄负伤，败逃中在蔡村死去。前山东巡抚李秉衡在通州战败自杀。此人曾因杀害德国神父被撤职，似乎具有强烈的排外心理，招募勤皇之兵，亲自率领前来作战，但还是无法抵挡联军的近代化武器。

在排外的旋风中，宫廷内还是有人反对利用义和团进行排外战争，他们没有奉承附和掌握实权的端郡王和刚毅，但是，他们被处刑。其代表人物有兵部尚书徐用仪、户部尚书立山、吏部左侍郎许景澄、内阁学士联元和太常寺卿袁昶。

北京进行大规模的搜查，挨家挨户，搜寻藏匿的教民以及里通外国者。官兵们以此为借口为所欲为，一旦发现洋书或者与外国有关的东西，性命就保不住。同时利用这个机会，公报私仇，翦除政敌，据说庄亲王与立山曾因争抢妓女而结怨。当时，端郡王载漪、庄亲王载勋、怡亲王溥静、贝勒载濂、贝勒载滢、辅国公载澜等皇族集团，吏部尚书刚毅、刑部尚书赵舒翘、左都御史英年、前山东巡抚毓贤、叫喊要招来五台山十万神兵的礼部尚书启秀等掌握政权。他们原先并无实权，只是声嘶力竭地高喊“排外”，在变法派被消灭以后，才掌握权力，姑且称之为“排外党”吧。

无权者一旦掌权，往往容易使用恐怖政策。他们利用义和团镇压反对派。无论是谁，只要给他贴上“教民”的标签，义和团就会格杀勿论。主张近代化的著名洋务派的人们，例如侍郎胡燏棻受他们迫害而逃亡；通水道的沈能虎利用贿赂才免遭一劫；编修杜本崇、检讨洪汝源被说成教民，遭群殴负重伤；洋务派的后援者大学士孙家鼐以及工部尚书陈学棻、副都御使曾广銮、太常寺卿张邦瑞等高官也都被抄家，掠夺财物，只是本人幸免逃脱。溥伦向荣禄诉苦，这个深受慈禧太后信任的荣禄也已经无法控制局势，甚至荣禄本人也未必安全。荣禄一开始就反对义和团进入北京，主张镇压，但只有王文韶一个人支持他，慈禧太后采纳排外党的意见。事实上贝勒载濂就奏请立斩荣禄和王文韶，据说慈禧太后不同意。连恭亲王都要被铲除，如果联军晚一步进入北京，荣禄的命运不知什么结局。义和团扬言要斩杀“一龙二虎”。“一龙”指的是实行政治改革的光绪帝，“二虎”指的是洋务派的李鸿章和庆亲王。

东交民巷能坚持抵御五十多天的攻打令人不可思议，有人认为这是因为荣禄命令军队放空枪。荣禄是武卫军的都统，北京官军的总司令。义和团不具备打炮的本领。

8 月 14 日，八国联军进入北京，慈禧太后和光绪帝一起从西华门逃离紫禁城。逃跑之前，慈禧太后命人将监禁的珍妃推落宁寿宫的水井里淹死。珍妃深受光绪帝宠爱，她在戊戌变法失败后光绪帝被幽禁的时候为光绪帝辩护，触怒慈禧太后，被监禁起来。在逃亡之际，大概慈禧太后不想留下这个说自己坏话的女子吧。还有一种观点认为，在逃跑之前，珍妃主张皇帝不必蒙尘，应该在北京媾和，从而触怒慈禧太后。

慈禧太后乔装打扮，头发改成汉人式样，换上粗布蓝衫，哭泣着徒步走出西华门，才坐上骡车，从德胜门逃出北京，往西而去。在马玉昆部队的保护下，两宫（慈禧太后与光绪帝）经太原蒙尘西安。

北京成为无主之都，由八国联军共同管理。北京惨遭浩劫。这些士兵早就听说过去英法联军抢掠圆明园，个个都成为大富翁的故事，所以这一次也是绝好机会，烧杀抢掠，无耻疯狂，杀人魔鬼，登峰造极，尸体堆积如山。其中奸淫掠夺最凶狠狂暴的是德国军队，因为公使被杀，据说德皇命令将清国作为野蛮国家来对待。

英、法、俄、意、奥同样的掠夺暴行，一点儿也不亚于德国。据清国方面的记录，相比之下，美国和日本稍微比较守纪律，似乎没有骚扰平民。在宁寿宫的水井里发现珍妃的遗体，打捞上来，临时埋葬的是日军。

义和团四散奔逃，一部分在北京郊区继续抵抗，但很快就被镇压。接下来是善后处理，八国的利害关系各不相同，但有一点达成共识，就是应该让清朝这个政府——尽管软弱无能——存在下去。如果全国都处于无政府状态，外国无法进行贸易，这样到手的权益也得不到保护。

八国在议和的时间问题上也难以达成统一的意见，德国的远征军主力尚在途中，所以主张稍缓；俄国主张得到特殊权益后应尽快撤军。俄国与英国一直是冤家对头，李鸿章出席加冕典礼的时候曾与俄国签订《中俄密约》，所以支持慈禧太后执政。甲午战争后，李鸿章虽然不太抛头露面，但依然深得慈禧太后的信任。《中俄密约》自然得到慈禧太后的谅解。从英国帮助变法派亡命这件事也可以看出，英国更期待光绪帝亲政，建立新体制。当然，英国已经意识到俄国打算通过李鸿章与慈禧太后勾结，如果揭露慈禧太后向列国宣战的重大责任，夺取她的政治权力，这也是对俄国的沉重打击。

除了英俄对立的主要矛盾，还有日俄的对立，于是顺理成章地出现日英同盟。在围绕义和团事件的善后处理问题上，日本与英国经常步调一致。

为争取更多的时间调整关于议和时间的不同意见，八国向清国提出惩治发动战争的责任人作为先决条件。清国方面表示可以监禁皇族集团，降职、撤职、流放排外派的大臣，但八国联军对清国的惩治方案一口拒绝，认为没有诚意。排外派的大头目刚毅在跟随两宫前往西安的途中病死，失去惩治的对象，但庄亲王载勋命其自尽，端郡王载漪永远流放新疆，毓贤、启秀等判处死刑，英年、赵舒翘自尽。董福祥的行为最为凶残，各国都强烈要求判处死刑，由于李鸿章竭尽全力的保护，免于一死。因为他在陕西拥有重兵，如果判处死刑，担心引起兵变。

此前被处死的兵部尚书徐用仪等反对派五大臣恢复名誉，并追认官复原职；对于已经病死的排外派的刚毅予以剥夺名誉的处分。人已死去，有何用处，但中国很重视这种名誉的恢复和剥夺，对遗族的待遇也不一样。

清国惩治战争责任者以后，这一年的12月，八国提出媾和条约的大纲。由于列强各国内部需要调整的事情很多，直至第二年1901年9月7日才签订。除出兵的八国外，还加上比利时、西班牙、荷兰的代表，共十一国签字。

条约签订的时候，清国已经做完惩治战争责任者、派遣谢罪使节、建立殉难纪念碑等事情。条约共十二条，附件十九份，中国称为“辛丑条约”。条约规定，严禁反基督教活动，违者以死论罪；还规定改组总理衙门为外务部，加强其外交功能。由于清王朝一直没有摆脱“不存在外交”的中华思想，负责外交事务的总理衙门的成员都是兼职，如今列强敦促清国必须设立负有更大责任的专门的外交机构。首任外务部总理大臣是庆亲王，会办大臣是王文韶，这两项任命也都是在条约签字之前就已经完成。条约内容有的侵犯清国的主权，例如规定撤除大沽炮台，外国享有在公使馆地区（东交民巷）以及与海港连接的沿途要地的驻兵权、修建军事设施的权利等。

赔偿金为四亿五千万两，分三十九年支付完毕，年利四分。支付时间很长，算上利息，总额近十亿两。清朝灭亡后，中华民国继承该条约，年息从关税等中支付，直至 1940 年。

史学家对戊戌变法和庚子义和团运动的评价众说纷纭。戊戌变法的确是改良主义，主要成员之一的谭嗣同的“今日中国未闻有因变法而流血者，此国之所以不昌也”这句话明确揭示出变法运动的性质。然而，他们也的的确确不怕牺牲地投身这场运动，实际上很多人献出了自己的生命。康有为、梁启超在英国、日本的努力下获救成为历史评价的难题，然而，列强的所作所为只是考虑自己的利害关系，不能因为列强同情他们，就反过来说他们卖身投靠列强。

对义和团的评价也是如此，各地发生的义和团系统的造反的确具有反封建性质，不怕牺牲，英勇斗争。他们的行动不仅仅向列强的侵略显示中国人民绝不是唯唯诺诺、俯首帖耳的媚态，同时也表现出敢于面对列强的近代化武器而毅然反抗的无畏精神。但是，如果将义和团与太平天国进行比较，感觉二者不在同一条水平线上。一说到太平天国，我们的脑子里就会出现洪秀全、杨秀清、冯云山等几个领导人的名字以及他们的理念、天朝田亩制度等明晰的政策，而义和团没有这样的印象。义和团的抗租运动的领导人大概都分散各地，史料上记录有王立言等领导人的名字，但没有像太平天国的领导人名字那样镌刻在我们的脑海里。这大概与义和团运动时间的短暂也有关系，而且它的主张就是声嘶力竭地叫喊“排外”，其他的全被这声音所湮没。

义和团在攻打小小的东交民巷时，也是领导太多，没有形成统一有效的指挥，所以清政府才任命庄亲王为总司令。领导太多，这就可以看出义和团缺少太平天国那样的政权构想。他们要斩杀“一龙二虎”，这“龙”就是光绪帝，可以说这是彻底的反体制的证据。之所以扬言要斩杀光绪帝，因为他与变法运动，即“洋”有关。实际上当时的光绪帝已被幽禁，毫无实权，如果反体制的话，斩杀的应该是掌握实权的慈禧太后。由于提出“扶清灭洋”这个口号，他们被清政府招安。

义和团在山东对列强的横行霸道义愤填膺，决然起兵，被袁世凯打得落花流水的时候的确具有反体制的性质。后来被收编进体制内，成为体制内的激进派，再没有比无论干什么都不会受到处罚的体制内激进派更可怕的了，只要给对方戴上“教民”的帽子，不论是达官贵人、皇亲国戚，乃至皇帝本身，都有性命之虞。

对义和团的功绩高度评价的一个原因是它使得列强各国放弃了瓜分中国的野心。列强各国的确有瓜分中国的计划，但即使中国被列强各国分而治之，不屈不挠的中国人民肯定还会像义和团那样拿起武器进行反抗。八国联军统帅瓦德西说，列强各国联合起来也难以统治中国人的四分之一，认为瓜分中国是下策。英国最权威的中国通、清朝海关总税务司的罗伯特·赫德认为义和团是国民爱国者的行动。他还有这样著名的预言：

五十年后，将有数百万身穿甲胄的义和团员响应中国政府的号召。

然而，不到五十年，中国的爱国者奋起投身于抗日战争。

罗伯特·赫德的上述预言其实是他在发言中的伤感心情的表达。当时他说的是英国应该采取现实的政策。日、英两国期望在光绪帝亲政后出现一个变法政治的清国，但光绪帝身边缺少人才，操之过急的行动会导致政局的混乱，发生动乱，所以不如认可现在的慈禧太后的执政。

慈禧太后政权在义和团以后所采取的政策与她所镇压的变法派几乎完全一样，这简直是一个讽刺。慈禧太后还在西安的时候就颁布变法诏书，命令在《辛丑和约》签订之后废除科举中的八股文科目，改为策论，同时在各省建立学堂。

辛丑（1901 年）十二月，颁布允许满汉通婚的诏书。清建国两百多年间，一直禁止满汉通婚，如今的解禁大概是为了实现民族和解吧，但似乎来得太晚了。

《辛丑和约》也是无论如何必须李鸿章出马，他与法国签订《天津条约》，与日本签订《马关条约》，这种条约的签订仿佛成为李鸿章的“专利”。当时他是两广总督，为了在和议时负有全权，恢复他的直隶总督、北洋大臣的职务。《辛丑和约》签订以后，李鸿章也因年迈而患病，9 月死去。此时两宫尚未返京。他的死标志着一个时代的结束。

表面上看，慈禧太后依然掌权，光绪帝对政治失去兴趣。变法措施有条不紊地实施，但毫无康有为公车上书那个时期的振奋激昂的精神。不久，八国联军撤出北京。清国仿佛又恢复原貌，其实却是另一个时代的到来。

有心人开始总结义和团的失败教训，没有组织，没有理念，没有基于理念的政策，不能重蹈仓促匆忙的义和团暴动失败的覆辙。太平天国虽然也有“天父下凡”之类怪异荒唐的地方，但义和团的迷信要素更厉害。义和团留下的教训极其深刻。

李鸿章在最后一年里似乎一直在窥测方向，分析清朝能否重返北京。如果清朝不能回归华北，就必须防止长江流域及其以南地区出现新政权导致全国性发生崩溃现象。因此，他甚至考虑与比变法派更激进的兴中会联合。兴中会是以孙中山为领导核心的革命团体，于义和团事变的同一年在惠州发动第二次武装起义，失败。孙中山的革命同志陈少白与李鸿章的幕僚有过接触。我将在另外章节阐述孙中山的革命活动。

李鸿章得知列强希望继续维持清朝体制的消息后，同意前往北京进行善后处理。因为按照他亲自签订的《中俄密约》，现在可以指望从俄罗斯那里得到义和团事变之后的财政、军事援助了，不过为此要付出多大的代价？大概李鸿章打错了算盘，没等他算明白就一命归天。

在义和团闹得最凶的时候，俄国派遣大批军队进入中国的东三省。一部分义和团的确在东三省开始破坏铁路，俄国最后同意日本大量出兵，目的就在于此。名义上出兵是为了保护铁路，实际上就是占领土地。将东三省划入自己的势力范围，占为己有，这是俄罗斯的国策，只是在方法上有军事急进论和渐进论两种不同意见，军部主张的急进论占据优势。在列强各国放弃瓜分中国的政策以后，只有俄国还在依靠实力强行分割中国领土，因此，俄国与把朝鲜划入自己势力范围的日本之间将不可避免地发生冲突。

激情的季节

光绪二十八年（1902年）十月，清政府任命汪大燮为“日本游学生总监督”。三年后，汪大燮任驻英国公使，清国灭亡的时候，他是清国最后一任驻日公使。如此高官被任命为留学生的监督，说明留学生对于清国是一个重要问题。戊戌变法后亡命日本的梁启超创办《清议报》《新民丛报》等，发表文章。孙中山也以日本作为革命基地积极开展活动，另外，还有章炳麟也在日本鼓吹反清运动。日本是完成近代化进程的榜样，而且即使不会说日语，文字也大体能看得懂，所以留学日本要比欧洲、美国更方便一些。留学日本的中国青年逐渐增加，清政府觉得在日本可以学习近代化的技术，但同时也害怕他们走向反体制，因此认为有必要对留学生加以监督，或者说是监视。汪大燮赴任日本，不仅仅是监督学业，更带着监视、取缔反清活动的任务。

章炳麟学习清代学术的精粹考证学，尤其深入研究《春秋》的《左传》。他曾加入康有为的强学会，在《时务报》担任编辑。不过，他性格刚烈，与梁启超意见不合，很快就离开编辑部。对孔子编纂的《春秋》自古以来有三种解说本，即“传”。这些解读本的题目都取作者的名字，称为《左传》《公羊传》《穀梁传》。《春秋》言简意赅，深层次隐藏着孔子的本意，不同的“传”进行各自的理解，解说各异。梁启超学的是《公羊传》，章炳麟学的是《左传》，学统不同。朱子说《左传》是史学，《公羊传》和《穀梁传》是经学。一般地说，学统不同对人际关系的影响不是很大，但大概由于章炳麟性情激烈，梁启超实在难以忍受。戊戌变法遭受挫折的时候，章炳麟不在《时务报》，但由于也是变法派一党受到通缉，先是逃到台湾，后到日本。

义和团事变那一年，他剪掉长辫。长辫是顺从满族的清王朝的标志。他主张排除满族，推翻清王朝政权，建立汉族政权，所以被称为“种族革命”路线。

鲁迅（本名周树人）留学日本是1902年2月（阴历是光绪二十七年十二月）。3月，章炳麟试图在东京召开“支那亡国二百四十二年纪念会”，被日本当局阻止。他想向年轻的留学生发出号召：中国现在是亡国，国家灭亡（指的是明朝灭亡）已经二百四十二年，大家要牢记这个耻辱。这一年鲁迅二十二岁，三十二年后回顾自己留学时代的事情，在《病后杂谈之余》中这样写道：

我生长在偏僻之区，毫不知道什么是满汉，只在饭店的招牌上看见过“满汉酒席”字样，也从不引起什么疑问来。

留学生大抵只是这样的感觉，鲁迅自称生于“偏僻之区”，但绍兴虽不是大都市，却也是县城，以酿酒业和才子辈出而闻名全国。绍兴一带大概很少见到满人，而且满族几乎都已经汉化，甚至在宫廷里也只使用汉语，即使附近有满人居住，恐怕也不为人知吧。鲁迅生长于浙江省的县城，却对满汉之别一无所知。这因为没有感觉到汉族受歧视的缘故吧。街头巷尾人们闲聊中所提到的大官也就是李鸿章、张之洞这样的汉人。

同样也是浙江人、比鲁迅大十二岁的章炳麟为什么主张如此激进的种族革命、具有强烈的排满反清意识呢？大概因为他钻研学问唤醒了自己沉睡的民族意识的缘故吧。清政府派遣留学生监督官正是害怕这一点。一年后，鲁迅剪掉辮子。比鲁迅低一个年级的同乡、鲁迅的终生朋友许寿裳（此人在第二次世界大战结束后担任台湾的大学教授，据说后来为盗匪所杀）早在半年前就已经剪辮子了。许许多多的中国青年在日本唤醒了民族意识。在日本可以自由地阅读国内的禁书，民族青年的诞生势所必然。鲁迅在上述文章中这样继续写道：

对我最初提醒了满汉的界限的不是书，是辫子。

中国人在二百四十多年里的形象就是拖着一条长辫子。通过广义上的学问才知道这是顺从的象征，是屈辱。鲁迅剪掉辫子后照了一张相，赠送给弟弟周作人和朋友许寿裳。照片上还题有一首诗：

灵台无计逃神矢，风雨如磐暗故园。
寄意寒星荃不察，我以我血荐轩辕。

灵台，郭象注《庄子》为“心”。据此可以判断鲁迅指的是“自己的心”，但如果按字义“灵妙之地”解，也可以解释为“祖国”。我的理解取后者。我的祖国无法逃避被神矢射中，风雨如磐石般沉重压在头顶，故乡一片黑暗。我将热忱之心寄托于寒天的星辰，却无人知道我的忧国之情。屈原《离骚》有“荃不察余之中情兮”句，哀叹恋人（指君王）不能理解自己一腔热烈激情之心。屈原的“荃”暗指楚王，鲁迅诗中的“荃”指的是什么呢？既然他已经剪辫表明反清之志，所以可以肯定不是指光绪帝。朋友许寿裳与他志同道合，当然可以理解鲁迅的心情。是希望许寿裳更深入地了解自己吗？我认为还是把“荃”理解为指的是“尚未觉醒的人们”比较合理。

“荐”原意为没有摆设供品的祭祀。轩辕是黄帝，中国人将其视为人文始祖。在这里也可以解释为“祖国”。以自己的鲜血祭祀黄帝，意为将自己的生命奉献给祖国。这实在是一首激情澎湃的诗歌，可以真切感受到二十三岁的鲁迅的年轻心脏的跳荡。

鲁迅比许寿裳晚半年剪辫，大概因为他所在的江南班里有一个名叫姚甲的令人讨厌的监督官。姚甲不是汪大燮那样的高官，是下级官吏。当时有一所招收留学生、教习日语的学校——弘文书院，附属于东京高师。著名的讲道馆柔道创始人嘉纳治五郎当时是东京高师校长，弘文书院就是在他的提议下创办的，留学生在这里学习两年日语，然后进入自己想去的学校深造。由于学生人数多，分成几个班，鲁迅在江南班，姚甲也在这里。姚甲发生一起男女关系问题，受到五个留学生围攻责问，他的长辫也被留学生剪下来，悬挂在留学生会馆的天花板上。这件事发生在鲁迅剪辫之后不久。

亡命日本的梁启超初期的文章相当激进，在鲁迅来日这一年创刊的《新小说》上连载《新中国未来记》，描绘中国成为共和国的政治构想。这部小说设想 1912 年成立大总统制度的“大中华民主国”。梁启超并非描绘遥远未来，而是十年以后的中国蓝图。辛亥革命推翻清王朝，建立共和制的中华民国恰恰就在 1912 年。后来，梁启超对自己预言的准确十分自豪。不过，他的这部小说最终没有写完。

梁启超还写有题为《破坏主义》的激进的文章，论述必须彻底推翻清王朝。宫崎滔天读后，感觉可以与孙中山合作，曾斡旋两人会晤。但因梁启超的老师康有为的反对，未能实现。

后来，梁启超的思想出现倒退，反对孙中山的“革命”，主张建立日本式的君主立宪制。接着，他的思想再次倒退，认为君主立宪制也不符合中国国情，创造出一个“开明专制”的怪词。就是开明的君主实行的专制。他反对革命的理由是担心列强各国趁乱瓜分中国。

以日本为据点的中国反体制派分为康有为、梁启超的“保皇派”与孙中山的“革命派”两大派。革命派的孙中山自然属于行动型，孙中山在伦敦蒙难后研究欧洲民主主义理论期间，陈少白在香港通过《中国报》开展宣传活动，郑士良、史坚如等与秘密结社频繁接触，建立关系。

义和团事变的前一年（1899 年），菲律宾发生独立战争。八国联军中，美国向清国提出要求不如其他国家那么积极，是因为它为菲律宾问题所苦恼。孙中山具有国际眼光和国际连带感，对殖民地菲律宾的独立革命表示同情，予以支援。菲律宾独立战争领导人阿奎那多写信给孙中山，委托购买武器。孙中山让宫崎滔天办理，国会议员中村弥六[①]具体负责购买武器，并装载在布引丸轮船上，可是该船在海上沉没。这就是所谓的布引丸事件，留下诸多未解之谜。阿奎那多再次委托孙中山购买价值六万五千日元的武器，这在当时是一笔巨款。但不久菲律宾独立战争失败，对方表示已经购买的武器交给孙中山自由使用。

1900 年义和团暴动的时候，孙中山认为正是发动革命的好时机。

---

① 中村弥六（1855—1929 年）：明治至昭和前期的政治家、林业学家。曾为东京农林学校教授，奠定了日本林业学的基础。1890 年起八次当选众议院议员，推行普选运动。——译注

从前一年开始，郑士良就在惠州附近的三州田与广东的秘密结社头目接触，聚集人马。此时本是用于菲律宾独立战争的武器转让给了孙中山，所以发动革命具有更好的条件。

孙中山为指挥革命，从日本前往香港，但香港的英国当局不许他上岸，无奈之下，只好在舢板上召开会议，派遣郑士良、史坚如分别前往惠州、广州，准备与三州田举兵相呼应。陈少白和李纪堂留在香港，负责后勤补给，孙中山将两万元军事资金交给他们带去。

宫崎滔天在《三十三年之梦》中生动地详述当时的经过。宫崎在新加坡被拘留，当时他打算说服在新加坡的康有为与孙中山合作。但康有为的手下认为宫崎一行是清国派出的刺客，向新加坡的英国当局报案。其实康有为和宫崎相识，应该知道他不是刺客，这样做不过是一种敬而远之的手法。

孙中山返回日本，接着前往上海。事情的进展不如人意，他想寻找革命的突破口。但由于当时唐才常的自立军刚失败不久，上海戒备森严，孙中山只好经长崎去台湾。

唐才常是谭嗣同的盟友，在湖南巡抚陈宝箴手下参加变法运动，对报刊的创办发行做出启蒙性的贡献。北京的变法失败，唐才常失去盟友，便跑到日本，得到康有为提供资金援助的承诺后，回到上海，成立自立会，并在汉口策划以激进派留学生为主体的武装暴动。然而，康有为承诺的资金迟迟未能到位，暴动只好延期，就在等待的日子里，事情败露，遭到湖广总督张之洞的镇压，唐才常与十几个同志一起被捕处死。据说这是与康有为直接有关的唯一的武装斗争。

“台湾总督”儿玉源太郎[①]是南进论派，但支持孙中山举兵，答应予以援助。“民政长官”后藤新平[②]从日本的国家利益出发，也认为支援孙中山对日本有利。孙中山看到胜利的希望，指示宫崎滔天将菲律宾独立战争购买的枪弹运往厦门，发出武装起义的信号。

---

① 儿玉源太郎（1852—1906 年）：军人，陆军大将。1898 年任“台湾总督”。日俄战争时任满洲军总参谋长。曾任陆军大臣、内务大臣、文部大臣、参谋总长等。——译注

② 后藤新平（1857—1929 年）：明治至大正时代的政治家。历任“台湾总督府民政长官”“满铁”首任总裁、递信大臣、内务大臣、外务大臣、东京市长等，鼓吹向大陆扩张的政策。——译注

然而，事出意外，那个受委托购买武器的中间人中村弥六从六万五千日元的资金中贪污一万五千日元，而且从一个名叫小仓的人那里买来的枪支弹药完全是无法使用的废物。同时日本10月发生内阁更迭，山县下台，伊藤博文第四次组阁，伊藤首相声明不援助中国的革命运动。“台湾总督”由于支援孙中山受到国内的指责，结果惠州起义成为骑虎难下之势。武器弹药都是废物，寄予厚望的儿玉的援助也是竹篮打水，而惠州那边，和清军的战斗已经打响。孙中山万分焦急地派人前往惠州，通知他们形势陡变。郑士良接到这个通知后，立即解散部队，带领数百同志退到香港。尽管起义军英勇善战，但根本没有武器弹药补充的希望，无法继续打下去。日本人山田良政①阵亡。

在广州的十八岁（一说二十二岁）的史坚如的任务是搅乱省城，配合惠州起义。使广州陷入混乱状态的最有效的方法就是刺杀最高的地方长官。两广总督李鸿章为与八国联军签订和约已经前往北京，现在由广州巡抚、满族的德寿兼任。史坚如在巡抚官署后面租借一家住宅，挖地道，安装炸药。但由于雷管太少，爆炸力很弱，只是官署的一部分受到破坏，德寿都没有受伤。史坚如被捕处死。

惠州起义失败后，郑士良和杨衢云逃到香港，但杨衢云被清政府派出的刺客陈林杀死。翌年7月，郑士良病死，有人认为是被毒死。

孙中山从台湾转移到横滨，虽然失去了陆皓东、史坚如、杨衢云、郑士良等诸多亲密的革命同志，但也增加很多新同志。惠州起义使爱国青年热血沸腾。亡命日本的两大反政府集团——康有为的保皇派与孙中山的革命派——的力量对比终于开始发生逆转。

康有为拼命变法，写下光辉的一页，受到人们的尊敬，产生巨大的影响力。惠州起义使得孙中山的光辉更加灿烂耀眼。法国的安南总督通过法国驻日公使邀请孙中山出席在河内举办的博览会。这个举动也提高

---

① 山田良政（1868—1900年）：曾任南京同文书院教授兼理事，与孙中山交往密切，与宫崎滔天等一起协助孙中山革命。1900年参加惠州起义，阵亡。孙中山在自传中称其为“外国志士为中国共和牺牲者之第一人”。1913年2月27日，孙中山访日之际，与随行人员参加追悼山田良政的追悼纪念会，并亲自撰碑文志念，谓“其人道之牺牲，兴亚之先觉也，身虽陨灭，而志不朽矣”。——译注

了孙中山的声誉。法国邀请的目的不言自明，就是期待将来孙中山掌权时与法国建立友好关系，以对自己有利。1902年，孙中山访问河内，然后他环球一周，宣传革命。安南（越南）的华侨很多，许许多多的华侨加入孙中山的兴中会，其人数之多超出孙中山的预料，使他获得年轻的新同志。孙中山希望廖仲恺、何香凝夫妇及马君武、胡毅生、黎仲实等留学生建立各自的团体。廖仲恺等后来成为孙中山的左膀右臂，忠诚于革命。

在孙中山从河内来日本之前，上海发生《苏报》事件。《苏报》是爱国学社的机关报。爱国学社是蔡元培为总理的私立学校，章炳麟是该校的教员。爱国学社创办不久，就成为拒法拒俄运动的据点。俄国事实上已经占领东三省。曾作为吊唁使节去过俄国的王之春当时担任广西巡抚，他仅仅依靠自己的力量无法镇压天地会的反乱，便以授予法国在广西省铺设铁路、开采矿山等权利为条件换取驻安南的法军进来镇压天地会。反对这种行径当然就是“拒法”。

这是反对和抗拒俄国、法国侵略中国的爱国运动。但是，清政府害怕这种爱国运动变成反政府运动。这个时候，留日学生抗议俄国的侵略，组织拒俄义勇队，五百多人聚集在神田锦辉馆，选举蓝天蔚为队长。驻日公使蔡钧密电北京，说他们名为拒俄，实为革命，建议对已经回国的留学生严格审查逮捕。同时，蔡钧还请求日本政府解散义勇队。

上海有外国租界，比其他地方舆论活动更加活跃，决定召开反对王之春的大会和拒俄集会，表示不承认清政府与俄国缔结的条约。发起这次运动的核心是爱国学社的机关报《苏报》，《苏报》早就是清政府严密监视的对象。

章炳麟在《苏报》上发表抨击康有为保皇论的文章，其中写道：

载湉小丑，不辨菽麦。

载湉是光绪帝的名字，说皇帝完全是一个连豆子、小麦都不会分辨的废物。这样的语言可谓极其尖刻辛辣。仅十九岁的邹容发表慷慨激昂的《革命军》，《苏报》予以介绍。邹容的文章有这样的话：

驱逐住居中国中之满洲人，或杀以报仇。诛杀满洲人所立之皇帝，以儆万世不复有专制之君主。

虽然刊载在租界内的报纸上，但清政府不能容忍对君主的侮辱，要求引渡，判处死刑。主持上海共同租界行政的是市参事会，1869 年，参事会下设事务局。起先因为建筑、道路、公园等市政建设项目多，称为“工部”，后来也负责警察、消防、卫生、法务、军务（义勇军）、教育等方面的工作，变成殖民地的总督府。只是因为担心“总督府”这个名称会引起中国人的反抗，便称为“工部局”，又叫“公局”。

租界里有会审衙门，外国法官和中国法官共同审判，但由外国法官判决。对于章炳麟、邹容案，清国方面起先要求判处死刑，但在领事团的反对下，改为要求判处无期徒刑。领事团考虑到上海的治安情况，仍然反对重判。从中可以看出上海人民情绪的激昂。问题移到北京，英国公使劝说道，审判时间拖得越长，越有利于革命派的宣传，对清政府越不利。最终判处章炳麟三年有期徒刑、邹容两年有期徒刑。章炳麟在刑满释放后，如将军凯旋一样回到日本，但邹容在只差七十天就刑满的时候死于狱中，时年二十一岁。有人认为他死于清朝官吏的谋杀。

章炳麟身在工部局的监狱里，尚未判决的时候，有一诗赠邹容。此时两人都已做好死的思想准备。这首诗最后说在刑场上双手相携，失去的只是天地间的两颗头颅。

狱中赠邹容

邹容吾小弟，被发下瀛州。
快剪刀除辫，干牛肉作糇。
英雄一入狱，天地亦悲秋。
临命须掺手，乾坤只两头！

邹容是将厚颜无耻的留学生监督姚甲的长辫剪掉的五人中的一个。“糇”一字称赞他过着简朴的生活。

邹容的《革命军》在清国是禁书，但在日本可以经常看到，有人偷带回国。据说许多年轻人读后热血沸腾，无法抑制，立即投身革命阵营。改良派的人们写文章，只是说如果中国不进行改革，就会步印度、波兰、埃及之后尘，而邹容反驳道，“不知吾已为波兰、印度于满洲人之胯下三百年来”，还奢谈什么步印度、波兰之后尘，莫非得了急性脑炎吧？他痛骂曾国藩、左宗棠、李鸿章是惨杀数百万同胞（指镇压太平天国）献媚满洲的大奴隶。

邹容大声疾呼：要革命，就必须铲除奴隶根性。十九岁热血青年的愤世嫉俗使他有时放声疾呼。革命！革命！法国三次革命，美国七年独立战争，所以中国必须革命！得之则生，不得则死，不革命也得革命……邹容无法抑制激越感情的喷发。但是，他指出，革命也有野蛮与文明之分。野蛮的革命只有破坏没有建设，制造出恐怖的时代，如义和团。文明的革命既有破坏也有建设，破坏是为了建设，为了获得独立自主的一切权利，为了增加国民的幸福。这篇两万字的文章呼吁同胞们起来革命，结尾这样写道：

尔实具有完全不缺的革命独立之资格，尔其率四万万同胞之国民，为同胞请命，为祖国请命。掷尔头颅，暴尔肝脑，与尔之世仇满洲人，与尔之公敌爱新觉罗氏，相驰骋于枪林弹雨中；然后再扫荡于涉尔主权之外来恶魔，尔国历史之污点可洗，尔祖国之名誉飞扬，尔之独立旗已高标于云霄，尔之自由钟已哄哄于禹城，尔之独立厅已雄镇于中央，尔之纪念碑已高耸于高风，尔之自由神已左手指天，右手指地，为尔而出现。

嗟夫！天清地白，霹雳一声，惊数千年之睡狮而起舞，是在革命，是在独立。

皇汉人种革命独立万岁！

中华共和国万岁！

中华共和国四万万同胞的自由万岁！

鲁迅于《苏报》事件的第二年（1904 年）毕业于弘文书院速成科。当时新学年于 9 月开始，所以从毕业到入学还有将近半年的时间。他准备 9 月入仙台医专学习。2 月已经发生日俄战争。他来到战争气氛狂热的东京留学。他和同乡秋瑾相识，交谈甚笃。

秋瑾是绍兴人，十九岁时与湖南巨商之子王廷钧结婚，随丈夫工作来到北京，但她怀有强烈的忧国情怀，离婚后独自来到日本。她生有一子，将孩子托付朋友抚养。秋瑾在日本入实践女学校，但她的目的是革命，改名竞雄，号鉴湖女侠，从中也可以看出她的轩昂意气。来日时，已二十九岁（一说二十五岁），比鲁迅年长。

清国在日留学生中激荡着革命热潮的旋涡。拒俄义勇队被日本当局解散以后，又成立“军国民教育会”，决定执行三项革命任务：

一、鼓吹

二、起义

三、暗杀

这个组织派遣黄兴和陈天华到湖南开展革命运动。黄兴回到长沙，成立“华兴会”。负责暗杀任务的龚宝铨回到上海将暗杀小组改组为光复会，推举蔡元培为会长。

蔡元培是浙江人，光绪十六年（1890 年）二十二岁进士及第，入翰林院，戊戌变法时任编修，但是他看到清王朝已近末日，辞职回乡，致力于青少年的教育，后到上海创办爱国学社和爱国女学。《苏报》事件，爱国学社停办，但爱国女学坚持下来。蔡元培是共和国的第一任教育部长，还是北京大学校长，始终如一地致力于教育救国。这样一个人被推举为暗杀小组改组后的光复会会长，不能不令人感兴趣。

黄兴、陈天华成立的华兴会的成员都是以留学生为主的知识分子，但革命起义必须借助民众的力量。能够立刻投入反政府运动的民众，在当时只有洪门中的人们。黄兴和他们取得联系，但考虑到知识分子与秘密结社的洪门同处在一个组织里会发生各种问题，于是另外成立一个外围团体同仇会。黄兴派刘揆一进入同仇会，因为洪门系统的哥老会的头目马福益和刘揆一关系密切。

长沙的华兴会决定 1904 年 11 月 16 日举兵。这一天是阴历十月十日，慈禧太后的生日。湖广总督张之洞大概出席武昌的庆典，而湖南巡抚陆元鼎等湖南省的要员将聚集长沙举行庆祝仪式。华兴会计划事先在会场安装炸药，炸死他们后，占领长沙，作为革命根据地。但是，哥老会的骨干何少卿、郭鹤卿在湘潭被捕，计划败露。湘潭是毛泽东的故乡，1893 年出生的毛泽东此时十一岁，大概正在和暴君一样的父亲以及经常打学生的私塾老师进行斗争。

由于计划败露，黄兴跑到上海。宋教仁在常德准备与长沙起义相呼应，到长沙联系，知道计划失败，只好经上海去日本。黄兴原先利用上海青年学社的招牌从事秘密工作，但是当局的搜查日益严厉，恰好此时发生试图暗杀将国家权益出卖给法国的王之春的事件，抓捕危险分子，黄兴、陈天华、章士钊等十几个人一起被捕，虽然很快就获释，但看到革命没有进展，十分苦恼。而这个时期，日本和俄国在中国的东三省还在打仗。

鲁迅选择去仙台学医，是因为知道西医对日本的明治维新做出过巨大的贡献。日本有兰学的传统，成为吸收西方文明的基础。鲁迅具有这方面的知识，他在仙台开始学医的时候，长沙举兵失败，上海成立光复会。

可以说，上海是中国革命的前方根据地，东京是后方根据地。像黄兴、陈天华这样，能从东京立即去上海。这一年，终于对《苏报》事件进行判决。军国民教育会暗杀小组的龚宝铨、徐锡麟、陶成章等来日，这一年年末再次来日。要进行革命，必须掌握军事学的专业知识，他们来日就是为了到日本的军校学习军事学。寒假从仙台返回东京的鲁迅专门到横滨迎接他们，一行人下船后乘火车前往东京。他们在车内互相让座，结果火车开动，几个人站不稳一下子摔倒了。这件事让鲁迅很生气，心想座位还分什么尊卑高低，思想还是太迂腐了。可是，这些人中后来不少为革命壮烈牺牲，陈伯平、马宗汉，还有鲁迅的少年同志范爱农都是革命烈士。徐锡麟偕夫人在神户下船后乘火车去东京，所以在横滨没有见到他。当年对他们互相让座而生气的鲁迅后来为此深感惭愧，在悼念亡友的文章中回顾此事。

这一年的12月，光复会东京支部成立，鲁迅也加入该会。第二年2月，秋瑾回国的时候，加入上海的光复会，接着立即返回日本。

1905 年，日军攻陷旅顺后迎来新年。中国的东三省成为战场，但清国并没有参战。李鸿章与俄国签订的《中俄密约》实际上就是军事结盟，显然是以日本作为假想敌国，按理说清国应该站在俄国一边参战。但是，清国对两个外国在自己的领土上打仗始终保持中立的态度。

因为俄国利用义和团事变出兵，实质上占领了中国的东三省。《中俄密约》虽然规定俄国具有在中国铺设铁路等权益，自然不会有同意占领的规定。虽然俄国的维特财政部长也在不断努力，但终归无法制止俄国军部的野蛮暴行。清国还没有堕落到与占领自己领土的国家站在同一条战壕上作战。

如果清国站在俄国一边参战的话，恐怕国内会陷入大混乱。俄国侵占东三省引起国人共愤，“拒俄”的口号不仅响彻全国，甚至还传到东京。留日学生在神田锦辉馆成立了拒俄义勇队。在反俄情绪如此激烈的情况下，清政府也只能采取中立的政策。

日俄战争前后，中国前往日本留学的人数急剧增加，日俄战争爆发后不久，就已经超过一万，这是一个了不起的数字。当然大多数学生是学习先进的文化技术，但也有的学生是为了进行革命，还有的学习文化技术的学生中途转为革命。

留日学生一万多，加上几万的华侨，所以革命者在日本开展热烈的宣传活动。在日本出版的杂志、书籍也秘密进入清国。在日本开展的宣传活动不仅针对留学生和华侨，也针对大海彼岸的祖国同胞。

1905年5月，日本联合舰队歼灭俄国的波罗的海舰队，战争大局已定。在3月的所谓奉天会战中，俄军败退。俄国国内的局势也是动荡不安，各地发生革命暴动。9月，日俄签订《朴次茅斯和约》，战争结束。这一年12月，日本设立韩国统监府，完成对朝鲜殖民地化的准备。

日本在甲午战争中获胜后，逼迫韩国缔结日韩攻守同盟。李朝以“朝鲜”为国号，“韩”作为别称使用，但甲午战争时候，“韩国”就成为正式的国号。当时闵氏家族掌权，执行亲清政策。甲午战争中，虽然朝鲜半岛被置于日军的控制之下，但闵氏还是给清军发送密电。战后，韩国只好屈从于日本的军事力量，可是看到日本屈服于三国干涉，韩国便打算与俄国联合，将日本势力从朝鲜半岛赶出去。于是，闵氏家族推翻亲日的朴泳孝内阁，重新掌权，实行亲俄排日的政策。接替井上馨担任驻韩公使的三浦梧楼[①]陆军中将于1895年10月调动日本陆军一个营、亲日军官李周会的两个连以及诸多所谓的大陆浪人[②]闯入王宫，杀死王妃。两个浪人杀死闵妃后，侮辱其尸，然后泼上石油焚烧，野蛮残暴令人发指。三浦公使通过大院君让国王成立亲日内阁，首相是金弘集。在清国势力强大的时候，此人避讳乾隆帝弘历的名字，名为宏集。另外，据说东京高师附属的留学生学校弘文书院也按照学生的要求，在毕业证书上改校名为宏文书院。

闵妃事件自然受到各国的强烈谴责，日本派遣小村寿太郎[③]向韩国辩解说日本政府与该事件毫无关系。三浦梧楼以及二十个浪人被关押在广岛监狱里，但很快以证据不足获释。一国的王妃被外国的公使如此惨杀，这是前所未有的暴虐行径，然而三浦后来成为政界的幕后人物依然大肆活动。

日本虽然成功地杀害了闵妃，但在外交上遭受惨败，韩国成为日、俄两国争夺霸权之地。在俄国看来，日本控制韩国无异于在海参崴与旅顺的连接线插上一把匕首。

日本在日俄战争中获胜，韩国就被日本划入自己的势力范围。俄国由于国内局势不稳，无法继续打下去，但日本也是倾尽国力而战，精疲力竭，所以在谈判《朴次茅斯合约》的时候，其要求大多被俄国拒绝。条约虽然承认日本对韩国的优先权，但规定日、俄两国十八个月内从中国东三省撤兵。从表面上看，中国民众、留学生所掀起的拒俄运动经日本之手达到目的，但关东州的租借地、旅顺至长春的东清铁路、萨哈林的北纬五十度以南地区转让给日本。这意味着对中国东三省的侵略者从俄国变成了日本。

鲁迅在仙台医专顺利进入二年级，新学期从9月开始。这个时期，日本国民对《朴次茅斯和约》不满，经常举行反对活动。鲁迅听细菌学的课，这门课经常使用幻灯讲授。有一次，课已讲完，但离下课还

---

① 三浦梧楼（1846—1926年）：陆军中将。历任东京镇台司令官、广岛镇台司令官等，曾游历欧洲考察兵制。1895年任驻朝鲜全权公使，策划暗杀闵妃事件。1910年任枢密顾问官。——译注

② 大陆浪人：主要指明治后半期以所谓“经营大陆”（中国大陆、朝鲜半岛）为目的的日本民间及一部分政界、军界人物。其主体是明治维新以后失去统治者身份与地位的没落武士等，成员几乎包括日本社会的各个阶层，与政客、财阀、军部勾结，在政治、外交、军事等方面进行秘密活动。——译注

③ 小村寿太郎（1855—1911年）：外交官。1902年任外相，签署《日英联盟条约》。1905年签署日俄《朴次茅斯和约》。吞并韩国的主要人物之一。——译注

有一点时间，老师就顺便给学生放映日俄战争的幻灯片。其中有日军枪杀据说充当俄国间谍的中国人的镜头，而有一些中国人表情麻木地在现场观看。鲁迅看过这样的幻灯片后，从仙台医专退学。他认为，中国人在医治身体疾病之前，首先必须医治心理疾病，从而转向从事文学活动。当然，幻灯片只是一个导火索，必定还有其他原因。在升入二年级的时候，发生不愉快的事情。讲授解剖学的藤野教授担心留学生的鲁迅能否准确记录课堂笔记，因此对他的课堂笔记认真仔细修改。有的学生因此嫉妒，给鲁迅寄来匿名信，说藤野偏心，在鲁迅的课堂记录本上出考题的地方做了记号，所以鲁迅才能升级。鲁迅一直很敬重藤野先生，退学的时候，藤野把自己的照片送给他，上面还写着“惜别”两个字。鲁迅回国以后，一直把这张照片挂在写作的书桌对面的墙上。

鲁迅于 1906 年 3 月从仙台医专退学，回国以后，不久和弟弟周作人一起再次来日，学习德语等，同时开始研究文艺。因《苏报》事件而入狱的章炳麟也是在这个时候刑满释放再次来日。

中国同盟会于前一年（1905 年）成立。留学生们在富士见楼为游历欧美各国回到日本的孙中山举行欢迎会，诸多学生聚集一堂，谈论统一革命力量的话题。于是，在饭田町的程家柽家里召开建立新组织的预备会，决定将孙中山的兴中会、黄兴的华兴会、蔡元培的光复会等革命组织联合组成一个更强有力的团体。孙中山建议取名“中国革命党”，但黄兴认为一开始就冠以“革命”，反而会限制会员的行动，表示反对，最后决定还是称呼“中国同盟会”。7 月下旬，在赤坂桧町的黑龙会事务所召开成立大会。到会的人数、开会的日期，不同记录有所差异。宋教仁日记写的是 7 月 30 日，大概是准确的。至于人数，有的说四十多人，有的说五十多人，等等，七十多人应该是准确的。各省的留学生都有代表参加，甘肃省没有，所以中国十八个省中有十七个省的留学生参加这次成立大会。

同盟会会员在宣誓书上写下这样的誓词：

联盟人　某省某府某县某人当天发誓。

驱除鞑虏，恢复中华，创立民国，平均地权。矢信矢忠，有始有卒。如或渝此，任众处罚。

天运乙巳年某月某日　中国同盟会会员某某

会章由黄兴、陈天华、宋教仁、汪精卫（汪兆铭）、马君武等八人起草。这一天聚集的七十多人中，孙中山只认识七个人，其他都是新同志。

推翻清朝的革命浪潮逐渐高涨。在讨论革命组织的名称时，湖南人张明夷提出取名“对满同盟会”的方案，明确显示反对、推翻满族王朝的方针。

另一方面，康有为等成立“保皇会”，坚持在维护清王朝体制下的改革。被清朝视为反叛者追捕处死、好不容易逃脱出来的康有为却主张不能推翻清王朝，而且极力拉住他的弟子梁启超，不准他前进。出色的新闻记者梁启超在保皇会的机关报《新民丛报》上接连不断地发表启蒙性的文章。

革命派的留学生原先按照自己的出生地创办不少报刊，如《浙江潮》《湖北学生界》（后改名为“汉声”）等，但中国同盟会成立后创刊《民报》。会章起草委员会成员之一的陈天华是一个热血男儿，湖南人，他在《民报》上发表的《狮子吼》《猛回头》《警世钟》等文章深受留学生的喜爱，读之令人心潮澎湃。《警世钟》的开头部分是这样的诗歌：

长梦千年何日醒，睡乡谁遣警钟鸣？
腥风血雨难为我，好个江山忍送人！

这篇长文呼唤同胞们猛醒过来，猛醒过来！结尾部分这样写道：

前死后继，百折不回，我汉种一定能够建立个极完全的国家，横绝五大洲。我敢为同胞祝曰：汉种万岁！中国万岁！

1905年11月，日本政府颁布文部省第十九号《关于清国人入学公私立学校的规定》。规定清国留学生进入任何一所学校学习，都需要驻日清国公使馆出具的介绍信，各学校还有义务取缔学生的校外活动。这是清政府害怕留学生被革命化而向日本政府提出要求的结果。留学生对这个文部省的规定开展激烈的反对活动，但《朝日新闻》发表文章谩骂留学生是“放纵卑劣”。陈天华无比愤慨，留下《绝命书》，在大森海岸投海自尽以示抗议。《绝命书》有这样一段话：

（反对文部省的取缔令）幸而各校同心，八千余人，不谋而合。此诚出于鄙人预想之外，且惊且惧。惊者何？惊吾同人果有此团体也。惧者何？惧不能持久也。然而日本各报，则诋为乌合之众，或嘲或讽，不可言喻。如《朝日新闻》等，则直诋为“放纵卑劣”，其轻我不遗余地矣。夫使此四字加诸我而未当也，斯亦不足与之计较。若或有万一之似焉，则真不可磨之玷也。

近来每遇一问题发生，则群起哗之曰：“此中国存亡问题也。”顾问题有何存亡之分？我不自亡,人孰能亡我者！惟留学生而皆放纵卑劣，则中国真亡矣。岂特亡国而已，二十世纪之后，有放纵卑劣之人种，能存于世乎？鄙人心痛此言，欲我同胞时时勿忘此语，力除此四字，而做此四字之反面：“坚忍奉公，力学爱国。”恐同胞之不见听而或忘之，故以身投东海，为诸君之纪念。诸君而如念及鄙人也，则毋忘鄙人今日所言。

《民报》从第七期起改由章炳麟任总编辑。他因《苏报》事件入狱后，耽于佛经，思想似逐渐具有浓厚的虚无色彩。他鼓吹的是精神的民族革命。他是一个彻底的排满主义者，看他的照片，总是一身和服。当时一般所谓的中国服，指的是旗袍，而旗袍则是满族的服装。汉族的服装，在明代则与日本的“和服”相似，宽衣束带。所以他认为和服才是汉服。

章炳麟是国学泰斗，其学问渊博深邃。他给留学生讲授国学，鲁迅也是他的弟子。章炳麟在精神上鼓舞青年，但国学思想过于强烈，坚决否定议会制度。不过，可以说他深化了民族革命的理论。鲁迅后来说，他向章炳麟学习，并不是因为他是学者，而因为他是有学问的革命家。

虽然成立了中国同盟会，但这只是各个革命团体的联合体，例如光复会等并不因为中国同盟会的成立而解散。鲁迅加入光复会，但似乎不是同盟会的成员。

为抗议日本文部省的取缔留学生令，很多留学生回国。陈天华在《绝命书》说自己的死并非对取缔令的抗议，是为了让同志们的心中铭记忧国的激情。留学生的回国，意味着革命家分布中国全国各地。秋瑾也是在这个时候回国。她经常创作对时局有感的诗歌。

忍把光阴付逝波，这般身世奈愁何？
楚囚相对无聊极，樽酒悲歌泪涕多。
祖国河山频入梦，中原名士孰挥戈？
雄心壮志销难尽，惹得旁人笑热魔。

她的诗充满男性的雄浑悲壮。她有一张手持匕首的照片，实际上很喜欢革命的象征——刀。她创作一首题为“宝刀歌”的长诗，要聚六洲之铁，铸造出千柄万柄宝刀，澄清神州。

上继我祖黄帝赫赫之威名兮，
一洗数千数百年国史之奇羞！

回国后，她与志同道合之士在上海创办“中国公学”学校，在家乡浙江从事革命活动。浙江绍兴有徐锡麟、陶成章创办的大通体育学堂。革命志士为宣传革命经常创办学校，启蒙运动实质上就是宣传革命。

自孙中山的广州举兵以来，革命军的起义总是与秘密结社结合在一起。秋瑾也利用这个方法扩大组织，建立“革命军”。以前都是局部地区的起义，秋瑾打算采取全国各地互相呼应共同起义的方式。徐锡麟将绍兴的革命据点大通体育学堂交给秋瑾管理，自己到安徽策划举兵。他与安徽巡抚恩铭关系密切，深得信任，决定在 1907 年 7 月 8

日巡警学堂毕业典礼的时候举行起义。但由于恩铭时间安排的关系，毕业典礼提前两天举行，所以起义日期也仓促提前。由于时间紧迫，起义日期的改变只是通知到陈伯平和马宗汉两个人。当天，虽然枪杀巡抚恩铭，但受到清军的攻打，陈伯平战死，徐锡麟和马宗汉被捕处死。前面说过，鲁迅到横滨迎接陈伯平、马宗汉等人，对他们在火车上的让座还不高兴。

陶成章、陈子英等逃到日本，但秋瑾被捕处刑。当清朝当局问她还有什么话要说时，她写下这样几个字：

秋风秋雨愁煞人。

武田泰淳[①]以秋瑾的事迹为题材创作一部小说，题目就是这句遗言。秋瑾的诗友吴芝瑛也是一个充满豪侠气概的女子，将这个被扣上反叛者罪名的秋瑾的遗体葬于西湖边上的西泠。吴芝瑛在西泠吊唁秋瑾时吟咏这样一首诗：

大樽放饮尔如何，四面江亭老泪多。
今日西泠拼一恸，不堪重唱宝刀歌！

① 武田泰淳（1912—1976年）：小说家。其作品关注危机状态下的人类生存，深入探索人性问题。代表作有《头晕目眩的散步》《风媒花》《富士》，评论《司马迁》等。——译注

辛亥风暴

针对孙中山、黄兴、章炳麟等革命派的活动，康有为、梁启超等“立宪派”的活动也相当活跃。虽然立宪派的动作比革命派缓慢，但梁启超、蔡智田等也于1907年在东京成立“政闻社”的团体。这可以说是立宪派的政党。第二年，总部移到上海。他们向清政府请愿，要求三年内召集国会。既然是请愿，其前提条件就是承认清王朝，与主张推翻清政府的革命派大相径庭。

成立政闻社的立宪派的政见采取折中态度，甚至显得幼稚。清政府对立宪派实行镇压政策，在清政府看来，只要是妄图夺取自己手中的权力，立宪派也好革命派也好，都一样严厉镇压。立宪派的请愿是在1908年7月，清政府在8月就做出反应，认定政闻社是蛊惑人心的团体，予以查封。

革命派的中国同盟会与立宪派的政闻社之间有过竞争，在竞争的过程中，切磋琢磨，认真研究，会产生良好的结果。立宪派的政闻社在各省设立支部，进行有关议会基本知识的普及教育。政闻社追求的是君主立宪制之下的议会，当然还有共和制之下的议会。可以说，立宪派对议会的普及宣传是中国同盟会所欢迎的。

立宪派的《新民丛报》与革命派的《民报》在日本展开激烈的论战。《新民丛报》的主笔是戊戌变法时就已经名闻遐迩的梁启超，《民报》都是一些毫无名气的留学生，如陈天华、胡汉民、汪精卫、朱执信、宋教仁这些人，与梁启超相比，简直是无名小卒。《民报》第七期开始，终于请来了大学者章炳麟。虽然梁启超名震天下，在他的竞争对手《民报》创办的1905年，不过是才三十二岁的年轻俊才。

《民报》刊登论土地国有的文章，《新民丛报》立即发表《驳某报之土地国有论》的论文；《新民丛报》一发表题为《暴动与外国干涉》的否定革命的文章，《民报》就刊登《驳革命可以召瓜分说》的批驳文章。《新民丛报》没有明确点名，只是称“某报”，而《民报》明确点名《新民丛报》，进行挑战。从这一点也可以看出二者性格的不同。

《民报》的编辑部人员经常变换，新的笔杆子不断涌现，而《新民丛报》就梁启超单枪匹马迎战群雄。他在给朋友的信中抱怨说，本想游历欧洲，但必须“与彼党争舆论之动力”，未能如愿。

1906年9月，清政府宣布准备立宪，但徒有虚名，具体内容空空荡荡，反而令人失望。为此，立宪派既要和政府作战，又要和革命派作战。梁启超在给他的老师康有为的信中这样诉苦道：

> 革党现在东京占极大之势力，万余学生从之者过半。

准备立宪的诏书颁布以后，立宪派感觉有点起色，但一旦大家明白这种官方的改革有名无实，革命派“其势益张”。他还写道：

> 然我苟非与政府死战，则亦不能收天下之望，而杀彼党之势。

只要立宪派不显示与政府作战的态度，就不会得到人心。这也可以看出清政府已经被人民所唾弃。

镇压政闻社，可以说是清王朝末期症状的表现。立宪派的幻想被现实击得粉碎。

说到幻想，革命派也有幻想。重读一遍中国同盟会的誓词，就会发现缺少一项内容，那就是没有“反对列强帝国主义”这一条。说明他们对列强还抱有一点幻想，有一种期待：只要通过革命建立起共和制政权，列强会表示同情。

说到末期症状，清政府的亲贵政权化也是一种表现。亲贵政权就是家族政治。当对任何人都不能相信的时候，只能依靠家族亲戚。甚至革命势力太平天国在末期也出现这样的现象。

李鸿章死后，没有出现杰出的人物。尽管在甲午战争之后失势，但还是具有可以出席俄罗斯的加冕典礼、签订《中俄密约》的实力。戊戌变法的第二年（1899年），李鸿章出任两广总督，可以理解为是被贬职，因为只有直隶总督兼北洋大臣才是实际上的宰相，而这个位置被慈禧太后的外甥荣禄、正黄旗人裕禄所占据。不过，李鸿章作为十人左右的总理衙门大臣的一员出任两广总督未必就是贬职，可以说是从失势状态走向重新得势所需要的一个阶段吧。变法失败的亡命者康有为、梁启超等都是广东人，他们在海外的宣传应该面对广东以及华侨多为广东人的东南亚地区。广东与海外接触频繁，与上海同为思想先进的地区。孙中山在广州联合秘密结社的人们发动武装起义。所以，控制广东是大任重任，需要李鸿章这样的强势人物亲自出马。

孙中山路过香港的时候，李鸿章想和他接触。李鸿章的幕僚与宫崎滔天见过面，但这次在广东的见面被新加坡的康有为身边人作为宫崎是清国刺客的证据。李鸿章在广东还与任命为驻日公使却因和戊戌变法有牵连被免职的黄遵宪见面，并请他出山任职，但黄遵宪只是就广东的状况以及治理问题提出一些建议，没有同意重新任职。

发生义和团事变后，解决这个难题非李鸿章不可。直隶总督裕禄在天津附近身负重伤，败退途中死去。裕禄的父亲崇纶在太平天国时期丢失湖北，败逃自杀。父子两代人都是大官，但都死于兵乱。这种状况应该不少吧。

李鸿章签订完《辛丑条约》，1901年11月7日，离世而去，还是在官复原职的直隶总督的任上。他死后，由山东巡抚袁世凯代理直隶总督，翌年6月，去掉“代理”二字，成为名副其实的直隶总督兼北洋大臣。袁世凯时代已经到来。

袁世凯任山东巡抚的时候，镇压山东省内的义和团，所以他们才北上进入直隶举兵。后来清政府命令各地长官支持义和团，但袁世凯以“讨伐山东省内匪贼”为由，拒不执行。此人非常善于玩平衡权术，拒不执行支持义和团的命令可能会触怒慈禧太后，于是备好巨额礼品赠送她。这种滴水不漏的周密安排也许胜过他的上司李鸿章。

从义和团事变的结果来看，有的如聂士成这样阵亡，有的如董福祥这样被问责，几乎都一落千丈，唯有掌握经过西式训练的新建陆军的袁世凯安然无恙，异军突起。正如李鸿章依靠淮军、后来的北洋军为后盾攫取权力一样，袁世凯也是依靠新建陆军作为自己的政治资本爬上直隶总督的位置。此时的袁世凯才刚刚四十岁。

犬养毅想在袁世凯的传记扉页题词，征集大家意见，最终选择“幸运儿”三个字。的确，这个时候的袁世凯正是时来运转。

中日甲午战争的时候，袁世凯负责后勤补给，从背后的角度看到军队的另一面。同样负责后勤补给的胡燏棻甲午战争以后在德国教官汉纳根的领导下在天津附近训练近代化的军队。但是，这个胡燏棻被调往负责修建铁路，由袁世凯接任。这样，他就把新建陆军纳入自己的麾下。新建陆军的领导或是李鸿章的淮军时代的军官段祺瑞，或是李鸿章创办的天津北洋武备学堂毕业的王士珍、冯国璋、曹锟等，不用袁世凯重新培养自己的亲信，直接接收头领李鸿章的遗产就可以了。从这一点来看，袁世凯的确很幸运。

新建陆军与旧军队的不同之处不仅在于进行过彻底的西式训练，还“合员数”，就是兵员的人数、军粮、军马、武器等都有严格的账簿。现在看起来是理所当然的事情，但当时就清军而言，没有账簿才是理所当然。虚报兵员，冒领军粮，军官贪污军饷，司空见惯，成为常态。从这个意义上说，新建陆军是一支打破常态的军队。这也许是按照从背后看到军队内部实际情况的胡燏棻以及后任袁世凯的理念建立起来的新军队。总之，这是一支比其他军队都更加优秀的军队。怪不得戊戌变法的时候谭嗣同想拉拢这支军队。

袁世凯深知康有为派的宫廷革命式的变法的脆弱性，以被胁迫等为由背叛变法派，从此飞黄腾达，不久率领自己的亲兵新建陆军赴任山东巡抚。

义和团事变使袁世凯声望陡涨，或许因为周边的人急剧“失陷”造成他的凸显，成为军队的最高领导人。

八国联军占领北京，连宫廷里最保守的人也都迫切认为军队必须近代化。在他们眼里，袁世凯的新建陆军正是军队近代化的榜样，是清王朝的救星。

李鸿章在缔结《辛丑条约》后死去，这对袁世凯反而有利。袁世凯已经不再需要这个头目多余的指手画脚。李鸿章死后，清政府也只能依靠袁世凯。清政府对他的依赖度越高，说明他的地位越高，从山东巡抚升为直隶总督便是明证。

新建陆军也吸收北洋军，名为“北洋常备军”，虽然这也包含着将旧军队训练成新建陆军模式的意图，但最大的目的还是加强袁世凯的势力。北洋常备军下设参谋、教练、兵备三个处，分别任命段祺瑞、冯国璋、王世贞为处长。

日俄战争后，徐世昌任东三省总督。徐世昌进士出身，比袁世凯大一岁，原先住在袁世凯的叔叔家里。军队的领导都是李鸿章的遗产，唯有徐世昌是袁家的亲信。虽然各地建立新军，但都以新建陆军为榜样，袁世凯派军官对他们进行训练。因此，河南、江苏的新军也都受到袁世凯的影响。

这样，袁世凯的军权甚至超过了过去的李鸿章，只是李鸿章手里有海军，甲午战争被歼后，没有恢复，袁世凯缺少强大的海军。但袁世凯将李鸿章创办、其党羽盛宣怀经营的招商局这个轮船公司完全置于自己的管辖之下，同时还将电报局收归己有。

他终于在清王朝的朝廷开创出袁世凯时代。学识也有一点，但连进士都没有及第，靠的是祖父的弟弟袁甲三是李鸿章盟友的关系成为李鸿章的幕僚，被派往朝鲜，此后一帆风顺。他对政治具有动物般的敏锐嗅觉，对权力的把握、权势的变化深谙其道，动作敏捷，善于掌控，时而朝秦暮楚，满不在乎，再加上运气好，就成为清国头号实权派人物。

皇族等满族的重臣要员感觉袁世凯的危险，在他们眼里，曾国藩也好，李鸿章也好，都是正儿八经的进士出身，有学问，有思想，有智谋，而觉得连进士都未能及第的袁世凯是一个什么事都干得出来的不学无术之徒，所以必须尽快抑制他的势力进一步扩张。满族要员早就想剥夺袁世凯的军权，打压他的权势。

取代袁世凯政权的手段，恰恰就是清王朝末期症状表现的亲贵政权。

清政府任命袁世凯为军机大臣。军机大臣是皇帝的顾问，决定政治方针的核心要职，称为“枢臣”。但是，太平天国战争以后，各地总督拥有军权和统治地区，成为真正的实权派。袁世凯免去直隶总督的职务，成为军机大臣，表面上是升官，实质上是明升暗降，剥夺兵权。

不过，袁世凯并不害怕，虽然北洋常备军形式上归直隶总督指挥，其实深受袁世凯的影响，而且后任的直隶总督杨士骧是袁世凯的母亲的侄子，两人沾亲带故。另外，军机大臣像先前的总理衙门大臣一样，原则上属于兼职，袁世凯兼任义和团事变后由总理衙门改组的外务部尚书。尽管只是形式，但在这个位置上，与外国接触的机会肯定比较多。与外国的关系密切，可以成为自己的政治资本。

袁世凯没有政治理念，也没有政治规划，不如说具有浓厚的宫廷政治阴谋家的色彩。他听不到民众的声音，即使听到也完全可以置若罔闻，只有在对自己有利的时候，才会考虑利用民众的声音。

袁世凯对拒法拒俄运动中民众要求收回铁路权益的声音根本充耳不闻。他把津浦铁路、沪杭甬铁路的权益卖给德国和英国，按当时的常识，这样做是要吃回扣的。

李鸿章是亲俄派，而他的党羽袁世凯是亲美派。按照他的政治设想，袁世凯打算把由于菲律宾的独立战争而比其他国家晚一步进入中国的美国的资本引进东三省。日俄战争后，日本摆出独吞东三省权益的架势，袁世凯想把美国引进去与日本对抗。如果李鸿章活着的话，大概也会这样做。

袁世凯最害怕慈禧太后死去。慈禧太后死去，光绪帝就会亲政。光绪帝曾和康有为联手变法，却因为袁世凯的叛变而失败。如果光绪帝亲政，袁世凯害怕遭受报复。

幸运再次降临到袁世凯身上。1908 年慈禧太后死去，几乎同时光绪帝也死去。的确，光绪帝体弱多病，长期卧床，但他的死与慈禧太后如此巧合，所以有人怀疑是袁世凯暗杀光绪帝。据说两人的死在同一天或者一天之差，而且是光绪帝先死，皇后正趴在枕边恸哭的时候，传来慈禧太后临终的消息，皇后只好扔下丈夫的遗体，急急忙忙跑到慈禧太后的房间里。

光绪帝三十九岁死去，身体虚弱，无子嗣，于是其弟醇亲王载沣的长子溥仪即位。他是光绪帝的侄子，即位时仅三岁，所以其父醇亲王任监国摄政王。溥仪的母亲是慈禧太后的外甥荣禄的女儿，算是慈禧太后的远亲。

义和团事变的时候，载沣曾作为特使去德国赔礼道歉，回国后任军机大臣，参与治理国政。不过，载沣任摄政王的时候也就二十五岁，在治国方面缺少经验。据说他的岳父荣禄曾肆无忌惮地说道：

此国与其授家奴，不如赠邻友。

邹容的《革命军》也引用这句话。醇亲王的思想基本上也是这样，是满族至上主义。正因为醇亲王年轻气盛，政治尚未成熟，他更是赤裸裸地贯彻实行这个主义。他对皇族长老庆亲王依靠汉人袁世凯军事力量的做法无法容忍。

清帝国建国时候的原则的确是一切军事大权由满族掌握，所有的满族人都是军人，甚至禁止参加及第后可以成为文官的科举考试。然而，从鸦片战争到太平天国，满族军队完全是不堪一击的废物的真实面目暴露无遗。然而，年轻的醇亲王视而不见这铁的事实，死抱着已经分崩离析的旧原则。

醇亲王考虑处死袁世凯，以此夺取汉族要员手中的军权。他的想法实在幼稚单纯。他与袁世凯结有私怨，袁世凯背叛醇亲王的哥哥光绪帝或许可以说是公仇，但袁世凯把长期给醇亲王提供生活费等的张翼搞下台就应该算是私怨。

皇族等满族人是东三省祖辈之地的地主，依靠东三省的年贡生活。但由于甲午战争、俄国占领、日俄战争等一系列事件，东三省疲惫凋敝，农民已经失去养活地主的能力。日俄战争以后，满族要员的家庭经济拮据困难，就连皇弟醇亲王也不例外。在经济上资助醇亲王家的张翼原是开平煤矿局总办。他大概利用煤矿的获利资金投资在醇亲王身上，也算是一种期货吧。袁世凯采取从盛宣怀手里接管招商局同样的手段，也从张翼手里接管开平煤矿局，自然是为了筹集军队资金。

张翼把袁世凯横行霸道的行径告诉醇亲王，醇亲王大怒。如今他成为摄政王，手握生死予夺大权，于是想到铲除袁世凯。袁世凯有点麻痹大意，虽然知道醇亲王恨自己，但以为还不至于动杀机，因为他拥有比过去的李鸿章更强大的军队作为后盾，相信任何人都不会对自己轻举妄动。

张之洞极力劝谏不可处死袁世凯。各地发生革命派的暴动，如果在这个时候杀掉袁世凯，政府军就会在各地举行暴动，全国的局势一片混乱，无法收拾。于是，醇亲王决定不把袁世凯捆绑到刑场公开处刑，而是命令一个名叫庆宽的隶属于宫廷的职业杀手去暗杀他。

袁世凯危在旦夕，军机大臣之一的那桐将刺客之事密告袁世凯。那桐这样做，大概期待以后能得到袁世凯加倍的回报。另外，袁世凯平时也很注意和权势者保持密切关系，这当然需要撒钱，撒钱就有效果。

醇亲王一当上摄政王，立即以袁世凯有脚疾解除他的军机大臣的职务。平时袁世凯遇到对自己不利的事情，也往往以脚疾为由推脱拒绝，这次醇亲王反手回击，使得袁世凯知道大难临头，急忙刮掉胡须，乔装打扮，从丰台站坐上三等敞篷火车，逃到天津，藏在租界里。

袁世凯时代暂告结束。然而，醇亲王这样歇斯底里的年轻人根本无法打开艰难的时局。当时袁世凯四十五岁，在天津租界里相信自己肯定会东山再起。

革命的火焰开始在各地燃烧。孙中山的兴中会在广州举兵以后，又举行过几次起义，均告失败。陆皓东等兴中会初期的同志以及徐锡麟、秋瑾等相继牺牲，中国同盟会成立以后，起义就不再是零散孤立的。徐锡麟在安庆起义，秋瑾就在绍兴呼应，变成有组织、有计划的行动。起义中有人牺牲，其他人会踩着烈士的鲜血，前仆后继地前进。

在日本的一万多留学生以东京作为革命根据地，需要的时候，立即回国。他们甚至就身穿立领的学生服回国，据说当时中国人把这种服装叫作“革命服”。年轻人东奔西走，互相联系，促进革命向前发展。各地都能听到革命狂潮发出的巨响，尤其是孙中山的家乡广东和黄兴的家乡两湖（湖南、湖北）可以说更是强震地带。

黄兴在长沙举兵失败后，1906 年发动第二次湖南事件。这是从日本回国的刘道一、蔡绍南等与哥老会的领袖姜守旦、李经互相合作的典型的革命派与秘密结社共同举行的起义。革命派注意在新军中发展队伍，清政府对新军也严密监视。袁有升等九人计划在南京呼应，但事情败露，被捕遭杀。

在醴陵，有军队参加起义，再加上安源的六千矿工，人数一下子增加到几万，以至于事先准备的三千条枪都不够。清政府一看大事不好，急忙调集江西、江苏、湖北、湖南四省的兵力三万多人把起义镇压下去。双方交战一个月，蔡绍南等伤亡众多，起义最后失败。

1907 年，徐锡麟、秋瑾遇害，但徐雪秋等发动第二次湖南事件（起义地点萍乡属江西省管辖，醴陵在湖南省，所以又称萍乡事件）以呼应，请求孙中山支援。同盟会派遣廖仲恺等人前往，陈少白、胡汉民、汪精卫等也参加策划，准备 1 月在潮州起义。

但是，清军觉察潮州局势不稳，便向东面的黄冈增兵，起义计划只好延期。清军继续增兵黄冈，黄冈的三个革命同志被捕，4 月 11 日，一千多人在准备不足的情况下由余继成指挥举行起义，占领黄冈，与潮州的清兵作战，予以重创。但清军增派黄金福、李准等率领的援兵，而革命党方面因弹药不足，交战十八天后，退到黄冈，解散队伍。这个时候，秘密结社成员在惠州附近的七女湖举行起义，一时间连战连捷，但时间拖长以后，弹药不足。孙中山命令萱野长知①立即补充武器，但由于港口戒备森严，无法运上岸，只好转运台湾保存起来。

由于这起事件，孙中山被日本政府驱逐出境，去往河内，但同盟会 8 月在广东省的钦州和廉州举行武装起义，称为钦廉事件。这件事件原先是百姓反对砂糖增税的活动，后在刘恩裕、张德清的领导下发展成为武装暴动。清政府派三个营的新军前往镇压，刘恩裕等向身在河内的孙中山求援。孙中山让黄兴、胡毅生、王和顺对新军进行革命说服工作。这次起义以无组织的民众广泛的反政府运动为基础，孙中山寄予很大的希望。钦州现在的行政区划属于广西，与越南国境相连。太平天国举兵的金田村也离此地不远。如果起义成功，攻取南宁，占领两广和云南，就可以作为革命根据地。

派来镇压反对砂糖增税暴动的新军有六千人。所谓新军，只是在军事上接受过西式训练，未必具有新思想。所以对他们进行革命的说服工作极为困难。所谓说服工作，就是动员他们反水，这无异于冒着杀头的危险。新军方面当然犹豫踌躇。如果革命派能显示自己的实力，成功说服他们的可能性就比较大，而最具说服力的方式就是显示调运武器的能

---

① 萱野长知（1873—1947 年）：曾任《东京日日新闻》驻上海特派员，在香港与孙中山相识，在东京支援孙中山成立中国同盟会。贵族院议员。主张亚洲主义。著有《中华民国革命秘笈》。——译注

力。于是孙中山与在日本的同志联系，让他们调运武器。但孙中山离开日本以后，东京的革命派内部发生纠纷，事情进展很不顺利，而且又被奸商欺骗，买了一大堆废品。

革命军占领钦州西南面的防城，但未能得到武器的补偿，无奈之下，只好继续向钦州挺进，寄希望于新军反水，与起义军相呼应。但是，新军感觉革命军还是势单力薄，没有呼应，同时清政府对新军的监视也非常严厉。革命军只好转向十万大山方面，由于两广军队追逼上来，便在与越南交界的地方解散队伍。

这次起义失败之后，孙中山制订攻打镇南关（今称友谊关）的计划。镇南关位于与越南的国境线上，上有清军的国防炮台。由于是国境要塞，应该储藏有大量的武器弹药。孙中山的意图是攻打镇南关，然后收容在十万大山解散的革命军，向南宁进发。可是，攻占镇南关以后，发现那里几乎没有武器弹药。革命派过高估计清军的国境防卫能力。革命军便转向越南购买武器，双方开始交涉，清军增援部队逼近，革命军只好退到越南境内。

清政府要求法国政府驱逐孙中山，孙中山转移到新加坡。

辛亥年是1911年，史称辛亥革命。并非这一年发动革命就获得成功，此前革命派多次起义，都被镇压下去。孙中山痛感为使革命获得成功，绝对需要足够资金，他游历世界各国进行募捐。

武装起义并非都是同盟会发动的，例如1908年的安徽新军起义。新军的青年官兵大抵都是具有反满思想的民族主义者，成立秘密结社“岳王会”。岳王是南宋的忠臣岳飞，与异族金英勇作战，受人敬仰，所以他们不忠于清王朝，而是一心要建立汉族国家。金是女真族王朝，满族就是女真族。

清政府也感觉新军是一把双刃剑，时刻警惕，不敢懈怠。例如举行军事演习的时候，不让领导层中被视为危险分子的人参加，发枪不发子弹。这一年的10月23日，新军一个领导范传甲得知光绪帝和慈禧太后都已经死去，认为这是起义的好时机，与各营领导联系，推举熊成基为司令，定于10月26日起义。城外的新军发动起义，但城内的新军因弹药不足未能响应，而且海军反对起义，结果起义的新军只好解散。范传甲被捕遭杀，熊成基经东三省亡命日本。熊成基到日本后才加入同盟会。

1909年冬，熊成基再次潜回东三省，策划在哈尔滨火车站暗杀从欧洲回国的摄政王的两个弟弟载涛和载洵。但在准备过程中被密探发现，被捕遭杀。

光复会成立的时候原本就是以暗杀小组作为核心，革命派将暗杀视为一种手段，而且是有效的手段。四年前，一个名叫吴樾的人策划在北京正阳门利用炸药暗杀出国考察的五大臣（载泽、戴鸿慈、徐世昌、端方、绍英），但只杀死前往送行的四个人，未能达到目的，吴樾自己也被炸死。

孙中山以新加坡为中心开展募捐活动，甚至考虑向外国借款。但是，没有人愿意借款给一个不知道什么时候能建立政权的革命党。在孙中山外逃期间，还发生广东新军的起义，也以失败告终。

广东新军计划在1910年的春节举行起义，以前的新军起义都是革命派说服动员新军领导的结果，但广东的新军起义则是革命派青年打入新军内部策动的。这些血气方刚的青年聚合在一起，外部立刻就能感觉到动荡不宁的气氛，老谋深算的监视者对他们的行动一清二楚。政府方面的惯用手段就是对新军不发子弹。当新军第一标的两百多步兵冲进武器库的时候，发现里面几乎是空空如也。水师提督李准镇压这次起义。汪精卫、胡汉民在香港准备与这次起义相呼应，但没有弹药，起义的新军只好解散队伍。策划者、统领倪映典战死，新军二十三标标统赵声幸运逃脱。

立宪派的机关报《新民丛报》就同盟会系统的起义接连失败发表文章猛烈抨击革命党领袖将人们驱赶上死亡的战场，自己则安居“高楼华屋”。

这样的攻击不仅来自敌对阵营，连同盟会的机关报《民报》也批评广东派的专制霸道，当时《民报》的主编是浙江人章炳麟，批判孙中山以及胡汉民、汪精卫等广东人的做法过于独断专行。

汪精卫愤然前往北京，显示不仅将人们驱赶上死亡的战场，也亲自为革命出生入死的决心。他在北京琉璃厂开张一家照相馆，策划对熊成基在哈尔滨刺杀未遂的两个皇族回京时实行暗杀，助手是黄复生。但是，这两个皇族回京的时候，前去迎接的人非常多，无处下手，只好放弃，于是改变计划，决定直接暗杀摄政王醇亲王，在他经常通过的桥下安装炸弹。但被行人发现，也未遂，而且官府找到制造炸弹外壳的铁匠，汪精卫和黄复生被捕。

肃亲王善耆亲自审讯。他是太宗皇太极的长子肃亲王豪格的十世孙，在清朝皇室的家系中身份高贵。汪精卫在狱中写下三万字的自供，是一篇“上下古今纵横欧美”的大论文。肃亲王读之大为感叹。摄政王实行亲贵政权，肃亲王担任民政部大臣。他还与日本人川岛浪速[1]结拜兄弟，带有几分侠义性格，后来将自己的第十四女作为川岛的养女，她就是川岛芳子。肃亲王向摄政王求情，将汪精卫等的死罪减为死一等。先前哈尔滨发生过暗杀事件，后来发生吴樾在北京站的暗杀事件，虽都判处死刑，但未能遏止暗杀活动。最终汪精卫被判处无期徒刑。他在北京的甘石桥安装炸弹是1910年4月1日。

起义最后一次失败是3月29日的“七十二烈士事件”，又取埋葬烈士的地名称为“黄花岗事件”。当时孙中山正在国外募集资金。

赵声对广东新军起义失败进行反省，设想将起义地点定在长江流域，湖北点火，湖南、四川、江苏、安徽四省呼应，从河南、临淮等地北上，直逼北京。但由于革命派中广东、福建人居多，最终还是通过先取广东作为根据地的意见，起义地点定在广州。举兵起义最关键的是需要资金和奋不顾身的战士。

香港成为后方基地，赵声亲自负责安排各地集中到香港的同志。1911年——这一年是辛亥年——4月初，第一批武器手枪一百五十支、子弹四千发从日本启运。一个留学生负责这次武器的运输，但此人不适合担任这个任务，听说香港盘查极严，胆小如鼠，怕得要死，在轮船离开门司以后，把这么宝贵的武器都扔到海里。后来从日本运来以及从西贡运来的武器都安全抵达香港。

武器运抵香港后，秘密转移到广州。但是，由于同盟会会员温生才在广州私自进行暗杀活动，造成广州戒备森严。温生才对荣禄的侄子、

---

① 川岛浪速（1865—1949年）：“大陆浪人”。在东京外国语学校学习汉语，后来中国，在上海、东北等地搜集情报。甲午战争后任台湾官吏。八国联军攻占北京后，出面劝降，迫使清政府弃守北京，被任命为故宫监督。后出任日军占领区军政事务长官、北京警务学堂总监、北京警务厅总监督等职。辛亥革命时，阴谋建立“北清帝国”。积极策划“满蒙独立运动”。——译注

广州将军孚琦连击五枪毙命。据说温生才原本是想暗杀镇压广州新军起义的水师提督李准，却杀错了人。

温生才自首，被处刑。他不是年轻人，当时四十二岁。广东军事当局对他肯定是恨之入骨，温生才自首，其实他本来就没打算活。既然视死如归，我们这些后来人大概都会疑问为什么不选择轰轰烈烈的死？革命派之间的联系不是很紧密。温生才的暗杀活动造成广州戒备森严，加上日本运来的第一批武器被扔进海里，还有美国的援助资金迟迟不到位，起义只好推迟到4月27日（阴历三月二十九日）。

总指挥黄兴从香港潜入广州。这时，同盟会一个女会员从广州紧急赶到香港，汇报说一直以为是革命同志的陈镜波其实是清政府的间谍，起义之事已被泄露。她认为，在这种情况下，只能推迟起义时间。但黄兴判断事到如今，已经没有退路，只能毅然决然起义。

清政府通过密探的报告了解革命派的举动。革命派的敢死队冲进总督公署，只是一个空壳，本来预定里应外合的新军二标也被清政府解除了武装。水师提督李准部署大军，张开大网，等待革命军。革命军杀出一条血路，突围出去，但途中与防营三营遭遇。其实这支部队是配合革命军起义的新军，正从顺德赶往广州准备与李准血战，不料突围出来的革命军误以为是敌人，自己人打了起来。

这些都说明起义的计划不够周密细致，还挑选一个胆小怕事的人运送武器，同时没有觉察陈镜波的间谍活动，组织的松懈怠惰应该加以反省。正因为这种种原因，革命派在这次起义中失去很多骨干以及忠诚的战士。

清军委托收容无主尸体的善堂处理革命派牺牲者的七十二具遗骸，要把他们埋葬在死囚的公墓里。但是，有义士潘达微提供黄花岗土地，将他们合葬，至今还立有七十二烈士纪念碑。

虽然失败，但这是同盟会系列的最大规模的起义。孙中山计算起义的次数，称之为“第十次革命”。余震还在继续。黄兴在香港成立暗杀团，以恐怖手段填补下一次起义之前的空白时间。革命派最大的仇敌就是广东水师提督李准。陈敬岳和林寇慈两人装扮成乞丐，在广州双门向李准扔炸弹。当时李准坐在轿子上，右手和腰部负重伤，但没有死。林寇慈当场被炸死，陈敬岳被捕遭杀。陈敬岳自称是邹容《革命军》的忠实读者。

清王朝派五大臣出国考察外国的宪政，宣布要实施立宪政治，决定各省建立相当于议会的省咨议局，1919 年召开国会。清王朝试图利用曾经否定的变法，延长政权的寿命。后来，又宣布开设国会的时间提早五年，改为 1914 年。然而，清王朝已经病入膏肓，变成末期症状的亲贵内阁。

宣统三年（1911 年）阴历四月，内阁制度发生变化。包含总理大臣庆亲王在内，大臣一共十三个，但汉人只有协理大臣徐世昌、外务大臣梁敦彦、学部大臣唐景崇、邮传部大臣盛宣怀四人，其他九人都是满族，而且其中皇亲国戚六人。看来摄政王患上了汉族恐惧症。

占国民大多数的汉人自然不会忠于这样的政府，对革命党人表现出巨大的同情和支持。政府军的支柱新军大部分也是汉族。清王朝正在自掘坟墓。

七十二烈士事件失败以后，同盟会把目光转向长江流域。清政府也觉察到这一点，加强武汉的戒备。革命派在俄国租界内秘密制造炸弹，不小心引爆，于是清朝当局加紧搜捕革命党人。被捕者七十多人，其中军人三个，在武昌的总督公署前斩杀，清政府采取彻底的镇压态势。

残酷的镇压使新军发生动摇。有传言说新军内部的革命党党员的名单被查抄。革命党对新军的渗透工作相当活跃，差不多所有的人都被似为革命党的人找过谈话。由于对方的谈话合情合理，听的人也多是随声附和，这样就被发展为“党员”。革命派为了显示自己的业绩，有可能制作花名册。新军的官兵们不知道自己的名字是否记载在花名册上，提心吊胆。这也许正是说服煽动的好机会，与其坐而待毙，不如奋然起义。

清政府对新军极端不信任，生怕他们造反，所以把他们的子弹统统没收。政府害怕自己的军队，没收武器，实属异常。找到子弹的工程营首先起义。新军称营为标，称连为营。他们坚信，枪一响，大家就会起而呼应。

1911 年 10 月 10 日上午九点，武昌工程营打响第一枪。后来这一天作为民国诞生的纪念日。但据说枪声并不激烈威猛，由于缺少子弹，十分节省，枪声只是一种信号，虽然工程营找到了子弹，但数量并不多。但新军各标、各营听到枪声后，果然行动起来，互相呼应。

城外的炮兵迅速赶来，起义军如同得到百万雄师的支援。武昌有一座小山蛇山，大炮拉到山上，对着总督公署开炮。

湖广总督瑞澂是鸦片战争时割让香港给英国的琦善的孙子，他一听到炮声，惊慌失措，连忙逃到汉口的租界里。这样，起义军就占领了武昌。

经过多少次挫折，革命军终于占领第一座省城。第一次成功的过程看起来轻而易举，其实这正说明革命党人不仅渗透在新军，而且在一般民众中经过何等艰苦深入的宣传努力。

十八星旗第一次在武昌上空飘扬。这个图案设计的十八颗星代表中国十八个省。革命派虽然获得省城武装起义的成功，但缺少守住武昌的自信，甚至无法有效指挥起来造反的新军，所有的人都情绪激昂，不知道会做出什么事来。

于是，出现这样的奇怪现象：从作战的对方营垒中找出合适的人选，让他来掌控已经占领的城市和军队。这不能不说是辛亥革命的弱点。在推翻清王朝以后，不得不花费相当的气力处理这件事。占领武昌的革命党抓到没能逃跑出去的第二十一混成协统（混成旅旅长）黎元洪，半是恐吓威胁地请他担任都督。

此时黎元洪四十八岁。毕业于天津水师学堂，受过一些西式军事教育，甲午战争的时候是旗舰定远号的炮长，但他对革命几乎毫不了解。据说和革命党人谈话的时候，难以沟通。然而，占领武昌的革命军需要旧式的职业军人来统领各军。这也说明革命派的人才不足，但同时要选择统治各军的领导时，也会发生山头派阀的麻烦问题。

让怀着反革命思想的黎元洪成为革命军的都督，可以说是革命前途的一种暗示吧。

称为武昌起义的革命波涛立即波及全国各地。无论什么地方都处在同样的形势之下，效仿武昌，举兵反清。如果把这样的举动归结为中国人的附和性格，这种看法就过于肤浅。

第一个做出响应的新军是曾有过多次起义失败教训的湖南。湖南巡抚余诚格逃跑，江西巡抚冯汝骙自杀，山西巡抚陆钟琦被杀。协统阎锡山成为都统，与江苏巡抚程德全、安徽巡抚朱家宝、山东巡抚孙宝琦、广西巡抚沈秉堃一样，直接给革命军推为都统。浙江巡抚增韫那样抵抗被捕的应该说属于例外。增韫是蒙古族的巡抚，各地总督大抵都像瑞澂那样逃跑。闽浙总督松涛自杀。

各省宣布脱离中央独立，这表明不再臣属清王朝。将脱离中央而独立的各省统一起来成为留给辛亥革命以后艰巨的工作。

动乱不已

清王朝面对非常事态，狼狈不堪，亲贵政权无法应对，豪族们在世袭特权的享受中几乎没有执政的经验。有人认为内阁完全就是一个摆设的花瓶，挑选担任内阁大臣的人选尽量都要相貌英俊，海军部大臣载洵是摄政王的弟弟，刚刚二十出头，被日本人称为“如武士偶人”。

武汉爆发的起义之所以能够迅速波及周边地区，是因为具有反对铁路国有化运动的基础。中国的铁路几乎都是依靠向外国贷款，进入20世纪以后，民族资本终于成长起来，开始掀起收复利权的运动。清政府看到京汉线、京奉线等收益巨大，考虑通过向外国贷款修建干线铁路，以所获取的巨额利润推行新政，安抚民众的不满，镇压革命势力，重建清朝政权。这是张之洞推行的政策，他于1909年9月死去以后，盛宣怀继承他的政策。

所谓收复利权运动，就是回购卖给外国的铁路铺设权。粤汉川铁路（广东—武汉—四川）的利权也已回收，但张之洞缺少修建铁路的资金，又开始寻求新的贷款，这样引起本地资本家的反对。

所有的铁路国有化，将其利益转化到政治上，这个方针与各地权势者的利益产生冲突。尤其是粤汉川铁路已经收回利权，诸多方面打算成立股份公司开始建设和经营，事情进展到相当深入的程度。1911年6月18日，邮传部大臣盛宣怀宣布铁路干线国有化，立即引发各地激烈的反对运动。盛宣怀开始谈判向横滨正金银行借款一千万元、向四国财团借款一千万英镑，作为铁路国有化的资金。民族资本予以抵制。

四川的民族资本的抵制最为激烈，从成都到重庆举行“罢市”。对中国的行政长官来说，自古以来，在自己的管辖地内发生“罢市”是最大的耻辱。让人民安居乐业、生活无忧是行政长官的责任，但如果人民一起关门闭店，停止商品流通，无异于宣布地方长官失去了治理的资格，也可以说是向政府宣战的前一步。不仅罢市，学校也罢课。

四川总督赵尔巽恰好在北京，由四川布政使王人文临时代行总督职务。他看到如此严重的局面，便向北京发电，请求推迟国有化。但是，清政府将铁路国有化视为起死回生之策，根本不会考虑变更时间。北京朝廷不满意王人文懦弱胆怯的方针，将前总督的族人赵尔丰派去四川担任总督。这个赵尔丰虽是汉人，但属于在努尔哈赤、皇太极入关前就臣服他们的汉军正蓝旗里的人。他担任过驻藏大臣，在西藏实行屯田政策，颇有建树。但是，他一进入四川，亲身感觉到反对运动的激烈程度，也和王人文一样电请中央推迟国有化。已经动脉硬化的清政府绝对不予采纳，命令就任粤汉川铁路大臣的端方率兵奔赴四川，如反对运动激化，武力镇压。

端方是出国考察的五大臣之一，是准备宪政的领导人。他曾从两江总督升任直隶总督，因受弹劾，很快就离开中央，督办铁路。他率领湖北新军的两个标赶赴四川，四川的乡绅们得知这个情况后，要求总督停止派兵。总督赵尔丰大概因为自己的懦弱态度受到中央的批评，为改变这个形象，突然采取强硬的政策，将前来要求停止派兵的五个代表拘禁起来。消息传出来后，民众聚集在总督官署门前，要求放人。赵尔丰向群众开枪，伤亡四人。于是，四川各地发生暴动。

赵尔丰向北京发电，说四川人借争路（反对铁路国有化）之名，行独立之实，所以就是叛乱。北京的诏书回答道：

> 解散保路会，若乱民暴动，格杀勿论。

北京的强硬政策不仅没有平复暴乱，暴动反而向四川全省蔓延。端方率兵深入到资州，但没有继续往前。赵尔丰急电求援，朝廷派遣岑春煊赴川。岑春煊是中法战争时的勇将岑毓英之子，但他与父亲不同，善于明哲保身，曾历任两广总督、邮传部大臣等，这次任命为四川总督。然而，他来到湖北，与湖广总督瑞澂会面，得知四川的情况后，突然称病。

四川的赵尔丰对新总督的任命也深感不安，他对四川发生如此严重的骚乱负有重大责任，害怕受到弹劾，于是急忙向朝廷报告说四川之乱已经平息，朝廷也就同意称病的岑春煊回上海。

当然，四川之乱不仅没有平息，而是愈演愈烈。四川的东面是湖北，粤汉川铁路也涉及湖北，因此也掀起同样的反对铁路国有化的运动。清政府采取的铁路国有化政策导致暴乱蔓延到更大的地区，而且出现慢性化的倾向。有人将武昌起义视为这一系列暴动的一次实践。

湖北武昌起义的胜利在四川产生巨大的反响。率兵进发到资州的端方被自己指挥的军队所杀。成都乱民虐杀的据点总督官署遭到新军的攻打，赵尔丰被杀。

清政府为平定各地的叛乱，命令陆军部大臣荫昌和海军部副大臣萨镇冰率领陆海军南下。荫昌来到信阳一带，然后说要忙于战备，不肯继续往前走。

清朝廷再次认识到清军其实就是袁世凯的军队，以新建陆军为母体的北洋军是袁世凯创建的，他不出山，军队就不肯打仗。因为摄政王要杀袁世凯，他就像罪犯一样逃出北京，躲藏在河南老家。清政府弄得军队的统领像个罪犯，所以根本不可能调动指挥军队。尽管对袁世凯恨得咬牙切齿，但摄政王也感觉到只有恢复袁世凯的名誉，才能调动军队。

清政府任命袁世凯为湖广总督，命他赴湖北督军。袁世凯绝对不会忘记刮掉胡子、乔装打扮、搭乘敞篷货车逃离北京的狼狈屈辱，清政府大概也意识到这一点，又任命他为钦差大臣，同时召回陆军部大臣，分别任命袁世凯的部下冯国璋和段祺瑞为第一军和第二军总司令，这样，全军就置于袁世凯的指挥之下。

摄政王解除主管铁路的邮传部大臣盛宣怀的职务，这是对他在执行铁路国有化政策过程中出现混乱局面的问责。后任为唐绍仪，这个人事任免也令人不可思议。

徐世昌、唐绍仪都当过邮传部大臣，他们都是袁世凯的人。铁路国有化就是他们的时代的政策产物。唐绍仪（溥仪即位后，改“仪”为“怡”，退位后恢复原名）留学美国，袁世凯在朝鲜的时候就是他的左膀右臂。盛宣怀和袁世凯一样，是李鸿章的手下，从人脉关系来说，他们是兄弟。李鸿章的遗产，一般认为由袁世凯继承军队，由伍廷芳继承外交，由盛宣怀继承实业。但是，为筹措创建军队的资金，袁世凯接管盛宣怀的国营轮船公司招商局，侵犯领地引起两人的不和。袁世凯将能挣大钱的邮传（包括铁路）交给自己的心腹唐绍仪管理。摄政王憎恨袁世凯，便将他的心腹唐绍仪撤职，任命袁世凯的政敌盛宣怀为邮传部大臣。国家政治重要人事的任免如果露骨地表现出仇恨报复的情绪，这个组织已经开始腐烂。

虽然唐绍仪被任命为邮传部大臣，但他没有上任，因为他现在已经成为袁世凯的参谋，正从事着更为重要的事情。唐绍仪是广东番禺人，在革命派中有很多同乡。袁世凯让他与革命阵营拉拢关系，并不是袁世凯对革命产生共鸣，而是为了对要杀害自己的摄政王进行报复，考虑与革命阵营进行交易。

清朝皇帝下“罪己诏”，自我批评。许多王朝在灭亡之前，皇帝都会颁布这种诏书，而且这样的自我批评大抵都为时已晚。清王朝也不例外。五岁的宣统皇帝溥仪不可能自己写罪己诏，无疑是父亲醇亲王的文章。这份诏书宣布解除党禁。清朝自建国以来，原则上不允许结社，所以这对清王朝来说是破天荒的措施。当然，既然已经宣布准备召集国会，就不可能没有政治结社。接着，诏书宣布取消皇族内阁。这项措施可以说回到祖宗的精神，清朝的传统是不允许亲贵干预朝政。

内阁总理大臣庆亲王辞职，接替他的是袁世凯，包含总理在内有十一个阁僚，其中只有理藩部大臣达寿一个满族。被判处无期徒刑的汪精卫、黄复生获释。袁世凯这样做并非出于人道主义，而是为了与南方革命派交易做出的安排。

袁世凯一直冷眼观察狼狈不堪的北京朝廷所采取各种措施，于11月13日才进入北京。

南下征讨军的将领中，有的人属于激进派，日本士官学校毕业的吴禄贞可以说是康有为派中的极左分子。他曾经响应过唐才常的自立。另外，新军的协统蓝天蔚曾经是在神田锦辉馆成立后立即被迫解散的拒俄义勇队的队长，奉天第十二镇统制张绍鲁也可以说是改革派。他们向朝廷提出立即立宪的十二条要求，如果遭到拒绝，就攻打北京。朝廷不仅全盘接受他们的要求，还提拔吴禄贞为山西巡抚。但是，他来到石家庄等待与民军联合举兵的时候，被部下的士兵杀死。

是谁指使杀死吴禄贞？元凶不得而知，但认为是袁世凯的说法比较有说服力。袁世凯有自己的日程表，如果有人搅乱他的政治日程安排，他会毫不留情地铲除。他自然是最大的疑犯。

袁世凯直系的冯国璋进攻汉口，陷落汉阳。革命派黄兴依然坚守武昌。袁世凯命令冯国璋停止攻打汉阳。

袁世凯的意图终于暴露无遗，如果还能把袁世凯称为清朝官员的话，那么他的军队恐怕已经不能称为清军了。本书以下称袁世凯的军队为北或北军，称革命派的军队为南或南军。袁世凯向南军建议停战三天，后来又提出停战延期十五天。

南北会谈的北方代表是唐绍仪，南方代表是伍廷芳。伍廷芳被视为继承李鸿章的外交遗产，他跟随李鸿章出席签订《马关条约》，后来任驻美公使，但后来离职，居住在上海。经过革命派的说服动员，成为革命派的外交负责人。不过他原本就赞成共和制。

南北的代表过去都是李鸿章的门下，而且都是广东人，都留学过美国。

南方已经制定《中华民国临时政府组织大纲》二十一条，其中规定由各省都督任命的代表选举临时大总统。起先定都武昌，但南军攻克张勋孤军奋战坚守的南京以后，首都改为南京。孙中山还在国外游历，所以临时大总统的选举日期推迟到他回国以后。但是，此期间总得有人总管全局，于是决定设立大元帅。选举的结果，黄兴为大元帅，黎元洪为副元帅，但湖北派对此提出异议。

湖北武昌起义的胜利是共和国的诞生，所以湖北应该具有优先权。这是中国的乡党意识在作祟。参加武昌起义的湖北人中，大概也有在东京加入同盟会的会员，但他们的思想意识还是湖北这个地方观念优先于同盟会。湖北起义集团抬出大家都很讨厌的黎元洪作为自己的首领。黎元洪也许对共和制不是很了解，但一旦被抬出来，首领终归就是首领，所以对武昌起义时不在武昌的黄兴被选为大元帅表示不服。

这是情感问题，于是想出这样的折中方案：选举结果作废，黎元洪任大元帅，黄兴任副元帅，但黎元洪不能去南京，由副元帅黄兴在南京代行大元帅的职责。

只要孙中山回国，他肯定会当选为临时大总统，看似没有问题，其实没有问题的只是南方内部，北方对此还是持有异议。南北两方还在和谈，在谈判尚未达成协议的情况下就举行大总统选举，北方认为这样做是无视北方，更是无视和谈本身。唐绍仪严厉谴责，愤而辞职。大总统选举问题，真是多灾多难。

袁世凯在考虑什么呢？如今他身在北京，是大清帝国的内阁总理大臣。摄政王把一切大权都交付给他。他可以为所欲为。他对共和制没有了解，但从驻朝鲜时代开始就接触外交，所以应该知道美国的总统制度。不过，他对中国是否适合这个制度似乎表示怀疑。他的想法更加简单，只根据是否对自己更加有利进行判断。

他面临着是选择摇摇欲坠的清王朝的内阁总理大臣还是看似前途光明的共和国大总统的问题。自己曾经差一点被摄政王杀死，感觉清王朝即使实现立宪制还是无法令人放心。而那些还带着书生气的革命派似乎更容易玩弄于股掌之中。袁世凯在这个时候决定抛弃清王朝。

孙中山是在美国科罗拉多州的丹佛得知武昌起义成功的消息，他买了一份报纸走进餐馆，手里拿着叉子，浏览标题，“革命军占领武昌”的文字映入眼帘。

孙中山并没有立即从美国回国，而是先去欧洲，是为了说服欧洲四国停止向清国贷款，同时谋求对新的共和政权实行经济援助。四国的核心国英国同意孙中山的请求，停止对清国的贷款，向新政权派出新的银行团。孙中山在伦敦自然拜访他的老师、救命恩人康德黎。孙中山在康德黎家里看到国内发给自己的电报，收电人只写“伦敦孙中山”，电报局将这封电报送到中国公使馆。虽然是清国公使馆，但公使刘玉麟等基本了解祖国的局势，知道孙中山即使不来公使馆，肯定会去康德黎家里，于是将这封电报送到康德黎那里。清国前一任驻英公使是李鸿章的儿子李经方，直至前一年才离任。

这封电报的内容是推选孙中山为共和国大总统。康德黎询问他是否接受，据说孙中山稍微歪着脑袋，回答道目前如无合适人选，可先担任一段时间。12 月 25 日，孙中山抵达上海。12 月 29 日，各省代表在南京选举孙中山为临时大总统。第二年 1 月 1 日就任。

革命成功是在辛亥年（1911 年），新政权诞生是在壬子年（1912 年），新的共和国命名为中华民国，没有设立元号，称为民国元年。革命派在先前的正式文件中或使用黄帝纪元五千多少年的纪年，或使用纪元两千四百多少年的孔子纪年。1912 年即日本的明治四十五年，明治天皇死去，大正天皇即位。日本惯例，即位这一年立即改元，所以民国元年即大正元年。另外，中国从这一年开始使用阳历，所以阴历还是前一年的十一月十三日。临时政府阁僚由以下人员组成：

陆军总长	黄兴	次长	蒋作宾
内务总长	程德全	次长	居正
外交总长	王宠惠	次长	魏宸祖
财政总长	陈锦涛	次长	王鸿猷
海军总长	黄钟瑛	次长	汤芗铭
司法总长	伍廷芳	次长	吕志伊
教育总长	蔡元培	次长	景耀月
实业总长	张謇	次长	马君武
交通总长	汤寿潜	次长	于右任

引人注目的是，只有陆军、外交、教育三总长是同盟会会员，其他都是同情革命的清朝官员。海军次长汤芗铭曾在巴黎偷偷撬开孙中山的公文包，偷走留学生的革命党名单，密告驻法公使。虽然孙中山是一个胸襟开阔的人，但他也不得不承认革命团体同盟会在行政管理方面尚不成熟。

孙中山根据三民主义的理论，准备进行国民革命，开始实施“革命方略”。三民主义指的是民族、民权、民生。根据孙中山的著作解释，民生主义就是共产主义。按照三民主义的革命日程，分为“军政时期”“训政时期”“宪政时期”三个阶段。军政时期是破坏时期，推翻满洲封建专制，铲除官僚腐败，横扫恶习、迷信、贩卖人口、鸦片等长期毒害中国的东西，净化社会。训政时期是过渡时期，建立地方自治制度，促进民权发展，组织国民大会，制定宪法，并根据宪法由人民选举总统。这个时候，革命政府将政治奉还总统，然后进入宪政时期。所以，革命政府承担第一期、第二期的任务，进入第三期宪政时期以后，才可以说革命真正成功。

以下讲述清王朝崩溃的情况。南北谈判过程中，北方代表唐绍仪找个理由辞职，其实是为了给袁世凯和孙中山直接谈判铺路，双方通过电报进行谈判。

因暗杀摄政王被捕、判处无期徒刑的汪精卫、黄复生获释后按照自己的信念各自行动。黄复生依然坚持使用暗杀的手段。他到天津，与彭家珍等成立京津同盟会，这无疑是暗杀集团。汪精卫与袁世凯的儿子袁克定接触，说服他推动袁世凯赞成共和制度，这样可以救人民脱离兵燹之灾难，当然以推选袁世凯任临时大总统为必要条件。在同盟会的激进派眼里，这个战略无疑是倒退。现在回头看去，汪精卫至死没有改变他当时的政治思想。

摆在袁世凯面前有两条路：

第一条路是接受清王朝的禅让，建立自己的王朝。

第二条路是成为共和国的大总统。

第一条路极为困难，爱新觉罗的清王朝有众多的宗室，他们会坚决反对禅让。即使袁世凯接受禅让，天下的一大半都在“民军”手里，清朝的势力可及之地极少。

袁世凯大概这个时候已经决定以后的政治步骤：先当上共和国的大总统，然后以共和制不适合中国为由，恢复帝制，登基当皇帝。

孙中山与袁世凯的电报谈判最后达成以下几条协议：

一、清帝逊位，袁世凯通知驻京各国公使。

二、袁世凯表明绝对赞成共和主义。

三、在将清帝逊位的布告通知外交使团后，孙中山辞职。

四、参议院选举袁世凯为临时大总统。

五、袁世凯当选为临时大总统后，宣誓恪守参议院制定的宪法。

双方交换的电文留有记录，袁世凯表示，关于君主制还是共和制的国体问题，应该交付国民公决。从中可以窥视袁世凯的本意。孙中山回答道：

文不忍南北战争，生灵涂炭，故于议和之举，并不反对。虽民主、君主不待再计，而君之苦心，自有人谅之。倘由君之力，不劳战争，达国民之志愿，保民族之调和，清室亦得安乐，一举数善，推功让能，自是公论。

他一方面反驳说君主制还是共和制已经决定，无讨论之余地，但同时也恭维袁世凯的苦心自然有人理解，而且还表示如果依靠袁世凯的力量实现南北和解，其功莫大焉，可以“推功让能”——明确地说，就是大家都赞成把大总统的位置让给你。

在孙中山看来，要让各国承认清国的终结和民国的成立，只有清朝最大的实权派人物袁世凯适合此任，也只有他才能制止南北战争，所以愿意高兴地让出总统的位置。

后来孙中山谈到自己当时的心境，表示因为自己的力量不如袁世凯。

党员于破坏成功之后，已多不守革命之信誓，不从领袖之主张，纵能以革命党而统一中国，亦不能行革命之建设。其效果不过以新官僚代旧官僚而已。

他实事求是地说，自己率领这样一个政党，其力量远不及掌握北洋军的袁世凯。世间甚至似有传闻说袁世凯花百万大钱从孙中山那里买到大总统的位置。

消灭清王朝比南北和议简单。皇族们整天忙于开会，但已经没有力量支撑这个王朝。每次开会都是唏嘘叹息，失声痛哭。皇族溥伦等主张，既然满族无望再次成为中华的君主，那就应该尽量获得共和后优待皇族的承诺，必须依靠袁世凯。良弼等坚决反对他们的主张，慷慨激昂地提出要推翻袁世凯内阁，组成宗室内阁，以铁良为军政大臣，进行最后的决斗。他们成立了“宗社党”这样的团体。

不论良弼多么悲壮激愤，满洲八旗就是打不了仗。这在鸦片战争中已经暴露无遗，太平天国战争就是依靠汉族义勇军才勉强保住清王朝的命脉，清军的无能已是众所周知的事实。

良弼位居军谘使要职，是宗社党实质上的党首。但是，与获释的黄复生在天津成立暗杀团的彭家珍用炸弹炸死了良弼。彭家珍心想如果暗杀失败，别人会以为自己是怕死逃命，所以断然实行人体炸弹，同归于尽。良弼身负重伤，死去，彭家珍当场炸死。良弼被炸死后，宗社党此后也几乎无声无息。

剩下的只是逊位皇帝以及皇族的待遇问题，决定保留皇帝尊号，以外国君主所受的那样礼遇对待之，每年支付四百万元作为费用开支，其私产受到中华民国的特别保护，并由中华民国出资继续修建尚未完成的光绪帝陵寝。另外，清朝皇族也和各民族一样，对中华民国的国权、私权与一般国民同等。这不是对皇族的优待，而是为了不让他们受到歧视。

2月12日，宣统帝溥仪逊位。2月15日，袁世凯就任临时大总统，副总统是黎元洪。虽然定都南京，袁世凯却在北京就任，将北京作为政权中心，参议院也从南京移到北京。

国名改为中华民国，中国政体变成共和制，看似议会制民主主义的时代已经到来，然而这不过是幻想。

共和国总统袁世凯梦想当皇帝。他的内阁，总理是唐绍仪，同盟会有蔡元培、宋教仁、陈其美、王宠惠四人入阁。

因为实行议会制，自然允许其他政党的存在。但除了孙中山等的同盟会外，没有别的政党。

特立独行的章炳麟成立统一党。这个考证学的国学大师不喜欢西方的东西。他对满族的清王朝怀有极其强烈的敌意，前面说过，他喜欢穿与汉服很相似的和服。因《苏报》事件入狱后，研读佛经，产生虚无思想。他对议会、主义不感兴趣，是一个独特的人物。

总统袁世凯当然要组建自己的政党，于是成立御用政党“共和党”。

3月成立的中华民国首任国务总理唐绍仪年轻时就是袁世凯的盟友，但他对不是责任内阁深感失望，6月辞职，说是要进入实业界，去了上海。陆徵祥接任总理，9月，变成赵秉钧内阁。民国元年这一年，三届内阁更迭。

袁世凯逐渐显露出他的独裁性。为阻止这个倾向的发展，同盟会决定改组。孙中山北上，来到北京，将同盟会内的各种小派系合并起来，组建新的政党。

这个新党名叫国民党，8月25日成立。第二年，1913年，召集国会。为实现第一大党组阁的政党内阁，宋教仁积极卖力地到处活动，东奔西走，为扩大国民党的势力不遗余力。袁世凯感到害怕，雇人在上海将他暗杀。袁世凯在成立不久的共和党的基础上，拉拢章炳麟的统一党以及其他民主党派，联合成立新的政党——进步党。

然而，在国会里，国民党在众议院占269席，进步党154席；国民党在参议院占123席，进步党只有69席。袁世凯竟然不经过国会的批准，就在向五国借款团贷款两千五百万英镑的协议上签字。他不仅无视国会的存在，还对国民党加以镇压。江西都督李烈钧被撤职，广东都督胡汉民被调往西藏，安徽都督柏文蔚转调四川，国民党系统的这三都督都拥有兵权，袁世凯首先拿这三个人开刀，为他的专制独裁铺平道路。

于是，发生二次革命。李烈钧首先在从长江到鄱阳湖入口处的江西省湖口宣布独立，接着，黄兴在南京组织讨袁军，推举岑春煊为大元帅；奉命调任的柏文蔚在安徽宣布独立，接着，广东、福建也宣布独立。

表面上看，各地发生相当大规模的反叛，但这些受到镇压或贬职而被迫举兵的国民党人既没有事先的准备，相互之间也缺少联系，所以二次革命的力量极为薄弱，甚至似乎早在袁世凯的预料之中，事先已经做好镇压的准备。

1913年7月25日，袁世凯的军队攻陷湖口。湖口连两周都没有守住，李烈钧毕业于日本陆军士官学校炮兵科，不是缺少军事知识，而是没有计划，更确切地说，这是没有时间进行周密审慎研究的仓促举兵，因此正好掉进严阵以待的袁世凯的陷阱里。

李烈钧亡命日本。陈炯明在广东宣布独立，但袁世凯的军队从南昌进入南京，最终还是失败。孙中山从福建逃往台湾。

袁世凯的独裁体制越发肆无忌惮，嚣张狂妄。他逼迫国会通过总统选举法，选举自己为总统。副总统是黎元洪。于是，袁世凯将“临时大总统”中感觉刺眼的“临时”二字去掉，认为这不再是孙中山让给他的位置，而是自己努力的结果。

宪法起草委员会于这一年的10月31日完成宪法草案，提交宪法会议审议。起草委员会的成员多为国民党员，所以宪法强调加强议会的力量控制政府行为的内容。然而，袁世凯突然下令解散国民党，剥夺国民党员的议员资格。于是，中华民国的议会就此覆灭。

袁世凯成立总统的御用行政机构“政治堂”取代责任内阁。

1914年8月，第一次世界大战爆发。各国从本国的利益出发，极力拉拢中国，这对袁世凯的政权十分有利。

五四前后

中国近代的军阀始于曾国藩的湘军，李鸿章的淮军成为北洋军阀，由袁世凯继承。曾国藩和李鸿章都有自己的哲学理念，但袁世凯没有，他只有阴谋权术，所有的行动只考虑自己的核心利益，对自己的部下也深怀戒备之心。

除人称“北洋三杰”的段祺瑞、冯国璋、王士珍外，曹锟、卢永祥、李纯、李长泰等北洋武备学堂出身的将领也是他的心腹。受到袁家关照的徐世昌、典型旧军人张勋也属于袁世凯的人脉关系。尽管有这么多亲信，但没有一个被他认可或被大家公认的继承者。这是因为袁世凯故意不培养自己的接班人。他想当皇帝，皇帝是世袭的，所以不能存在第二把手这样的危险人物。

北洋三杰中，段祺瑞性格激烈，但很有能力。袁世凯极力排挤这个逐渐成为二把手的人物，于是，他的身边只剩下平庸无能之辈。

后来发生军阀混战，其原因应该说罪在袁世凯。袁世凯通过各种阴险手段，压制人才，不让有能力统领本系统军队的优秀人才脱颖而出。

在第一次世界大战这个绝对有利的国际环境下，袁世凯紧锣密鼓地加紧帝制的准备工作。例如冯国璋等到袁世凯家里都要行跪拜之礼，不仅对他本人，甚至对他的儿子也要跪拜，这无疑就是帝制的预演。

在这期间，孙中山等革命派的主流都做些什么呢？热心革命的人们也许都比较天真，不谙世故。他们以为既然成立了国会，就可以像英美那样，由国会操纵国政。英美的国会也许万能，但不适用于中国。有人想当皇帝，还以英美模式套用于中国，显然无法把握国情局势。黄兴等还想让袁世凯加入国民党，推举他为党首，而且实际上还动员过他。让头号敌人成为自己阵营的头号人物，这样的设想不能不说是异想天开，也许是起死回生的妙计，但头号敌人绝不像革命党人这样天真、单纯。袁世凯的回答是如果废除责任内阁，可以考虑入党。责任内阁一旦废除，就是总统独裁，总统就等同于皇帝。这样的话，就不是把敌人拉到自己阵营里来，而是自己向敌人投降，所以袁世凯加入国民党的问题自然无果而终。

从福建逃到台湾再亡命日本的孙中山在反省思考，推翻清王朝取得成功，而自己还不得不亡命日本，问题出在什么地方？他认为是因为革命的火焰燃烧不够。恰好此时他与美貌的宋庆龄相识，在年近五十的时候燃烧起人生第一次爱的火焰，也许他从中领悟到革命火焰燃烧之不足。

在接近政权的时候，国民党过于扩散。在孙中山看来，国民党的前身同盟会在改组为国民党之前，也过于膨胀，吸收很多权欲熏心者、猎官运动者，所以必须恢复到原先的决心为革命舍生取义的秘密组织的状态。

1914 年 7 月，孙中山在东京成立“中华革命党”。三民主义中，清朝已经被推翻，所以不再提民族主义，主张实现民权主义和民生主义。这个“中华革命党”是秘密组织，在筑地的精养轩举行成立仪式。誓词的内容有：党员牺牲个人的生命、自由、权利服从孙中山，再举革命，严守秘密，生死与共，若有二心，甘受极刑。大会任命孙中山为总理，总务部部长陈其美，党务部部长居正，军务部部长许崇智、副部长周应时，财政部部长张静江、副部长廖仲恺，政治部部长胡汉民，宣传部部长张继。设立相当于辅佐总理的副总理的协理一职，预定由黄兴担任，但是他没有加入中华革命党，而是去了美国。据说因为黄兴是湖南人，自负心使他无法接受绝对服从孙中山的誓言。

陈其美是浙江人，在上海拥有自己的地盘，与秘密结社的关系也很深。这个中华革命党具有浓厚的秘密结社会党的色彩，多有如秘密仪式的誓词等诸多共同点，据说党员中有不少是会党的成员。另外，从党员的籍贯来说，广东人偏多，所以也许不能不说是孙中山个人的政党。日本的孙中山研究家铃江言一[1]评论孙中山为“会党中毒”。

孙中山认为，武装革命所能依靠的就是侠气以及拥有武器的秘密结社——会党，这是他的一贯思想。他从革命初期开始就与哥老会等洪门联合，以至于对日本的大陆浪人也很相信。其实，支援孙中山的日本人鱼龙混杂，其中也有卖废品武器让他尝尽苦头的家伙。

秘密结社虽然广泛扎根于社会底层，但就国民总数而言，他们人数极少，多为运输业者和市民阶层，很少渗透进占国民大多数的农民中去。

孙中山高度评价他们的反抗精神，试图作为革命的力量，后来他意识到，挖掘调动广大农民的反抗精神才是真正重要的课题。

孙中山成立中华革命党是对同盟会扩大后成为国民党从而导致组织涣散松弛的反省的结果，极力恢复同盟会初期的革命初衷。这是一个人数不多的精英分子的秘密政党，恐怖主义和武装起义是这个党的武器，但无法顺应时代的巨大潮流，甚至无法采取适当的行动反对袁世凯的帝制。中华革命党在震撼中国文化的新文化革命五四运动中也未能站在领导的地位。

我以下将要讲述五四运动，置身于这个群众运动之外的中华革命党深切认识到自己的狭隘性和局限性。发生五四运动这一年（1919 年）的 10 月，中华革命党改名为中国国民党，改变性质，成为公开化的群众性的政党。

二次革命被镇压下去的 1913 年的年末，袁世凯在中央政治会议上发言时这样说道：

国力之强否，视其内政外交之若何，而内政外交之善否，又视其政府之强固与否，而国体之为君主、为民主不与焉。

---

① 铃江言一（1894—1945 年）：1919 年来北京，五四运动后与北京大学进步人士交往，结识胡鄂公、施洋、邓中夏、张友渔、齐白石、陈翰笙、史沫特莱等，对中国社会、中国革命和中国共产党有了认识，逐渐同情中国革命。1926 年任“满铁”调查部研究生，后加入中国共产党，至死坚信中国共产党一定在中国获胜。抗战期间，为中日和平而奔走。著有《孙文传》《支那革命的阶级对立》《中国解放斗争史》。——译注

这个发言就是肯定君主制，可以视为袁世凯为实现帝制埋下的伏笔。他谈到外蒙古的自治问题，即使签订中俄协定，库伦的“独立”也不会被俄国取消；他还说英国在西藏问题上也不会让步，然后归结道：因为现在我国内政混乱，所以在外交上产生这些问题。不言自明，这都是政府权力的软弱导致的结果。

袁世凯想说的是由于成立国会、政党以及其他政府机构导致自己权力的削弱，才招致外国的侵略。那么，如何加强袁世凯的权力呢？上述演说内容已经相当露骨地表明他的真实意图——我要当皇帝！

1914年，孙中山在东京成立封闭性的政党中华革命党的第二月——8月，欧洲战争爆发。这就是第一次世界大战。同样都是世界大战，与第二次不同，第一次世界大战的主战场在欧洲。中国宣布中立，但日本因为日英同盟在有效期内，所以对德宣战，占领德国在中国的租借地山东半岛的青岛一带，实行军政。

当全世界的目光都关注欧洲的时候，正是日本侵略中国的好机会。驻北京的日本公使日置益[①]也向东京建议，认为这是“解决对支交涉案件的绝好机会”。东京方面似乎反应过激，判断如果失去这个机会，等到世界大战结束，必然会招致列强的干涉，于是提出一揽子的“二十一条要求”。

按照日俄战争的《朴次茅斯和约》，包含旅顺、大连在内的关东州租借地必须在1923年（大正十二年）归还中国。“满铁”中，安奉线于1923年、其他线于1939年（昭和十四年），如果中国要求购买，有义务予以满足。期限已经逼近。日本为永久确保这些权益，要求延长到九十九年。香港的新界租地也是如此，九十九年在当时意味着“半永久”。

为确保半永久地获得权力，日本要求在日本援助下有效维持治安，改善内政；要求为保证日本人的居住、营业的自由承认具有土地租赁权、所有权，并且在外国要求借款、雇用外国顾问时必须得到日本的承诺等。这无疑是日本垄断性地排他性地、将该地划入本国的势力范围，将东三省殖民地化。

日本自然要求将德国的旧权益全部让给日本，要求中日合资经营汉

---

① 日置益（1861—1926年）：明治至大正时期的外交官。曾任驻俄国、清国、德国、中华民国、瑞典等公使。在驻中国公使期间，是日本对华“二十一条要求”的谈判代表，并签订《二十一条》。——译注

冶萍公司。其实，授予日本铺设武昌、九江、南昌铁路以及南昌潮州铁路权限，接受日本的武器供应，中日合资建造兵工厂这些包含在第五号里的内容已经不是要求，而是“劝予实行”。

如此规模庞大的要求连提出建议的日置益公使都感到为难，请求东京“减量”，但大限内阁的加藤[1]外相不同意，还是按照原来方案向中国提出。

日本于1915年1月18日提出“二十一条要求”。日本选择的时机的确很好，西方列强忙于世界大战，没有提出干涉，于是日本与中国反复谈判。袁世凯政权也害怕如果全盘接受这些要求，会在国内引起轩然大波，于是表示抵制的态度，双方谈判多达二十五次。5月7日，日本提出最后通牒。5月9日，中国政府最终不得不接受日本的要求。

由于袁世凯政权接受日本的“二十一条”，中国各地掀起汹涌澎湃的排日运动。日本吞并韩国以后，凭借国力向大陆伸手成为国家的意志。日本自从与西方列强为伍，全国笼罩着以仿效列强对外实行侵略为国是的气氛。

在第一次世界大战的华盛顿会议上，日本不得不放弃在山东的权益以及在“南满”、蒙古东部的借款、顾问的优先权。如此看来，当初就不应该提出那么大胃口的要求，这不能不说是大限内阁的失败。

清王朝崩溃的原因在于国民开展的大规模的“恢复利权”运动尤其集中在铁路铺设权，引起骚乱，使得武昌起义成为可能。如果了解这些情况，就会理解中国人民对外国要求新的利权会做出何等敏感的反应。当时中国并没有和日本打仗，而日本趁着世界大战的混乱时期，提出如此无理的要求，只能给中国人民造成巨大的不快。可以说，这是日本近代外交最大的失败。

据说日本的“二十一条要求”使得袁世凯的帝制计划推迟了一年。

---

① 加藤：即加藤高明（1860—1926年），明治至大正时期外交家、政治家。参加桂太郎的立宪同志会，桂去世后，继任该会总裁。1916年改立宪同志会为宪政会。1914年任大限内阁的外相，主张对内增强军备，对外参加第一次世界大战，并对华提出“二十一条要求”。曾两次组阁。——译注

袁世凯的儿子袁克定（顺利的话，他已经当上了皇太子）这样辩解道：所以要向日屈服，只是因为中国不能抗日。为何不能抗日？因为陆军不能作战，陆军部务无人负责，所以政府只好接受“二十一条”。

这显然是作为皇太子的发言。觊觎帝位的袁世凯最大的敌人是二把手段祺瑞。在袁世凯受到摄政王的迫害而下野以及后来埋头政治的时候，段祺瑞掌握北洋军的大权。袁世凯打算建立自己的禁卫军，培训称为模范团的军队，但这支军队不能实战，所以打仗还是要依靠北洋军。袁世凯准备排挤陆军部总长段祺瑞，亲自掌管北洋军，于是由袁克定出面批评陆军部，段祺瑞不得不辞去总长的职务。他列出食欲不振、失眠、咯血等一大堆疾病，隐居西山。袁世凯本以为这样自己可以掌管北洋军，但北洋军已经成为段祺瑞的军队，于是只好分家。

袁世凯成立“筹安会”为复辟帝制做准备，由他的跟班杨度挂帅。杨度写有《君宪救国论》的著作。这个筹安会表面上是以研究民主还是君主的国体更适合中国为目的，其实答案一开始就已经有了。同盟会的严复、刘师培也参加这个会。刘师培在日本的时候与幸德秋水[①]等社会主义者、无政府主义者交往，创刊《天义报》，可以说是中国无政府主义者的先驱。辛亥革命时，他背叛革命，投靠清王朝的端方。据说这是因为受妻子何震的影响，但最终堕落到成为袁世凯实现帝制的马前卒。

即使实现帝制，也必须得到外国的承认。袁世凯便聘请美国人古德诺博士为政治顾问。此人曾是哥伦比亚大学的教授，他在《共和与君主论》中这样写道：

盖中国欲保存独立，不得不用立宪政治，而从其国之历史习惯、社

① 幸德秋水（1871—1911 年）：日本早期社会主义运动活动家、思想家。1887 年去东京参加自由民权运动，后入中江兆民门下。曾任《自由新闻》《中央新闻》《万朝报》等报社记者，同时翻译《共产党宣言》等马克思著作，为亚洲介绍马克思著作第一个人。1898 年加入社会主义研究会。1901 年和片山潜等创建日本第一个社会主义政党——社会民主党。1905 年流亡美国，加入美国社会党，倾向无政府主义。1909 年创办《自由思想》杂志，主张与片山潜等采取的议会主义合法斗争相对立的“直接行动”。 1910 年，日本政府为了一网打尽社会主义者和无政府主义者，炮制所谓图谋暗杀天皇的“大逆事件”，他作为首犯被捕，翌年被处死刑。著有《二十世纪的怪物——帝国主义》《社会主义神髓》等。——译注

会经济之状况，与夫列强之关系观之，则中国之立宪，以君主制行之为易，以共和制行之则较难也。

有人为古德诺辩护，认为这只是他个人的学术观点，然而，只要不是相当的轻率武断，就不会相信这样的诡辩。

日本的法学博士有贺长雄[①]也应邀担任袁世凯的政治顾问，表示赞成帝制。日本驻北京公使日置益提出“二十一条要求”的时候，对袁世凯说道：

若开诚交涉，则日本希望贵大总统再高升一步。

这是以承认袁世凯的帝制换取袁世凯接受“二十一条要求”。胡绳在《中国近代史》(1947年)中将日置益公使的上述讲话作为一章的标题，刘彦的《欧战期间中日交涉史》（1921年）也有引述。近年出版的丁中江的《北洋军阀史话》说，日置益表示：如果两国的悬案得以解决，日本政府愿意给予总统更多更大的帮忙。丁中江的引述出典不明，但公使不通过外交部，而是直接向总统提出这样的要求，非同寻常。日本方面害怕泄密，故而隐瞒，似乎是老奸巨猾的袁世凯故意泄露出去，日置益公使绕开外交部的做法并没有产生预期的效果。

袁世凯对筹安会的骨干们说外交方面没问题，让他们尽快推动实现帝制。筹安会表面上是研究团体，但梁士诒（袁世凯内阁的邮传大臣）等成立“全国请愿联合会”，制造全国人民恳请袁世凯称帝的假象，于是袁世凯顺乎民心地即位称帝。

袁世凯甚至将日本的“二十一条要求”作为自己称帝的手段，日本的无理要求会给中国造成危机意识，如果没有一个强权者，各国列强的要求将会越来越苛刻，因此故意将内容泄露出去。

袁世凯以全国拥戴的形式即位。1915年12月12日在北京怀仁堂接见高官们，宣告即帝位。第二年，1916年改元洪宪元年。

---

① 有贺长雄（1860—1921年）：法律学者，社会学者。1913年担任袁世凯的宪法及附属法顾问。其《社会学》奠定了日本的社会学体系。代表作还有《国家学》《近时外交史》等。——译注

袁世凯在怀仁堂的演说这样说道：

大位在身，永无息肩之日，故皇帝实为忧勤惕厉之位，决不可以安富尊荣视之。且历代皇帝、子孙鲜有善果，平时一切学问职业皆不自由，故皇室难期发达。予为救国救民计，已牺牲一身，今后还将牺牲子孙。

当时中华民国在北方使用代表五族协和的五色旗，在南方使用青天白日旗，但袁世凯打算在五色旗中加入太阳的图案作为国旗，大概是为了表示自己是五族拥戴的皇帝吧。

对信誉坠地之袁世凯，支那多数人民以卖国之所为，攻击猬集，国论沸腾。

这是大正三年（1914 年）黑龙会向日本外务省提出的《对支问题解决意见》中的一段话。当时袁世凯尚未称帝，但已经看出袁世凯的卖国行径在国内臭名昭著。黑龙会是一个主张日本垄断中国权益的国益核心主义的组织，对显示出随意摆弄各国姿态的袁世凯本来就没有什么好感。

给清王朝的末代幼帝下最后通牒的人如今居然自己要当皇帝，连没有文化的市井庶民都感到荒唐无耻，十分愤慨。知识分子都清楚袁世凯镇压国会，推行利己主义的拥戴运动。

全国掀起声势浩大的反对运动，这就是三次革命。点燃这次革命火焰的是湖南人蔡锷，他曾在梁启超的时务学堂学习，后来留学日本的士官学校。辛亥革命时，蔡锷二十九岁，云南协领，举兵呼应，平定云南，任云南军政府都督。他没有参加二次革命，袁世凯对他怀有戒心，将他召到北京。在确定袁世凯准备帝制后，蔡锷逃离北京，经日本、越南进入云南，成立讨袁军。因为是拥护共和国的军队，称为护国军，进兵云南、贵州、四川，这期间广东和广西宣布独立，波及浙江、陕西、江西、湖南、新疆。甚至连袁世凯身边的人也反对称帝，无奈之下，袁世凯只好放弃帝制。

袁世凯召集立法院，宣布退位。他坐在皇帝的位置上八十三天。虽然皇帝退位，但还保留着总统的地位，以图死灰复燃。不过，这个梦想以他6月6日死去成为泡影。

蔡锷指挥护国军举兵的时候就已经患有喉咙结核，三次革命成功以后，他去日本疗养，但11月死于福冈。后来成为中国共产党的军队最高领导人的朱德进入云南讲武堂，在蔡锷领导下参加辛亥革命，少将军衔，率领护国军第六支队进击四川。蔡锷死后，云南、四川的军队变成军阀，朱德也不例外。后来，他来到上海，戒掉鸦片，留学德国，在柏林结识周恩来，由周恩来介绍加入中国共产党。这一段经历非常著名。

袁世凯和蔡锷这一对对立面人物在同一年死去。湖南的热血男儿黄兴也在这一年的10月死于上海。

袁世凯死后，黎元洪任大总统，但实权掌握在国务总理段祺瑞手里，看来根本就没有食欲不振、失眠这样的毛病。军阀混战时代就此开始。

关于讨袁运动，寺内①内阁的外相后藤新平在其著作《日支冲突之真相》中说日本政府“出扰乱中国全国之策，卷起中国各地抗袁运动”。如果按照这个说法，中国的蔡锷等拥护共和制的军队反袁运动似乎都是日本的鼓动策划，但其实这是后藤新平的夸大其词。从黑龙会的分析也可以看出，袁世凯已经信誉坠地，爆发反袁运动是势所必然，根本不是日本的策划。只是梁启超进入广西护国军的根据地这件事，得到日本方面的关照。他乘坐横滨丸前往香港，换乘妙义山丸在海防上岸，日本人为他这次没有签证的旅行担任警卫。

袁世凯死后，北洋军阀的段祺瑞和冯国璋抛弃前嫌，重归于好。这两个北洋巨头的分道扬镳其实是袁世凯精心策划的谋略，不能让他们联手共同对付自己。从这一点看，应该说袁世凯是一个天才的谋士。

---

① 寺内：寺内正毅（1852—1919年），军事家、政治家。曾任陆军大臣、教育总监、“南满洲”铁道设立委员长。1907年任“韩国统监兼第一任朝鲜总督”，实行对朝鲜的殖民统治，完全吞并朝鲜。1916年组阁，兼任外务大臣和大藏大臣。对外采取强硬政策，扩大日本在中国的势力范围。俄国革命发生后，主张日本出兵西伯利亚，控制西伯利亚铁路主干线，以加强日本在中国东北的利益。1918年东京发生米骚动，辞职。——译注

段祺瑞和冯国璋的联合是为了对抗非北洋派系的副总统黎元洪（袁世凯死后升任总统）以及西南军阀。我对详述军阀混战不是很感兴趣，A和B貌似联合，实际上B又陷害A，如此钩心斗角、互相攻击，错综复杂，反复无穷。这样的争斗对中国历史的发展毫无意义，不过必须指出，军阀都有各自的列强背景，在此只是简单叙述。

袁世凯死后，黎元洪任总统，冯国璋任副总统，段祺瑞任国务总理。

段祺瑞的背后是日本，寺内内阁给段祺瑞贷款五亿日元，臭名昭著的西原借款①一亿五千万日元包含其中。因为是借款，就以铁路、森林、矿山、印花税等作为抵押。不仅借款，日本还将武器实物借给段祺瑞政府，甚至还有“参战借款”这种莫名其妙的怪异名目。这个名目是训练中国士兵以参加世界大战的费用，但实质上是提高段祺瑞军队战斗力的借款。青木②中将等大批财政顾问、政治顾问、指导训练的军官来到中国。

冯国璋的背后是英美。因为他长期在南京、上海等英国势力范围的长江下游地区。

段祺瑞和冯国璋虽然联合，但后台老板不同，他们的同盟关系也不会持续很久。这个时候，参战问题被提到日程上来。世界大战的主战场在欧洲，中国参战算怎么回事，但参战可以对国内的政治势力平衡产生影响。

黎元洪总统反对参战，段祺瑞总理赞成参战。

这可以说是府院（总统府和国务院）对立。当时，康有为支持总统的不参战，而他的弟子梁启超支持总理的参战，令人摸不着头脑。

---

① 西原借款：1917年至1918年间段祺瑞政府和日本签订的一系列公开和秘密借款的总称。西原龟三是北洋军阀政府的政治军事顾问，段祺瑞为推行“武力统一”政策，不惜出卖国家权益，向日本大量借款，通过西原龟三商办议定吉会铁路、满蒙四铁路、吉林、黑龙江两省的森林和金矿、有线电信、参战、交通银行等八项借款，共计1.45亿日元。通过这一借款，段祺瑞把中国山东和东北地区的铁路、矿产、森林等权益大量出卖给日本。段祺瑞利用这一借款，建立参战军，进一步加强皖系军阀的实力。——译注

② 青木：青木宣纯（1859—1924年），1884年任驻参谋本部人员，热心钻研中国问题，被派往广州从事情报搜集工作。1897年被参谋本部派往北京，首任驻清国公使馆武官。他在北京设立特务机关，对外则以“青木公馆”的名义开展谍报活动。1908年任驻华武官，为袁世凯顾问。 1912年晋升中将，任旅顺要塞司令官。1917年任黎元洪总统的最高军事顾问。青木在中国活动达数十年之久，可以说是陆军中首屈一指的“中国通”。——译注

黎元洪打算先下手为强，要罢免段祺瑞，但按照共和国责任内阁制的规定，如果没有总理的副署，所有的命令都无效。无法罢免段祺瑞，黎元洪心急如火，请求长老们出面调停，但谁也不愿意引火烧身。唯有张勋妄想火中取栗，在辛亥革命六年之后，此人依然留着长辫，完全是清朝的遗臣。当时黎元洪决定和德国断交，但张勋在二次革命的时候曾从德国的租借地借来武器弹药，是一个亲德派。德国唆使张勋将黎元洪赶下台，另行组建政权。

张勋是汉人，却保留长辫，对这个清朝遗臣来说，所谓另行组建政权，无非就是清朝复辟。保皇思想根深蒂固的康有为与张勋勾结一起，把废帝溥仪抬出来，开始复辟清朝的闹剧。

这正是段祺瑞求之不得的，共和国的总统居然参与清王朝的复辟，那不能不辞职。德国正忙于欧洲战场，无力援助辫子将军张勋。复辟不过是一场闹剧，十二天就无果而终。

按照籍贯称呼，段祺瑞是安徽派，冯国璋是直隶派。起先安徽派占优势，但欧洲战争结束后，英美重返中国，直隶派势力增强。直隶派有一个实权者曹锟，他的部将吴佩孚也逐渐得势。这个时候，冯国璋死去。

在安徽、直隶两大军阀以北京为中心争权夺利期间，张作霖军阀在东三省异军突起，众所周知，他的背后也是日本。张作霖军阀称为奉天派。

奉派介入直隶与安徽之争，站在直隶一边。奉天派与安徽派的背后都是日本，本以为奉天派会与安徽派联合，没想到倒向直隶派。结果安徽派惨败，段祺瑞没落下去。但是，联合起来的奉天派与直隶派因为分赃不均又翻脸打起来。

奉直战争有过两次，第一次是直隶派获胜，曹锟成为总统；第二次是直隶派的冯玉祥反叛同样是直隶派的吴佩孚，号称国民军，攻占北京，幽禁总统曹锟，没落下去的段祺瑞重新出来临时执政。

这样变化无常的局面，令人头昏脑涨。但冯玉祥的出场引人注目。他是新建陆军出身，外国人更熟悉他的“基督将军”的名字。他是基督教徒，认为军队属于国民，所以把自己的军队称为国民军。取消清皇室的优厚待遇，将废帝溥仪赶出紫禁城的就是这个冯玉祥。

张勋的复辟闹剧是在 1917 年，直皖战争始于 1920 年，第一次直奉战争是 1922 年，第二次直奉战争是 1924 年。

打过两次大战的直奉两军在日、英两国的调解后联合起来攻打冯玉祥激进的国民军，国民军退出北京。

直隶派的吴佩孚与奉天派的张作霖两巨头在北京会晤，协商对抗南方革命势力的策略，决定各自分担相应的任务。因为空余着一些位置，引起双方权位之争，于是决定不设总统一职。

张作霖是马贼出身，关于他的传说很多，真伪莫辨。烧杀抢掠，无恶不作，然而成功地将东三省置于自己的统治之下。他的后台是日本，日本打算在东三省建立张作霖这个傀儡政权。

在军阀混战时期，中国发生比军阀混战更加重要的事件，这就是五四运动。1919 年 5 月 4 日只是作为反对日本侵略的示威游行运动的象征性名称，五四运动不止 5 月 4 日这一天。

前面说过，1919 年，袁世凯接受日本提出的“二十一条”。

1917 年，中国与德国断交，参加世界大战。美国也在这一年的 2 月参战，通过驻中国公使芮恩施提出希望与中国采取共同行动，中国表示同意。日本对此提出抗议。日本也是参战国，虽然欢迎中国参战，但中国与美国之事事先没有和日本商量，日本表示遗憾。

1917 年是俄罗斯发生革命的重要年头。这一年的 11 月，缔结《石井—兰辛协定》[①]。这是日本特命全权大使石井菊次郎[②]与美国国务卿罗伯特·兰辛交换的公文。

日本要求美国承认它通过“二十一条”所获得的在华权益，而美国主张对于在华权益必须门户开放、机会均等。在华权益竞争的过程中，

---

① 《石井—兰辛协定》：1917 年 11 月 2 日，日本外务大臣石井菊次郎与美国国务卿兰辛就分割在华殖民权益达成协定，称为《石井—兰辛协定》。第一次世界大战期间，日本扩大在华权益，招致美国不满。日本特使石井赴美谈判，双方交换公文。其中规定美国承认日本在中国拥有“特殊利益”，日本同意两国有权“维护”中国领土完整、门户开放等。美日拿中国主权作交易，激起中国人民不满，中国政府也不予承认。——译注

② 石井菊次郎（1866—1945 年）：政治家，外交官。曾任驻法国、美国大使，国际联盟日本代表团议长，日内瓦海军裁军会议的日本全权代表。1907 年参加日美《君子协定》的谈判，1917 年与美国国务卿罗伯特·兰辛签订《石井·兰辛协定》。1929 年任枢秘密顾问官。——译注

美国动手比较晚。日本的“二十一条要求”与美国的主张相抵触，但日本表示“领土相近的国家之间，自然发生特殊的关系”，要求美国承认日本在华的特殊权益。美国方面则要求日本承认“保障中国的独立、领土完整，支持在华的门户开放、机会均等主义”。于是，双方互相承诺，美国承认日本的在华特殊权益，日本不反对美国的门户开放主张。对于日本所说的“领土相近的国家”，美国解释为只是指东三省。美国认为门户开放是本协定的根本，而日本认为特殊权益遍及全中国，门户开放是次要的。

这个协定因1922年的华盛顿会议的《九国公约》成为一纸空文，但此前起过很大的作用。根据此协定，日本政府与段祺瑞政权签订军事协定，才有可能于1918年出兵西伯利亚。

在中国看来，日、美两国在协商如何侵略中国。中国担心日本的“特殊权益”被美国承认，首先加速东三省殖民地化的进程。这样的担心是理所当然的。

由于欧美忙于第一次世界大战，相对减轻了对中国的压力，中国的民族经济取得相当程度的好转，这意味着奠定了资产阶级革命的基础。寄希望于辛亥革命实现近代化的知识分子被军阀体制打破了梦想，所以致力于“国民性的改造”。

日本与段祺瑞政权缔结的军事协定承认日本在中国具有军事优越权，自然引发强烈的反对运动。陈友仁在英文报纸《京报》上发表题为《出卖中国》的社论，被捕，报社被封。许许多多的留学生从日本回国提出抗议，民间团体也掀起抗议活动。

俄国革命的成功大大激励人们的勇气。1919年1月召开巴黎和会，但中国代表一无所获，取消“二十一条”、撤退外国军队和警察、收回关税自主权等所有的要求甚至根本就没有成为议题。中国是参战国，都无法收回在本国领土山东上被德国占领的权益，而是由日本继承德国在山东的权益。

中国燃烧起愤怒的烈焰。

1919年5月4日，中国掀起了辛亥革命时所未有的、反袁世凯运动时也未有的、形式完全不同的群众运动。先前的革命运动大抵都接受外国的支援，甚至出现不少竞争获得外援的情况。然而，五四运动不向任何外国妥协，是一场完全依靠自己的力量、不抱任何幻想的爱国运动。

人们的脑海里清晰地刻着“二十一条”。日本的报纸报道说《北京突然发生排日运动》，然而，这不是简单的排日运动。

5月1日，报纸报道巴黎和会无望收回山东权益的消息后，北京大学当天就召开学生代表紧急会议，5月3日召开全体学生临时会议。

四年前，1915年5月7日，日本就“二十一条”下达最后通牒，第二天，中国政府就宣布全部接受。从此以后，5月7日就成为“国耻纪念日”，成为抗日节。1919年5月3日的全体学生会议决定在5月7日国耻纪念日这一天举行大规模的示威游行。会场气氛极其激昂亢奋。虽然五月七日国耻纪念日这一天按预定举行示威游行，但明天就要把中国人民的意志告诉各国在京公使馆。各国参加和会的代表还在巴黎，各国公使馆可以通过电报将中国人民的意志转告巴黎的代表。事不宜迟，抓紧时间。

5月4日下午一点，各校学生三千多人集中在天安门前。前往各国公使馆的学生代表被以星期日为由拒绝见面，但学生队伍转向反对卖国贼、惩罚卖国贼的行动。他们来到位于石大人胡同的曹汝霖住宅。曹汝霖曾留学日本早稻田大学，娶日本人为妻，当时任交通部总长，但签订“二十一条”的时候任外交部次长。学生们闯进曹宅，看到会客室的墙上挂着大正天皇的照片，情绪更加激烈。曹汝霖藏在夫人的床下，没有被发现，恰好此时学生要寻找的另一个对象章宗祥前来曹宅拜访。章宗祥曾留学东京大学，担任过驻日公使，参与过对日借款的谈判。

美国在巴黎和会上为中国对日本显示出相当强硬的态度，但据说知道中国在西原借款的换文上写有中国方面“欣然同意日本政府的提议”这样的文字后，不再理睬中方的要求。学生从巴黎发回的报道中也得知这个情况。章宗祥是中方的换文负责人，所以遭到学生们的痛打，有人认为学生错把章宗祥当作曹汝霖。

参加示威游行的学生有三十人被捕。北京的五四运动迅速扩大到全国，宣布总罢工。6月3日，北京的学生再次走上街头，进行宣传，一千多人被捕。天津、广州、上海、成都等主要城市开展抵制日货、反对巴黎和约的运动，长期持续。

政府采取逮捕、镇压的强硬态度，但同时不得不解除曹汝霖、章宗祥的职务。参加巴黎和会的中国代表害怕被烙上卖国贼的印记，不等国内的指示就拒绝在和约上签字。

五四运动不应该仅仅强调其行使爱国主义的实际行动的一面，更应该关注中国知识分子思想意识的进步足以导致五四运动的爆发。陈独秀于1915年创办的《新青年》所产生的启蒙作用受到高度评价。“白话文”已经固定下来。鲁迅的《狂人日记》于五四运动的前一年1918年发表在《新青年》上。

五四运动应该也包含胡适等的文学革命，思想革命及其外延都与五四运动有关。对前途丧失信心的知识分子也通过五四运动恢复了自信。鲁迅这样评述《狂人日记》的时代：

> 见过辛亥革命，见过二次革命，见过袁世凯称帝，张勋复辟，看来看去，就看得怀疑起来，于是失望，颓唐得很了。

但是，并没有颓唐，经历过反抗帝国主义的斗争，朝着个性解放的方向飞跃。可以说，五四运动是十五年战争中抗日民族统一战线的前哨战。

十五年战争

出席巴黎和会的中国全权代表有五人，以外交部总长陆徵祥为团长，其中的王正廷是广东军政府代表。北京政府之所以让他参加，是为了对外显示在外交问题上南北意见一致。

广东军政府成立于 1917 年。在上海的孙中山与海军总长程璧光一起乘坐军舰前往广东，反段祺瑞的议员也集中在广州。但召集国会还是不够法定人数，于是在 8 月 30 日召开非常国会，决定成立军政府。孙中山被推选为大元帅，陆荣廷和唐继尧任元帅。唐继尧是云南都督，曾协助蔡锷的反袁运动。

北京政府发布对孙中山等以及在广东的议员的逮捕令，开始形成南北对立的状态。

盘踞在两广的陆荣廷等不愿意看到孙中山的势力扩大，所以决定通过包含孙中山在内的七人政务总裁合议制运作广东军政府，为此孙中山辞去大元帅之职，经日本去上海。这个决定也就被搁置起来。

段祺瑞命令讨伐南方，但北方各部队都害怕自己的势力被削弱，不想用心打仗。五四运动的时候，召开南方和平会议，尚未取得进展。孙中山辞职离开以后，广东军政府无法正常运转，国民党系统的议员几乎都离开广东。

五四运动这一年（1919 年）的 10 月 10 日，中国革命党进行改组。孙中山对国民党的松弛怠惰感到绝望，曾成立秘密结社性质的中华革命党。但由于这个党过于封闭，所以重新创建公开化的中国革命党，虽然绝对服从孙中山这一点没有变化，党纲却吸纳极具进步性的内容。

1921 年 7 月，中国共产党在上海召开第一次全国代表大会，宣布成立。现在认定成立的日期为7月23日。毛泽东作为湖南代表出席一大。在此之前，就已经存在共产主义小组。这一年4月，广东国会通过中华民国政府组织大纲；5月，孙中山就任总统。在法国的周恩来等成立留学生的共产主义团体据说是在1922年。

五四运动时期可以说是“组织”的时代。单一的、自发的，或者是突发性的政治运动在各个阶段都具有组织性。1923年发生的收回旅顺、大连租借地运动比以往任何运动都具有组织性。

日本通过日俄战争获得俄国出让的在旅顺、大连的权益于1923年3月26日到期，日本试图通过“二十一条”要求将其延长到九十九年，但由于中国人民的反对，未被承认，所以届时将会被中国政府收回。中国政府也向日本政府提出谈判废除“二十一条”，但日本以“二十一条”有效为由拒绝进行谈判。只要日本坚持“二十一条”的对华外交体制，中国的抗日运动就不会停止。

孙中山于1921年5月在广东就任的是“中华民国正式政府”的总统。此前（1918年5月—1920年6月）的七人总裁制的政府是“护法军政府”、通称“广东军政府”的改组。改组前的护法军政府（1917年9月—1918年5月）也是以孙中山为大元帅，陆荣廷和唐继尧为元帅，但孙中山对两次护法军政府都不满意。可以说，“中华民国正式政府”才真正是孙中山自己的内阁，其主要成员如下：

大总统　孙中山
秘书长　马君武
外交部部长　伍廷芳
内务部部长　陈炯明
财政部部长　伍廷芳（兼）
陆军部部长　陈炯明（兼）
海军部部长　汤廷光
参谋总长　李烈钧
大理院长　徐　谦

这是一个小政府，但护法军政府时代的元帅、七人总裁之一的陆荣廷试图与北方政府勾结，引兵入广东。这是广西派军阀陆荣廷的反叛。但广西派内部有人将此事密告广东，于是广东的正式政府先发制人，发兵占领梧州、南宁。湖南自治军也从岳州开始进攻，来势凶猛，逼迫两湖巡阅使王占元辞职。北方政府派吴佩孚进入湖南，重新占领岳州。

孙中山打算就此开始“北伐”，攻占桂林，作为根据地，命令陈炯明在广东负责后勤补给。但陈炯明暗通北方的直隶派。此人在辛亥革命时参加惠州的举兵，与胡汉民一起攻占广州，但由于权欲极强，想当军阀，在孙中山回广州的时候，陈炯明发动政变，袭击总督府。孙中山夫妇听到枪声后，身穿便服徒步走出总督府，政变的士兵误以为是自己方面的高官，放他们通行。据说政变者一心以为孙中山会乘坐汽车逃跑，只做这方面的应对措施。孙中山走到岸边，登上军舰。海军没有参加政变。

北伐军已经出发，李烈钧的部队进入江西，逼近吉安，准备攻打南昌。此时得到广州发生政变的消息，许崇智立即退到福建，其他大部分军队返回桂林。孙中山在军舰上生活五十多天后，经香港去上海。孙中山统一南北的梦想就此破灭。

第二年，1923年，孙中山再次回到广东。他一心期待南北统一，这一次的政府不设总统，自称大元帅，避开政府的名称，称为大元帅府。由杨庶堪任秘书长，谭延闿任内务部部长，廖仲恺任财政部部长。

孙中山对国民党进行大刀阔斧的改组。世界大战结束以后，西方列强的帝国主义蛮横态度依然如故，孙中山开始对苏维埃发生兴趣。列宁派遣秘书马林来到中国，马林在北方会晤吴佩孚，在南方会晤在桂林准备发动北伐的孙中山。

孙中山似乎对苏联的“新经济政策”深感兴趣。从他对廖仲恺的谈话可以看出，他对经济不是很发达的俄罗斯在革命以后实行马克思主义表示相当大的疑问。他说实行的情况还看以后很长时间，但马林所说现在的新经济政策与自己的民主主义不期而合。

孙中山让廖仲恺负责改组国民党。苏维埃代表越飞去日本途中与孙中山会晤。越飞承诺为中国的国民革命援助国民党，与孙中山发表共同宣言。其中这样写道：

孙逸仙博士以为共产党主义组织甚至苏维埃制度，事实上均不能引用于中国，因中国并无可使此项共产主义或苏维埃制度实施成功之情形存在之故。此项见解，越飞君完全同感，且以为中国最重要、最迫切之问题，乃在民国的统一之成功，与完全国家的独立之获得。关于此项大事业，越飞君并向孙博士保证，中国当得到俄国国民最挚热之同情，且可以俄国援助为依赖。

之后涉及权益问题（苏俄宣布放弃所有权益），两国在签订没有成见的协定之前，承认现在的铁路管理协定的暂时性。

因陈炯明的政变被迫出走上海的孙中山在这里会晤中国共产党的李大钊。在中国共产党第二次全国代表大会上通过了共产党员以个人资格加入国民党的议案。孙中山表示以“三民主义”的基础作为加入的条件，同意李大钊的要求。

国民党改组的原因还因为整个社会弥漫着五四运动的气氛。从这个意义上也可以证明，五四运动是中国近代史上的重大事件。秘密结社性质的、涣散的、猎官的、封闭的、乡党的……各种缺点的国民党经过改组，成为一个追求三民主义这种民主主义的、前所未有的战斗性的集团。共产党员以个人资格加入国民党，这也有华兴会、光复会的成员以个人名义加入同盟会的先例。

改组宣言这样写道：

吾党组织，自革命同盟会以至中国国民党，由秘密的团体而为公开的政党，其历史上之经过垂二十年。其奋斗之生涯，落落大者，见于辛亥三月广州之役，同年十月武汉之役，癸丑以往倒袁诸役，丙辰以往护法诸役。党之精英，以个人或团体为主义而捐生命者，不可胜算，当之者摧，撄之者折。其志行之坚，牺牲之大，国中无二。然综十数年，已往之成绩而计效程功，不得不自认为失败。满清鼎革，继有袁氏；洪宪堕废，乃生无数专制一方之小朝廷。军阀横行，政客流毒，党人附逆，议员卖身，有加深山蔓草，烧而益生，黄河浊波，激而益溷，使国人遂疑革命不足以致治，吾民族不足以有为。此则目前情形无可为讳者也。

窃以中国今日政治不修，经济破产，瓦解土崩之势已兆，贫困剥削之病已深。欲起沉疴，必赖乎有主义、有组织、有训练之政治团体，本其历史的使命，依民众之热望，为之指导奋斗，而达其所抱政治上之目的。否则民众蠕蠕，不知所向，唯有陷为军阀之牛马、外国经济的帝国主义之牺牲而已。国中政党，言之可羞：暮楚朝秦，宗旨靡定；权利是猎，臣妾可为。凡此派流，不足齿数。而吾党本其三民主义而奋斗者历有年所，中间虽迭更称号，然宗旨主义未尝或离；顾其所以久而不能成功者，则以组织未备、训练未周之故。夫意志不明，运用不灵，虽有大军，无以取胜。吾党有见于此；本其自知之明，自决之勇，发为改组之宣言，以示其必要。……吾党奋斗之成功，将系乎此，愿与同志共勉之！

党员的重新登记极为严格，同时加强基层组织，把党建设成为一个战斗集团。这是一个民主的中央集权的组织，中央由二十四个执行委员和十七个候补执行委员组成，共产党的谭平山、李大钊、于树德三人被选为中央执行委员，林祖涵、毛泽东、张国焘、瞿秋白、于方舟、韩林符六人被选为候补执行委员。

正如改组宣言中自我批评的那样，国民党深切感受组织与训练之不足，为通过北伐实现中国的统一，需要训练有素的军队。孙中山派蒋介石去莫斯科学习红军的组织和训练方法，同时派廖仲恺在广东黄埔创办军官学校。1924 年 6 月，黄埔军官学校正式成立，党代表是廖仲恺，校长是蒋介石，孙中山在黄埔军校发表关于三民主义的演讲。他对年轻的革命战士寄予着巨大的期望。现在形成文字出版的《三民主义》就是根据那次演讲整理的。黄埔军校的政治部代主任是从法国刚刚回国的周恩来。云南讲武堂出身、在许崇智部队担任旅参谋的叶剑英是军校的教导团团长，负责实际训练。陈诚是教官之一。

部队效仿苏联红军的组织方法，一切行动都必须经过党代表的批准。黄埔军官学校的党代表是廖仲恺，但他兼任政府的财政部部长。6 月第一期、9 月第二期，学生源源不断入校。第一期的四百七十名学生在北伐时减少到一百四十多人，可见他们作为第一线的小单元指挥员是如何身先士卒地勇敢战斗。

对改组后的国民党表示不满的张继等右派党员很快就离开广东。是张继把共产党的李大钊介绍给孙中山，但是他无法追随孙中山的左倾的改组。这个时期是国共合作时期，后来成为敌对势力的人物，如毛泽东、周恩来、叶剑英、蒋介石、汪精卫、陈诚等当时都一起住在广州。黄埔军校里还有不少像林彪和胡宗南这样后来分属左右两个阵营重要成员的学生。

正如张继等右派离开一样，党内很快就开始左右分派。孙中山在宣布北伐的同时，解除了在广州捣乱滋事的商团军的武装。这是香港上海银行的买办陈廉伯被推为广东商团首领后购买武器自立的军队。巨商富豪们对孙中山的左倾化感到危机，都想拥有自己的军队，但孙中山绝对不允许在国家里存在私人的军队。商团军大概是威胁孙中山，逼迫他政策后退，但孙中山没有屈服。

接着，孙中山宣布北伐，同时倡议召开国民会议。北伐是“武”，会议是“和”，两手准备。孙中山从上海经日本前往天津，此时他已经患有癌症。他途经神户的时候，在县立高等女子学校发表题为“大亚洲主义”的演讲。他在演讲中质问道：日本是附骥侵略的列强将中国等弱小的亚洲各国作为侵略的对象呢，还是站在弱小的亚洲各国一边？日本是行王道还是行霸道？这成为孙中山留给日本的遗言。那一年（1924 年）的年末，孙中山来到北京，主张召开预备会议，但第二年的 3 月 12 日死去。他的遗嘱是“革命尚未成功，同志仍须努力”。

从孙中山死后至 1927 年称为第一次国内革命战争时期。农民运动蓬勃发展，各地的工人举行罢工。1925 年 5 月 30 日，上海的学生、市民等为抗议日本企业开枪打死中国工人而举行示威游行，但遭到租界警察的镇压，十几个示威者被杀。继五卅事件之后，6 月 23 日，广州发生沙基惨案，英法军队开枪打死五十二个示威者。香港也发生大规模的罢工。横光利一[①]以上海五卅事件、法国作家安德烈·莫洛亚以香港大罢工为题材创作有小说。1925 年 8 月，国民党左派的重镇廖仲恺遭到暗杀，这无疑是右派制造的恐怖活动。

1926 年开始北伐战争，这是孙中山的遗愿。虽然北伐节节胜利，

---

① 横光利一（1898—1947 年）：小说家。大正末期与川端康成等创刊《文艺时代》，新感觉派的主要作家。代表作有《太阳》《机械》《徽章》《旅愁》等。——译注

但在这重大的战争中，国共两党分裂。1927 年 4 月 12 日至 15 日，占领上海的蒋介石发动反共政变，据说被杀者三百多人，失踪者五千多人。由于蒋介石实行白色恐怖，导致国共合作事实上的解体。日本害怕中国统一，为阻挠北伐的进行，于 1928 年出兵济南。

周恩来在上海的白色恐怖中幸免于难，于 1927 年的 8 月 1 日举行南昌起义。这一年的 9 月，发生秋收起义。

南昌起义的主力是北伐军第二十军军长贺龙、第十一军第二十四师师长叶挺率领的部队，由周恩来、谭平山指挥，成立了吴玉章任秘书长的革命政府。郭沫若任革命军总政治部主任。8 月 1 日成为中国共产党的建军节。虽然成立了革命政府，但无法抵御张发奎的进攻，多数领导人逃往香港。

1927 年 12 月的广州公社只存在三天，然而在这三天里，士兵和工人的确占领了广州。由于革命领导人不成熟，公社无法维持下去，迅速瓦解。

随着北伐军的继续北上，根据地不断扩大，蒋介石主张在南昌或者南京建立政权，汪精卫则主张在武汉建立政权。武汉政府里有很多共产党员和国民党左派，不仅在土地问题上争论纠纷，国共分裂，共产党内部也发生分裂，于是汪精卫抛弃共产党，与蒋介石再次合作成为可能。

武汉政权里共产党内部的分裂，主要是谭平山、陈独秀等为了维持国共合作，主张党的土地政策要适度放松；而毛泽东、澎湃等主张坚决贯彻党的政策，没收所有土地，两者产生对立。

北伐军尽管满身疮痍，但因为带兵的下级军官都是引为自豪的黄埔出身，所以依然旧制不改的北方军阀都不是它的对手。曾参加北方军阀战争、又把溥仪赶出紫禁城的基督将军冯玉祥从莫斯科回国，加入国民党，被任命为西北国民军总司令，驻守河南。他配合蒋介石的北上军队，与奉系军队作战。

当时北京是与吴佩孚勾结赶走冯玉祥的奉系军阀张作霖的天下。马贼出身的张作霖担任安国军总司令、陆海军大元帅，君临北京。1928 年在和蒋介石的第二次北伐军作战中，连战连败，最后只好退回奉天，以图东山再起。他所乘坐的专列被日军炸毁，一代枭雄终于灰飞烟灭。

田中隆吉[①]中将在东京审判时供认，暗杀张作霖的策划者是河本[②]大佐，在铁桥桥墩上安装炸药的是工兵第二十大队，同时还布置好预备队，万一爆炸失败，就冲上去开枪射击。就是说，这完全是一起日军密谋策划的暗杀事件。

当时日本把这起事件称为"满洲某重大事件"，政府受到议会的谴责。政府辩解说把爆炸发生地的警卫工作临时交给中国方面负责是当地日本军官的擅自决定，宣布关东军司令村冈[③]中将应本人要求，编入预备役；而对河本大佐给予停职处分。但是，田中义一[④]首相上奏天皇，要求严惩负责人，被天皇责为不信，导致内阁总辞职。

为什么日本要杀掉张作霖呢？日本原先打算把张作霖作为傀儡，将东三省殖民地化。可是在北京当家做主的张作霖似乎不甘心顺从当日本人的傀儡。他和英美频繁接触，对儿子也是采用美国式的教育。因此，在日本人眼里，张作霖是一个"忘恩负义之徒"。日本人的如意算盘是，只要杀掉权势遮天的张作霖，就没有人镇得住东三省，日本可以趁乱而入。即使张作霖的儿子继承其位，也没有老子那样的气势，容易驾驭，早晚会从他手里把东三省拿到手的。

继承张作霖的张学良是一个民族主义者，具有反日情绪。这一点比只看重利害得失的张作霖更难对付。张学良抵制日本将东三省特殊地区化的做法，首先决定"易帜"。北伐成功以后，全中国到处都飘扬着青天白日旗。东三省一直使用北洋军阀的五色旗，现在改旗易帜，这就明

---

① 田中隆吉（1893—1972年）：军人、特务。1927年参谋本部派遣驻北京、张家口，进行谍报活动。曾任驻上海公使馆武官、关东军参谋部参谋、驻德化特务机关长、陆军省军务局长、陆军中野学校长等，参与一·二八上海事变、绥远事变、张鼓峰事件等。——译注

② 河本：河本大作（1883—1955年），军人。1914年陆军大学毕业。1928年任关东军大佐参谋，是策划暗杀张作霖的主谋。事件发生后，调回国内，停职，后编入预备役。后历任南满洲铁道理事、满洲炭坑理事长、山西产业会社社长、西北实业建设公司最高顾问、日侨俱乐部委员长等。日本战败后，帮助阎锡山与共产党作战，1949年被解放军俘虏，死于太原监狱。——译注

③ 村冈：村冈长太郎（1871—1930年），军人。陆军大学毕业。曾参加日俄战争，历任陆军步兵学校校长、第四师师长、关东军司令等。因暗杀张作霖事件编入预备役。——译注

④ 田中义一（1864—1929年）：政治家、军人。陆军大学毕业。历任陆军省军事课长、军务局长、参谋次长、陆军大臣等。继山县有朋之后长州藩第二代领导人，1925年任立宪政友会总裁。1927年组阁，推行出兵山东等侵华政策。暗杀张作霖事件后，内阁总辞职。——译注

确表示：东三省是中国领土的一部分。

接着，张学良清洗了日本陆军士官学校的毕业生、亲日派的幕僚杨宇霆和常荫槐。另外，张学良还计划铺设一条与日本满铁线平行的新铁路。

日本终于决定使用武力阻止张学良的计划。

板垣征四郎①大佐、石原莞尔②中佐以及关东军的参谋们密谋策划在柳条湖（由于新闻社发电的失误，长期将“湖”误为“沟”）炸毁铁路。这就是“满洲事变”的发端。

1931年（昭和六年）9月18日，中国和日本战火燃烧。日本制造了“满洲事变”，接着成立傀儡政权。之后，1937年（昭和十二年）爆发了开始被称为“支那事变”的中日战争，直至1945年（昭和二十年）8月15日结束。这个时期是战争的阶段。

有人认为，对于中国来说，虽然有时战斗停歇，但与日本的战争贯彻始终。抗日运动，反日排日，以及被日本人称为“匪贼”的游击战从来没有停止过对日本的反抗。计算一下年头，称为“十五年战争”最为妥当。

十五年战争，是在我们活着的时代发生的。要记述所有的细节，恐怕没有穷尽。对于老年人来说，每个人都有自己的“十五年战争”。许许多多的人在认真地补充、充实其内容，也有不少力作。既有误解的文章，也有只是局部性观察的文章，还有自我辩解粉饰的文章。

按照中国人的习惯，热气腾腾时代的历史要等它冷却下来以后再写。明灭元后立即写《元史》，自古就被认为是最糟糕的史书的样本。清朝

---

① 板垣征四郎（1885—1948年）：军人。第二次世界大战甲级战犯之一。1931年任关东军参谋，与石原莞尔共同策划“九一八”事变，实施对华侵略。1938年6月任陆军大臣，主张三国同盟。1939年任支那派遣军总参谋长。主持对华诱降工作，策划建立伪满洲国，任伪满洲国“执政”顾问、“军政部”最高顾问。1943年任最高军事参议官。1945年在马来西亚和新加坡等地同英荷军队作战，直至日本战败。1948年被远东国际军事法庭判处绞刑。——译注

② 石原莞尔（1889—1949年）：军人。1928年任关东军作战主任参谋，1931年与板垣征四郎一起策划发动九一八事变，实行对华侵略。后历任参谋本部作战课长、参谋本部第一部长、关东军副参谋长等。积极策划建立伪满洲国，1937年任驻“满洲国”日本大使馆陆军武官。后任舞鹤要塞司令官、第16师师长等。因与东条英机意见不合，1941年被转入预备役，任立命馆大学教授。陆军中将。军事战略理论家，著有《现在及将来的日本国防》《关东军领有满蒙计划》《从军事上看日美战争》《满蒙问题之我见》等。——译注

灭亡已经七十多年，至今还没写正史的《清史》。

我在写作本章节的时候，感到很多困惑，最后决定只描述它的框架。我觉得可以写成小说，我也想写，但作为历史，只描述它的框架，这应该是正确的态度。

中国称“满洲事变”为“九一八事变”。日军经过有计划的进攻，终于控制了东三省，接着制造一个傀儡政权“满洲国”，让清朝末代废帝宣统帝溥仪当上“满洲国”的“皇帝”。“满洲国”各部的“部长”都是摆设，次官由日本人担任，实权掌握在他们手里。在这方面日本富有经验。日本在吞并韩国之前，就先派日本人担任韩国各部的次官。这样，“满洲国”完全沦为日本的殖民地。日本得到了比“二十一条要求”更多的东西。

虽然国际舆论谴责日本，但由于是世界性大萧条时代，各国没有力量予以干涉。当时苏联的远东军也非常弱小。李顿调查团到东北进行过调查，但对日本制造的既成事实也无可奈何。

东三省的战事对中国政治产生极大的影响。

孙中山所实行的国共合作在他去世之后的北伐战争中已经决裂。共产党在举行南昌起义、秋收起义、广州起义后，先后据守在江西与湖南交界处的井冈山和福建省内靠近江西的瑞金。国民党的军队对他们经常围剿。柳条湖事件发生的时候，国民党正在进行第三次围剿。在之后的两年里，又发动第四次、第五次围剿，但是，由于东北战事的影响，围剿的力量明显减弱，红军则利用这个机会加强、扩大以瑞金为中心的根据地。当国民党发动下一次围剿时，发现比以前更难进攻。

共产党不断地呼喊“北上抗日”。那个时代，只有“抗日”的口号才是对国民最大的宣传。国民党的蒋介石则提出“攘外必先安内”的方针。但是，在眼睁睁地看着东三省被日本人夺走的中国人民听来，这种“以后再抵御外敌”的方针，简直令人忧心如焚。倒是共产党“停止内战，一致抗日”的宣传更有说服力。老百姓开始怀疑国民党在躲避抗日战争。

1934 年 11 月，共产党的根据地瑞金终于无法坚持下去，落入国民党手中。这时候，傀儡“国家”“满洲国”已于两年前成立。被日军称为“匪贼”的抗日游击队在东三省只能分散进行小规模的抗战。

国民政府拥有庞大的军队，用于和共产党作战。瑞金失陷前，红军就离开各个苏维埃地区，开始转移。这就是人们所说的“长征”。两万五千里的长征，中国的一里等于五百米，大约是一万两千五百公里。长征途中，在贵州省的遵义，确立了毛泽东的领导权。经过千难万险，最后红军抵达陕西省北部。

国民党军队竭尽全力对中国共产党的根据地延安进行“剿共”。陕西的实权派是杨虎城将军。他参加过辛亥革命，后来守卫陕西免遭北洋军阀的侵犯，曾任陕西省主席，当时任十七路军司令。十七路军也叫西北军，是中国一支重要的军队。从杨虎城将军的经历也可以看出，他具有强烈的民族意识。

东三省被日本占领之后，张学良作为西北剿匪副司令来到陕西。他所率领的东北军对日本怀有满腔复仇的烈焰，对据守在延安的共产党军队并没有仇恨。双方在长期对峙的过程中，他们也知道延安方面呼喊着“立即抗日”的口号。这个主张和东北军的心情一拍即合。于是，两军对峙的敌我双方开始了互相往来。这个时候的国民党把叫喊“立即抗日”的人视为敌人，但是张学良在西安把他们保护起来。甚至张学良本人也飞到延安与周恩来会晤。

蒋介石对西北剿匪不见进展十分恼火，1936 年 12 月亲自跑到西安督战。张学良和杨虎城知道蒋介石没有停止内战的意思、还要继续抑制抗日运动，便断然实行兵谏。他们抓住蒋介石，要求他抗日救国，停止内战。这就是西安事变。由于宋美龄夫人等的努力，事变得到解决，实现了第二次国共合作。

这场战争，日本称为“日中战争”，中国称为“抗日战争”。从日本方面来看，这是一场新战争；从中国方面来看，这是战争的延续。对 1937 年 7 月 7 日卢沟桥的枪声，有各种各样的说法。但不管怎么说，中国根本就不允许外国军队驻扎在自己的国家，更何况进行军事演习。中国不承认“二十一条”，领土完整是中华民族的宏愿。

日本的杉山[①]陆军大臣在向天皇的报告中称可望数月内结束，这种

---

① 杉山（1880—1945 年）：军人，陆军元帅。1931 年主持制定《解决满蒙问题方策大纲》，明确日本侵略中国东北的原则、步骤和措施。1936 年任陆军三大核心首脑之一的教育总监兼军事参议官。1937 年卢沟桥事变后，在陆军大臣任上力主对中国开战，制定《关于华北作战的协定》。后历任军事参议官、北支派遣军司令官等。1940 年任参谋总长，主张对美开战。1945 年反对投降，自杀。——译注

预测只能说小看了中国人的民族意识。中国人民一直进行顽强的抵抗，使日本遭受不小的损失。经过激烈战斗后，南京陷落。日军在南京进行大屠杀，受到世界舆论的谴责。

可以说，这场抗日战争几乎占据中国的整个近代史。日本认为并没有打仗的一段时期，对于中国来说，也是在抗战。现在我们只能祈愿这种不幸的战争不再重演。

1945 年夏，在与日本的战争结束以后，国共合作再次分裂。其实在抗日战争期间，就发生过种种事件。例如 1941 年 1 月，发生了皖南事件，国民政府军第三战区顾祝同指挥下的大约七八万军队突然袭击新四军的一万人部队，经过七天的鏖战，新四军受到重创，副军长项英阵亡。此外，小规模的冲突更是数不胜数。

抗日战争结束后，国共双方不断谈判，毛泽东甚至前往重庆谈判，美国的马歇尔将军也进行调停，但最终还是破裂，中国爆发全面内战。其结果是，中国共产党的军队依靠劣势的兵力和简陋的武器打败了由美国武装起来的国民党庞大的军队，将他们从大陆扫荡出去。战争胜利的因素，从中国漫长历史的各个朝代中都能发现类似的东西。

历史不可重复，但具有众多的模式。可以说，这些模式的组合是无数的。1949 年 10 月 1 日，毛泽东在天安门城楼上宣告中华人民共和国成立。中国从此开始了一个新时代。

众多令人缅怀的英雄（不分男女、各种含义的英雄）以这个让居住者感觉富有灵气的土地为舞台，表现自己所有的演技。北宋徽宗皇帝所吟咏的万水千山，不论古今，依然是青山绿水。我感觉如果搁下手中的这管笔，历史人物的影子仿佛会不知不觉地消失。我对他们怀有恋恋不舍之情。有战争也有和平，有哲学有宗教，有文艺有思想，还有各种各样的政治主张，这一切不仅仅在政治中心的中原，也传播到遥远的地方，成为人们灵魂的营养。各种各样的经典被人阅读，今天是什么样的经典被阅读、被讲述呢？

清朝诗人龚自珍《己亥杂诗》三百一十五首中最后一首是这样的：

吟罢江山气不灵，万千种话一灯青。
忽然搁笔无言说，重礼天台七卷经。

我步龚自珍诗韵，作拙诗一首，作为《中国的历史》的结束语。

缅想英雄地亦灵，千山万水古今青。
自怜搁笔人无影，绝域中原讲那经。

年　表

公历	王朝年号	事项
1821	清道光元年	英军舰托帕斯号在伶仃岛引发武斗事件
1823	清道光二年	禁止种植罂粟和制造鸦片
1831	清道光十一年	公布《外夷防范章程》
1834	清道光十四年	英国东印度公司失去对清贸易垄断权。英国使节律劳卑到广东
1836	清道光十六年	许乃济上奏鸦片弛禁论
1838	清道光十八年	黄爵滋上奏鸦片严禁论。钦差大臣林则徐广东赴任
1839	清道光十九年	林则徐发表禁烟谕帖两篇，没收英国商人的鸦片两万箱
1840	清道光二十年	英军封锁广东河口，陷定海。琦善取代林则徐任钦差大臣。琦善与英国在川鼻和谈
1841	清道光二十一年	英军再占虎门，攻广州。广州郊外民众组织平英团抗击英军。签订《广州和约》。龚自珍殁
1842	清道光二十二年	英军逼近南京，签订《南京条约》（鸦片战争结束）
1843	清道光二十三年	《南京条约》批准书在香港交换，公布《五口通商章程》。在广东虎门缔结追加条约
1844	清道光二十四年	与美国签订《望厦（通商）条约》，与法国签订《黄埔（通商）条约》

1848	清道光二十八年	洪秀全赴广州营救冯云山
1850	清道光三十年	道光帝殁，其子奕詝即位（文宗咸丰帝）。拜上帝会在广西金田村举兵。林则徐病殁
1851	清咸丰元年 太平天国元年	太平军占永安州城，建国太平天国，洪秀全称天王，封五王。李星沅病殁
1852	清咸丰二年 太平天国二年	太平军占岳州，陷汉阳。曾国藩在湖南组织湘军
1853	清咸丰三年 太平天国三年	太平军陷武昌，入南京，改称天京。小刀会占领上海。公布天朝田亩制度
1855	清咸丰五年 太平天国五年	太平天国北伐军被歼。贵州苗族起义
1856	清咸丰六年 太平天国六年	天京内讧，杨秀清被杀。亚罗号事件。天王杀韦昌辉
1857	清咸丰七年	英法联军攻占广州，两广总督叶名琛被捕
1858	清咸丰八年	联军攻天津。与俄国签订《瑷珲条约》，与英、法、美、俄签订《天津条约》
1859	清咸丰九年	与英、法舰队在大沽海面炮仗，清军胜
1860	清咸丰十年 太平天国十年	李秀成陷常州、苏州。咸丰帝避难热河。英、法联军火烧圆明园。与英、美、法俄签订《北京条约》
1861	清咸丰十一年 太平天国十一年	北京设总理各国事务衙门。咸丰帝殁，其子载淳即位（穆宗同治帝），开始慈禧太后垂帘听政。曾国荃收复安庆。李秀成陷杭州
1862	清同治元年 太平天国十二年	太平天国石达开入四川。太平军攻上海，华尔死守。千岁丸（文久二年贸易实习船）抵上海
1863	清同治二年 太平天国十三年	戈登“常胜军”与李鸿章的淮军一起占领常熟。石达开在四川大渡河被捕，在成都被杀。太平军失苏州
1864	清同治三年	清军夺回杭州，洪秀全自杀。清军陷天京。

	太平天国十四年	李秀成被捕处刑。浩罕汗国的阿古柏侵犯新疆。俄国与清国签订《塔城通商议定书》
1865	清同治四年	李鸿章设立江南制造局
1866	清同治五年	孙中山生。左宗棠设立福州船政局
1868	清同治七年	捻军被歼。布哈拉汗国被俄国吞并
1871	清同治十年	俄国占领伊犁。《日清友好条规签订》
1872	清同治十一年	曾国藩殁
1873	清同治十二年	梁启超生。希瓦汗国成为俄国的保护国。黑旗军应越南政府请求击退占领河内的法军
1874	清同治十三年	日本出兵台湾。穆宗殁，载湉即位（德宗光绪帝）
1876	清光绪二年	与英国签订《烟台条约》
1877	清光绪三年	阿古柏在库尔勒自杀。左宗棠平定阿古柏军
1881	清光绪七年	与俄国签订《伊犁条约》（《彼得堡条约》）
1882	清光绪八年	朝鲜壬午兵变
1883	清光绪九年	越南军民与黑旗军在河内城西纸桥击败法军。中法战争爆发
1884	清光绪十年	李鸿章与法国代表福禄诺在天津签订简明条约。朝鲜甲申之变
1885	清光绪十一年	伊藤博文与李鸿章签订《天津条约》。与法国签订《天津和约》
1889	清光绪十五年	光绪帝开始亲政
1894	清光绪二十年	金玉均在上海被暗杀。朝鲜东学之乱。甲午战争爆发
1895	清光绪二十一年	丁汝昌服毒自杀。与日本签订《马关条约》。康有为成立强学会。日本接受三国干涉。孙中山广州起义
1897	清光绪二十三年	德国神父在山东被杀，德国占领胶州湾
1898	清光绪二十四年	德国租借胶州湾，俄国租借旅顺。恭亲王病殁。光绪帝宣布变法维新（戊戌变法）。英

		国租借九龙、威海卫。戊戌政变，谭嗣同被捕处斩
1899	清光绪二十五年	义和团山东举兵。法国租借广州湾。菲律宾独立战争
1900	清光绪二十六年	义和团进入北京。董福祥的“甘军”杀日本公使馆的杉山彬和德国公使克林德。清政府向各国宣战。两江总督刘坤一等与各国驻上海领事缔结《东南保护条约》。西太后、光绪帝逃出紫禁城。八国联军进入北京。孙中山领导兴中会发动惠州起义。李鸿章等与各国议和
1901	清光绪二十七年	总理衙门改为外务部。科举废除八股文，改考策论。签订《辛丑条约》。李鸿章殁
1902	清光绪二十八年	允许满汉通婚。汪大燮任留日学生总监督。鲁迅留学日本
1904	清光绪三十年	日俄战争
1905	清光绪三十一年	日军陷旅顺。宣布明年开始废除科举制度。缔结《朴次茅斯和约》，日俄战争结束。中国革命同盟会在东京成立，创办机关报《民报》。黄遵宪殁
1906	清光绪三十二年	第二次湖南事件（萍乡事件）。日本颁布《关于清国人入学公私立学校的规定》
1907	清光绪三十三年	革命同盟会在广东省黄冈起义暗杀恩铭，陈伯平战死，徐锡麟、马宗汉、秋瑾等被捕处刑。同盟会武装起义（钦廉事件）。梁启超、蔡智由等成立政闻社
1908	清光绪三十四年	光绪帝殁，溥仪即位（宣统帝）。翌日，慈禧太后殁。安徽新军事件。外务部尚书袁世凯引退
1909	清宣统元年	安奉铁路事件，抵制日货。国会请愿同志会成立。熊成基死刑

1910	清宣统二年	黄兴等领导的广州起义爆发
1911	清宣统三年	亲贵内阁成立。温生才因暗杀孚琦被处刑。黄兴等在广州再次起义（黄花岗事件·七十二烈士事件）。邮传部大臣盛宣怀宣布铁路干线国有化。新军武昌起义（辛亥革命）
1912	中华民国元年	孙中山在南京就任中华民国临时大总统。决定使用阳历。宣统帝逊位，清灭亡。袁世凯在北京就任临时大总统。孙中山以同盟会为中心成立国民党
1913	中华民国二年	宋教仁被暗杀。袁世凯签订借款协定。二次革命。袁世凯被选为大总统
1914	中华民国三年	孙中山在日本成立中华革命党。第一次世界大战爆发
1915	中华民国四年	日本提出“二十一条要求”。袁世凯接受日本的最后通牒（5月9日这一天成为国耻纪念日）。陈独秀创刊《青年杂志》（翌年改为《新青年》）。袁世凯在北京宣布即位称帝。三次革命
1916	中华民国五年	袁世凯取消帝制，袁世凯殁。盛宣怀、王闿运、蔡锷、黄兴殁
1917	中华民国六年	张勋复辟，失败。中国与德国断交，参加世界大战。孙中山在广州建立军政府，就任大元帅。俄国革命
1918	中华民国七年	毛泽东在长沙成立新民学会。孙中山辞大元帅职。日本与中国缔结《陆军共同防敌协定》、《海军共同防敌协定》。鲁迅发表《狂人日记》
1919	中华民国八年	北京学生就山东问题示威游行，发生五四运动。中国代表团在《巴黎和约》上拒绝签字。孙中山改组中华革命党为中国国民党
1921	中华民国十年	广东国会通过中华民国政府组织大纲，孙中

		山就任总统。中国共产党成立的第一次全国代表大会在上海召开
1923	中华民国十二年	孙中山·越飞共同宣言发表。吴佩孚武力镇压京汉铁路工人罢工。
1924	中华民国十三年	国民党第一次全国代表大会召开，开始第一次国共合作。创立黄埔军官学校，蒋介石任校长。孙中山发表北上宣言，主张召开国民会议。孙中山在神户发表《大亚洲主义》演讲
1925	中华民国十四年	孙中山殁于北京。上海的学生、市民的示威游行遭到武力镇压（五卅事件）。广东省成立国民政府。廖仲恺被暗杀
1926	中华民国十五年	北京段祺瑞政府武力镇压请愿学生（三一八事件）。中山舰事件。蒋介石掌握国民党实权。国民革命军开始北伐
1927	中华民国十六年	国民政府进入武汉，收回英国在汉口、九江的租界。蒋介石在上海发动反共政变（四一二政变），成立南京政府。武汉政府清除共产党，第一次国共合作结束。李大钊等在北京为张作霖所杀。共产党发动南昌起义。共产党发动秋收起义。武汉政府与南京政府合并。毛泽东在井冈山建立根据地。海陆丰成立苏维埃政权。共产党发动广州起义
1928	中华民国十七年	朱德与毛泽东井冈山会师，成立工农红军第四军。蒋介石重开北伐。济南事件。日军炸死张作霖事件。北伐军进入北京。蒋介石定都南京，正式成立国民政府。张学良归从国民政府（易帜）
1929	中华民国十八年	毛泽东建立瑞金根据地
1930	中华民国十九年	中国左翼作家联盟在上海成立。红军攻占长沙，第二月撤出。台湾发生雾社事件。蒋介

		石对共产党根据地发动第一次围剿
1931	中华民国二十年	王明等留苏派掌握中共中央领导权。左翼作家联盟柔石等五人被处刑。蒋介石发动第二、第三次围剿。日军以柳条湖爆炸事件为借口开始侵略战争 （九一八事变），十五年战争开始。中华苏维埃临时政府在瑞金成立
1932	中华民国二十一年	日军进攻上海（上海事件）。“满洲国”成立，让溥仪执政，改长春为新京。中华苏维埃共和国政府对日宣战。蒋介石第四次对共产党根据地围剿。蔡元培、宋庆龄、鲁迅等成立中国民权保障同盟
1933	中华民国二十二年	日军进攻山海关，占领热河。中日签订塘沽停战协定。蒋介石第五次围剿。十九路军在福建成立中华共和国人民革命政府，宣布反蒋抗日
1934	中华民国二十三年	福建人民政府被消灭。蒋介石开始新生活运动。红军放弃瑞金开始西迁（长征）
1935	中华民国二十四年	长征路上，共产党在遵义召开扩大会议，确立毛泽东的领导权。《梅津·何应钦协定》签字。发表《抗日救国宣言》（《八一宣言》）。毛泽东等到达陕北革命根据地。国民政府实施币制改革。通县成立冀东防共自治委员会。北京学生示威游行打倒日本帝国主义、反对华北自治（一二·九运动）
1936	中华民国二十五年	广田外相发表对华三原则。上海成立全国各界救国联合会。鲁迅殁。国民党逮捕救国联合会七个领导。张学良、杨虎城在西安监禁蒋介石（西安事变）
1937	中华民国二十六年	国民党召开五届三中全会，同意国共合作。卢沟桥事变，中日进入全面战争。国民政府

		发表“自卫宣言”。第二次国共合作正式开始，形成抗日民族统一战线。日军占领南京（南京大屠杀）
1938	中华民国二十七年	日军占领徐州。毛泽东在延安发表《论持久战》。确立毛泽东的政治路线。日军占领武汉。国民政府迁都重庆。汪精卫逃出重庆
1939	中华民国二十八年	国民党颁布异党活动限制办法
1940	中华民国二十九年	蔡元培殁。汪精卫在南京建立“国民政府”。八路军在华北一带攻打日军（百团大战）
1941	中华民国三十年	国民政府军在安徽省南部袭击新四军（皖南事变）。日军对百团大战进行报复，加强“三光政策”。中国民主政团同盟在香港成立
1942	中华民国三十一年	共产党开始整风运动
1943	中华民国三十二年	蒋介石出席开罗会议，与罗斯福等发表宣言
1944	中华民国三十三年	汪精卫殁于日本。美国特使赫尔利在延安会见毛泽东
1945	中华民国三十四年	共产党第七次全国代表大会召开，毛泽东做《论联合政府》报告。日本接受《波茨坦宣言》。《中苏友好同盟条约》签订。毛泽东与蒋介石在重庆签订《双十协定》
1946	中华民国三十五年	签订《国共停战协定》，政治协商会议在重庆召开。共产党公布《关于土地问题的指示》（五四指示）。国共内战开始。李公朴、闻一多在昆明遭暗杀。蒋介石召开国民大会，通过《中华民国宪法》
1947	中华民国三十六年	台湾发生反政府起义（二二八起义）。共产党颁布《中国土地法大纲》
1948	中华民国三十七年	蒋介石就任中华民国总统。人民解放军占领沈阳，掌握全东北
1949	中华民国三十八年	人民解放军进入天津。蒋介石下野声明。人

民解放军进入北京。人民解放军渡江作战。人民解放军解放南京、上海各地。蒋介石逃往台湾。人民政治协商会议召开。10 月 1 日中华人民共和国成立

后　记

在丝绸之路刚刚掀起热潮的时候，一位朋友对我说："井上靖先生创作很多《敦煌》《楼兰》这样古代题材的小说，你的作品同样也是西域题材的居多，但都是以近代为舞台。"如此说来，除少数例外，果然如此。

这一套《中国的历史》从我担任NHK特别节目《丝绸之路》委员之一在吐鲁番盆地采访时开始执笔，至今已有数年。我在第一页稿纸上落笔时感觉的兴奋至今记忆犹新。

吐鲁番盆地在唐朝初期是高昌国，唐三藏去天竺，途经此地，短期逗留，是一块历史渊源深厚的土地。节目采访，肯定以三藏法师为重点，不过我将19世纪后半叶中亚浩罕汗国的武将阿古柏进攻新疆、占领吐鲁番盆地的故事与7世纪取经的僧侣结合起来。俄国参谋部派来年轻的库罗帕特金大尉（后任俄国的远东军总司令，奉天战役失败）作为军事顾问，阿古柏被清国的钦差大臣左宗棠击败，全军覆没，本人自杀（一说毒死）。当年的军事顾问在20世纪初已是大将，与日军作战。我站在吐鲁番盆地灼热的沙地上，仿佛听见历史流淌的声音。

据说《史记》的作者司马迁为了撰写自己生活的时代，即汉武帝时代，上溯到五帝纪开始落笔。不论是否意识到，谁都对自己生活的这个时代最为关心。即使称为"古代史狂"的人们，大概也会有古今相通、以古映今的感觉吧。

我认为东亚的近代始于鸦片战争。二十多年前，我写过小说《鸦片战争》，接着是下一个时代的题材《太平天国》，并进而创作以日清战争为题材的小说《大江不流》。

中日甲午战争的结果，我的家乡台湾被割让给日本。我的父亲生于这个时候，这与我所生活的时代已经相当接近。《大江不流》之后，按顺序本应该写戊戌（1898 年）变法至义和团（1899—1901 年）。其实我现在正收集戊戌变法和义和团的资料，进行小说化的构思。然而，司马迁的思想一直横亘在我的心中，历史的联系流淌的状态，我感觉到从中截取一个片段的不满——确切地说，是不安。

所以，我下决心撰写《中国的历史》。创作小说时是按时代顺序从鸦片战争到太平天国，但这次逆时间顺序而写。坦率地说，当时马王堆汉墓、秦始皇兵马俑等考古学接连不断的重大发现把我的兴趣拉回到古代，但基本上还是溯时代而上的创作冲动在支配自己。

一直怀着从神话时代开始概述中国历史的愿望，为此必须学习。我是一边学习一边撰写本书。这本是为自己的创作而学习，却心想着也让读者随我而学、与我共同理解，这也未免有点霸道。不过，把自己领会的事情以给自己解说般的文字记述下来，我相信对一般读者大概是通俗易懂的。我从头到尾重读一遍，坚信没有晦涩难解之处。

为自己的作品写解说是很难为情的，有人认为无此必要。但是，在本书即将出版最后一卷的时候，我还是想对耐心读完本书的读者说一句话。

读到最后一卷的读者可能会产生一个疑问。本卷的章节写到“十五年战争”，目录齐全，但与前面的时代叙述相比，简略到令人感觉失去平衡。我想回答的就是这个疑问。

我创作小说写到鸦片战争以后，心有所感，上溯古代，又回到近代，停在本书开始创作的那个时代。

其实我真正想写的是近现代，考虑到今后剩余的岁月，我打算运用历史和小说这两种手段来完成。就是说，读者感觉过于简略的部分将在其他著述中详述。

新时代已经临近。与生活在同一个时代的人们回顾中国的历史，这使我深感高兴。

陈舜臣